Im »Bluffen« und im Neid, im Gefühl der Unterlegenheit und im Bestreben, mit seinem Ego aufzutrumpfen, zeigt sich die Welt sozialer Ungleichheit. In ihr statten sich die Individuen mit Zeichen der Besonderheit aus, die sie von anderen unterscheiden sollen. Das Streben nach Distinktion hat einen sozialen Machtsinn. Weit davon entfernt, nur Ausdruck des hehren Ideals vom schönen Individuum zu sein, gewähren Stil und Geschmack, Wissen und Beziehungen, Körper und Gelassenheit jenen kleinen Vorteil, auf den es heute ankommt. Im Durchschreiten verschiedener gesellschaftlicher Sphären im Neuen Deutschland schildert Sighard Neckel die Strategien und Taktiken alltäglicher Abgrenzungskämpfe, die Gefühlsmuster und Kleiderordnungen der sozialen Konkurrenz in der modernen Gesellschaft.

Sighard Neckel, geb. 1956, ist Soziologe an der Freien Universität Berlin.

Sighard Neckel

Die Macht
der Unterscheidung

Beutezüge durch
den modernen Alltag

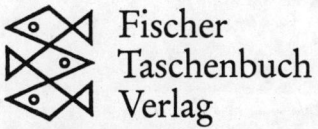

Fischer
Taschenbuch
Verlag

Originalausgabe
Veröffentlicht im Fischer Taschenbuch Verlag GmbH,
Frankfurt am Main, April 1993

© 1993 Fischer Taschenbuch Verlag GmbH, Frankfurt am Main
Umschlaggestaltung: Buchholz/Hinsch/Hensinger
Satz: Fotosatz Otto Gutfreund GmbH, Darmstadt
Druck und Bindung: Clausen & Bosse, Leck
Printed in Germany
ISBN 3-596-11730-5

Inhalt

Neues Deutschland

Für Dagmar

Vom Unterscheiden
Eine Einführung am deutschen Fall

> »Die Kleinarbeit müßte bei den Symptomen beginnen,
> die das äußere Leben des Menschen darbietet...«
> Theodor Geiger, Die soziale Schichtung
> des deutschen Volkes (1932)

Im Innenleben der deutschen Gesellschaft scheint sich nach der staatlichen Vereinigung ein Satz der politischen Theorie Carl Schmitts bestätigen zu wollen: Der Ausnahmefall hat die Bedeutung, den Kern der Dinge zu enthüllen. Seit die Grenzen gefallen sind, bauen sich neue auf. Seit Solidarität gefordert ist, regiert der Eigennutz. Seit alle wieder Deutsche sind, sind die Deutschen ungleicher geworden. Seit alle wieder zusammengehören, gehören andere nicht mehr dazu.

In Deutschland werden die Unterschiede wieder stärker betont, zwischen Ost und West, Eigenem und Fremdem, arm und reich, zivilisiert und barbarisch. Die westdeutsche Bildungsklasse wendet sich angeekelt von der rohen Gewalt ihrer ostdeutschen Landsleute gegen Ausländer ab. Die Ostdeutschen beklagen, als Bürger zweiter Klasse behandelt zu werden.[1] Wie im soziologischen Lehrbuch verteilen sich die sozialen Leitbilder auf die Bevölkerungen der beiden deutschen Gesellschaften, die nunmehr in einem Staat koexistieren: Während im Westen mit Verachtung auf den Verlust an Selbstkontrolle reagiert wird, der sich in Ausländerhaß und Gewalt gegen Fremde offenbart, ist der Osten in seiner Respektabilität gekränkt, wenn man sich zur Nachbarschaft mit Gruppen gezwungen sieht, die man selber geringschatzt. Mentale Syndrome, die die klassische Soziologie einmal den unterschiedlichen Schichten einer Gesellschaft zuschrieb, tauchen als Merkmale ganzer Bevölkerungen auf, die nun-

---

[1] Vgl. etwa Datenreport 1992. Zahlen und Fakten über die Bundesrepublik Deutschland, hrsg. vom Statistischen Bundesamt in Zusammenarbeit mit WZB und ZUMA, Bonn 1992, S. 541 ff., wo anhand von Umfragedaten die kollektive Überzeugung der Ostdeutschen von ihrer Unterprivilegierung geschildert wird.

mehr die Rolle von (westdeutscher) Mittelschicht und (ostdeutscher) Unterschicht spielen.

Die sozialökonomischen Grundlagen dieses Vexierspiels sind bekannt. Quer zu den jeweils eigenen Verwerfungen in der sozialen Struktur, die hier wie dort die Gesellschaft in Gruppen und Schichten ungleicher Ressourcen und Chancen differenzieren, legt sich eine Superstruktur disparitärer Lebensverhältnisse zwischen Ost und West über das Land. In Politik und Wissenschaft wird das als »Wohlstandsgefälle«, »innere Spaltung« und »Gerechtigkeitslücke«, als Kluft zwischen den »Modernitätsniveaus« und Abstand verschiedener »Zeitzonen« beschrieben. Die Gleichzeitigkeit von Postmoderne und Aufschwung Ost, von Individualisierung und staatlich alimentierten Versorgungsklassen, von Krabbendiät und Soljanka stellt sich als Treibhaus von Abgrenzungskämpfen dar, das hüben wie drüben die deutsche Gesellschaft erhitzt. Keinem Stammtisch geht darüber der Gesprächsstoff aus, die kulturelle Distanz zwischen Ost und West ist Thema unzähliger Debatten. Eine Frankfurter Kulturdezernentin erklärt, daß ihr Mailand näher als Leipzig sei, während ostdeutsche Politiker darum bitten, ihre Bevölkerung vor allzuvielen Fremden zu schonen. In manchen ostdeutschen Städten keimen anomische Zustände auf, und im Westen klammert man sich an die lieb gewordene Ordnung der alten Bundesrepublik. In den Reihenhäusern westdeutscher Vorstädte wächst die Sorge um die Sicherung des erlangten Komforts, während sich im einstmals sozialistischen Plattenbau das Gefühl verbreitet, um den versprochenen Wohlstand betrogen zu werden.

Die Marktwirtschaft hat den Osten in einem Moment erwischt, wo dem »Kasino-Kapitalismus«[2] der achtziger Jahre die Chips ausgegangen sind. Der spektakuläre Boom an den Börsen und Finanzmärkten ist vorüber, der Absatz westlicher Güter bei den osteuropäischen Massen muß auf den Tag verschoben werden, an dem dort zahlungskräftige Nachfrage und halbwegs friedliche Zustände herrschen. Das Empfinden vieler Ostdeutscher, nicht eigentlich gebraucht zu werden, hat seine geschäftsmäßige Grundlage in der ökonomischen Kalkulation der historischen Sieger. Wirtschaftlich setzt sie auf Deindustrialisierung, politisch darauf, die Leute mit staatlicher Alimentie-

2 Susan Strange: Casino Capitalism, Oxford 1986.

rung, mit Frühverrentung, »family values«, Kabelfernsehen und biographischen Parkplätzen in Weiterbildung und Arbeitsbeschaffung bei Laune und im übrigen ruhig zu halten.

Auf Dauer kann das nicht gut gehen, wie im Grunde jeder weiß. Die Entlassung der Werktätigen aus dem paternalistischen Schutz der staatssozialistischen Industrie in die Freiheit des Marktes läßt zunächst Arbeitslosigkeit, Statusverlust und die Entwertung von Kompetenzen und Gewohnheiten zurück. Die DDR ist eine Gesellschaft verhältnismäßiger Gleichheit in der Verteilung von Gütern gewesen, ein diktatorischer Wohlfahrtsstaat auf niedrigem Niveau. Viele im Osten würden das gerne behalten, ergänzt durch menschliche Freiheit und vermehrten Konsum. Andere brennen darauf, endlich auch sichtbar ungleich zu sein. Gegenwärtig sehen sich beide Gruppen in ihren Erwartungen enttäuscht. Der Wohlfahrtsstaat hat seinen Preis, für den auch im Osten gezahlt werden muß. Die Chancen des Besitzindividualismus sind in sich begrenzt. Man wird nicht die ganze ehemalige DDR mit Videoshops und Reisebüros, mit Sonnenbanken und Würstchenbuden vollpflastern können. Im Ergebnis hat sich für die einen die Abhängigkeit von der staatlichen Daseinsvorsorge erhalten, aber ohne die Sicherheit, die man sich davon versprach. Andere haben sich nicht wie erhofft aus dieser Abhängigkeit befreit und ihre Aspirationen zurückschrauben müssen. Alle zusammen verbleiben in der etatistischen Form der »Gesellschaft der Unselbständigen«[3].

Der Westen dagegen hatte sich daran gewöhnt, die »feinen Unterschiede« verschiedener Lebensstile zu beachten – nun sind die sozialen Abstände zu anderen Gruppen im Land existentieller geworden. Wirtschaft und Geld sind die beherrschenden Themen, nicht länger Kultur; Status und Erfolg sind angesagt und nicht mehr die Selbsterfahrung des gefühligen Ich, das sich endlich fallen lassen kann. Vor 1989 ist der westdeutsche Staat vergleichsweise gemütlich gewesen – jedenfalls sieht es aus heutiger Sicht so aus. Im kapitalistischen Westen konnten die sozialen Verwerfungen der achtziger Jahre sozialstaatlich zumindest eingedämmt werden. Die Entstehung »neuer

---

3 Emil Lederer: Die Gesellschaft der Unselbständigen. Zum sozial-psychischen Habitus der Gegenwart (1913/1919), in: ders.: Kapitalismus, Klassenstruktur und Probleme der Demokratie in Deutschland 1910–1940, Göttingen 1979.

Armut« und das neue Selbstbewußtsein schnell prosperierender begüterter Klassen haben einen Prozeß nicht aufhalten können, der in der Soziologie als Ausbreitung einer gesicherten »Mittellage« beschrieben wird.[4] In ihr konzentriert sich die erwerbstätige Bevölkerungsmehrheit.

In den fünfziger Jahren sprach man in diesem Zusammenhang von der »nivellierten Mittelstandsgesellschaft«. Sie ist bis heute nicht Wirklichkeit geworden. Bildungsboom und Wohlstandsmehrung, soziale Mobilität und Wertewandel trieben vielmehr eine Differenzierung hervor, die allgemein als »Pluralisierung der Lebensstile«[5] bezeichnet wird. Mit Hilfe der Begriffe von Klasse und Schicht die Gesellschaft realitätsnah zu beschreiben, ist immer schwieriger geworden. Versuche, die sozialen Lebenswelten der Menschen in Deutschland zu erfassen, kamen früher noch mit vier »sozialmoralischen Milieus« aus. Sie entstanden im Kaiserreich und hinterließen ihre Spuren bis in die Nachkriegszeit der Bundesrepublik: sozialdemokratische Arbeiterschaft, katholisches Milieu, protestantisch-liberales Bürgertum, agrarischer Konservatismus.[6]

Damit ist es längst vorbei und auch mit der Vorstellung, Herkunft und Klasse könnten hinreichend darüber Auskunft geben, wie jemand sein Leben lebt oder welche Partei er bevorzugt. Zwar behauptet kaum jemand, daß dies überhaupt keine Rolle mehr spielt; für die soziale Lage der Menschen sind zunehmend aber auch andere Faktoren bestimmend geworden. Welcher Altersgruppe man zugehört und welchem Geschlecht, ob jemand verheiratet oder geschieden ist, Kinder hat oder alleine lebt, in der Provinz oder in den Metropolen wohnt, eine Erbschaft erwartet, behindert ist oder Bildungstitel vorweisen kann – all dies hat jenseits scheinbar eindeutiger Indikatoren wie Einkommen oder Stellung im Beruf maßgeblichen Einfluß auf die

---

4 Vgl. z. B. Stefan Hradil: Individualisierung, Pluralisierung, Polarisierung. Was ist von den Schichten und Klassen geblieben?, in: Robert Hettlage (Hrsg.): Die Bundesrepublik. Eine historische Bilanz, München 1990.

5 Vgl. etwa Wolfgang Zapf u. a.: Individualisierung und Sicherheit. Untersuchungen zur Lebensqualität der Bundesrepublik Deutschland, München 1987, S. 16 ff.; Peter A. Berger/Stefan Hradil (Hrsg.): Lebenslagen, Lebensläufe, Lebensstile (Soziale Welt, Sonderband 7), Göttingen 1990.

6 M. Rainer Lepsius: Parteiensystem und Sozialstruktur. Zum Problem der Demokratisierung der deutschen Gesellschaft, in: Gerhard A. Ritter (Hrsg.): Deutsche Parteien vor 1918, Köln 1973.

soziale Situation, in der sich die Menschen tatsächlich befinden. Die gewählte Lebensform und die Generationenlage, die persönlichen Ressourcen und die zugeschriebenen Merkmale »natürlicher« Eigenschaften sind in den Vordergrund gerückt, wenn über Ungleichheit öffentlich debattiert wird. Allein dadurch hat sich die soziale Realität verändert, unabhängig davon, ob denn nun »wirklich« alles anders geworden ist.

Heute wird die soziale Struktur der westdeutschen Gesellschaft immer öfter in Kategorien beschrieben, die eher die fluide Gestalt in sich beweglicher Gruppen bezeichnen als die erratischen Blöcke einer Klassengesellschaft. Typische Soziallagen und die Merkmale der eigenen Lebensführung, Wertmuster und Konsumstile wurden mal zu elf, dann zu neun, acht oder fünf »Milieus« der westdeutschen Gesellschaft kombiniert. Sie reichen vom »traditionslosen Arbeiter« und dem »pflichtbewußten Rentner« über den »aufstiegsorientierten jüngeren Menschen« und dem »modernen Angepaßten« bis hin zum »linksliberalen Postmaterialisten« und dem »gehobenen Konservativen« – um nur einige der Klassifikationen zu nennen, die Sozialforscher in diesem Zusammenhang verwandten.[7]

Die historischen Ereignisse seit 1989 haben den mehr oder minder subtilen Differenzen, die sich zwischen den Milieus des Westens ergeben hatten, einige neue, kräftige Unterscheidungslinien hinzugefügt. Auch verschränkt sich zunehmend das soziale Schicksal derer, die vorher separiert waren. Während durch Pendler und doppelte Lohnstruktur, durch Leiharbeit und Zuwanderung das soziale Gefüge des Westens nach den »Gastarbeitern« nun auch von den ostdeutschen Landsleuten »unterschichtet« wird, usurpieren Glücksritter und westdeutsche Führungskräfte, Beamte und altes Besitzbürgertum neue und manchmal schon verloren geglaubte Positionen in den ostdeutschen Ländern. Die Kosten der Einheit belasten die privaten Haushalte in ganz unterschiedlicher Weise, wie überhaupt die Konsequenzen, die der Beitritt für die Einkommen, den Arbeitsmarkt oder die soziale Sicherheit hat, für verschiedene Gruppen von Leuten natürlich nicht dieselben sind. Ob in Ost oder West: Chancen und

---

7 Einen guten Überblick hierzu gibt Stefan Hradil: Alte Begriffe und neue Strukturen. Die Milieu-, Subkultur- und Lebensstilforschung der 8oer Jahre, in: ders. (Hrsg.): Zwischen Bewußtsein und Sein, Opladen 1992.

Risiken von Aufstieg und Abstieg, von Gewinn und Verlust werden jetzt noch einmal von neuem verteilt.

Im neuen Deutschland sind die Muster sozialer Ungleichheit mehrfach gebrochen und in sich verdoppelt[8], weshalb die plakative Dichotomie von Ost und West ebenso simplifiziert wie praktische Orientierung im Dschungel der Differenzen bietet. Stereotypen und Klischees über die jeweils andere Seite zirkulieren mit hoher Umschlaggeschwindigkeit, wobei die einen gerne die verborgenen Seiten ihrer selbst beim anderen als manifeste Merkmale entdecken. Hier der Westen in all seinem Egoismus und seiner Beziehungskälte – was in der sozialistischen Menschengemeinschaft selbstverständlich keine Rolle spielte; dort der Osten mit seiner mentalen Rückständigkeit und Rigidität – was der Westen in der ihm eigenen Modernität natürlich längst überwunden hat. Ob sie sich nun verbunden fühlen oder nichts miteinander zu tun haben wollen – von außen werden die Deutschen aus Ost und West als eine Nation wahrgenommen. Einer steht für den anderen ein und wird mit ihm identifiziert. Als eine typische Folge dieser Situation läßt sich im Gefühlshaushalt der deutschen Gesellschaft die Ausbreitung von Peinlichkeit registrieren, wenn derjenige, der sich nicht benehmen kann, ausgerechnet mein eigener Bruder ist.

Die allgegenwärtige Dramatisierung des einen großen Unterschieds zwischen den deutschen Gesellschaften erfüllt bei aller faktisch vorhandenen Differenz auch die Funktion, eine Idealisierung des jeweils eigenen Selbstbildes zu gewähren. Selten hat man die kritischen Geister der alten Bundesrepublik so voller Überzeugung von den Errungenschaften einer vier Dekaden während Demokratie reden hören; merkwürdig mutet an, daß Ostdeutsche den Alltag der DDR bisweilen in einer Weise schildern, als hätten sie das Leben in diesem Staat nicht selbst zum Teufel gewünscht. Im Grunde reagieren beide Seiten gleich: In der Konfrontation mit dem jeweils anderen Lebensmodell stellt sich eine Identifikation mit der eigenen Lebensgeschichte ein, weil nur dadurch die Selbstachtung gewahrt bleiben kann.

---

8 Vgl. Peter A. Berger: »Was früher starr war, ist nun in Bewegung.«, in: Michael Thomas (Hrsg.): Abbruch und Aufbruch. Sozialwissenschaften im Transformationsprozeß, Berlin 1992.

Die deutsche Vereinigung nährt Befürchtungen über die Zukunft diesseits und jenseits der alten Grenze. Im Westen die Sorge, daß das eigene Wohlstandsniveau abgesenkt werden und sich von Cottbus oder Zwickau aus eine Entdifferenzierung der westlichen Lebenskultur verbreiten könnte, die im Wort der »Verostung« schon seinen gemeinen Begriff gefunden hat. Im Osten die Angst, im neuen Staat deklassiert zu werden, was neben dem materiellen Status auch das eigene Selbstbewußtsein berührt, das man in Zeiten der DDR z. B. den Bewohnern der »Bruderländer« gern demonstrierte.

Der symbolische Prozeß der Grenzziehung, der nach dem Fall der staatlichen Grenzen an deren Stelle getreten ist, reflektiert nicht nur eine »objektive« Wirklichkeit. Er ist immer schon eine soziale Konstruktion, mit der eigene Bedürfnisse und Wünsche erfüllt werden können. Im Verhältnis zum Osten erhebt sich der Westen in den zivilisatorischen Adelsstand. Im Osten meint man, deutsche Gesinnung unter Beweis stellen zu müssen. Es sind dies die innerstaatlichen Polarisierungen gemeinsamer Mentalitätsbestände. In der öffentlichen Meinung wird dabei auf die beiden Gesellschaften in Deutschland verteilt, was in ihnen selbst diffundiert – wenn auch in unterschiedlicher Intensität und Verbreitung, mal in gehemmter Form und ohne lautstarken Beifall, mal offen und »ehrlich« und roh und brutal.

Den Hintergrund all der sozialen Abgrenzungen, deren Zeugen wir gegenwärtig sind, gibt eine epochale Umwälzung der geschichtlichen Entwicklung Europas am Ende dieses Jahrhunderts ab, deren deutsche Variante noch die harmloseste sein dürfte. Staaten zerfallen im Bürgerkrieg, Gesellschaften lösen sich auf, ganze Völkerschaften sind auf der Wanderschaft, um in der Differenz von Sicherheit und Gefahr, von Ordnung und Anomie, von Wohlstand und Armut Schutz zu finden oder Lebenschancen zu realisieren. Im Westen wie im Osten wird die jeweils eigene Lebensform ihrer Selbstverständlichkeit entkleidet, nachdem man sich mit Menschengruppen konfrontiert sieht, die Einlaß in die Zonen des Wohlstands begehren. Anrechte darauf, Lebenschancen realisieren zu können, werden gewöhnlich nur jenen gewährt, die in einer Gesellschaft als zugehörig definiert worden sind. Sind die Ressourcen knapp oder sollen Vorrechte beschützt werden, fallen die Grenzziehungen zwischen Innen und Außen immer ridiger aus. Dies stiftet heute eine Atmosphäre des »sozialen Protektionismus«[9], dessen brutalste Seite sich in der Parole kundtut: »Deutschland den Deutschen, Ausländer raus!«

Allerdings wäre es naiv, hierin nur ein Verhalten zu sehen, das aus der Not geboren ist und inneren oder äußeren Zwängen gehorcht. Diejenigen, die sich in ihren Taten zum Herren über das Leben und die Unversehrtheit von Fremden erklären, nehmen auch jene Optionen der Machterfahrung wahr, die ihnen die Gesellschaft eben bietet. In Ostdeutschland scheint man dabei das Stigma des »häßlichen Deutschen« um so mehr annehmen zu wollen, je weniger man sich selbst leiden kann. Von der SED als »Staatsvolk der DDR« ebenso gegängelt wie hofiert, ist man es hier nicht gewohnt, kulturellen Belastungen und offener Kritik ausgesetzt zu werden, wie es nunmehr geschieht. Neben der Angst vor der sozialen Ansteckung mit dem niedrigen Status, den etwa Zigeuner repräsentieren, spielt auch das Gefühl eine Rolle, selbst schwach, unsicher und in der Präsentation eines eigenen Stärkebewußtseins wenig beeindruckend zu sein. Der Westen hat neben allen kulturellen Lernprozessen, die die Gesellschaft durchlief, auch den sozialen Vorteil, seine Bevölkerung durchschnittlich besser mit jenen Indikatoren der Selbstachtung versorgen zu können, die allgemein Geltung besitzen: Leistungsbewußtsein, Wohlstand, zivilisierte Distanz durch persönliche Autonomie. Dies hat vor allem zu einer anderen Konventionalisierung des sozialen Verhaltens geführt. Das Ausmaß, in dem etwa offene Aggression gegen Fremde als völlig normal betrachtet wird, ist geringer. Die soziale Kontrolle dessen, »was man nicht tut«, scheint in Westdeutschland auf einer niedrigeren Stufe der Eskalation von Gewalt zu verlaufen.

Die Erklärung der unterschiedlichen Mentalitäten, die jetzt in Deutschland zuammmenprallen, ist so wichtig wie potentiell zum Scheitern verurteilt, wenn man die Begrenztheit der Explanate als Kriterium wissenschaftlicher Analyse bedenkt. Sicher hat die seit 1933 über 50 Jahre fehlende Demokratie in Ostdeutschland eine Haltung erzeugt, die Lutz Niethammer als »diktaturgewohnt und hinnahmebereit«[10] beschreibt. Der sozialistische Obrigkeitsstaat

9 Ralf Dahrendorf: Der moderne soziale Konflikt, Suttgart 1992, S. 229.
10 Lutz Niethammer: Das Volk der DDR und die Revolution, in: Charles Schüddekopf (Hrsg.): »Wir sind das Volk.« Flugschriften, Aufrufe und Texte einer deutschen Revolution, Reinbek 1990, S. 260.

konnte manches davon verlängern. Die DDR war aber auch ein Staat eigener Ordnung, der spezifische Habitustypen gebar: kleinbürgerlich-rigide ebenso wie jene der deutschen Romantik, Fachmenschen mit Leistungsethos wie proletarischen Hedonismus. Zwischen den Generationen haben sich diese Varianten je nach der historischen Zeit noch einmal geteilt, und schließlich waren auch regionale Traditionen durch den sozialistischen Einheitsstaat nicht vollständig zu eliminieren. Daran ist zu erkennen, daß nicht alles, was heute als mentale Distanz zwischen Ost und West empfunden wird, der politischen Geschichte der letzten Jahrzehnte entspringt. Auch früher lebte man in Pirna anders als in Pirmasens, in Teterow nicht so wie am Teutoburger Wald.

Vielleicht sollte man mehr auf die Institutionen als auf die Mentalitäten, mehr auf die sozialen Arrangements als auf die privaten Einstellungen schauen, um die innerdeutsche Differenz in den Erfahrungen und Handlungsweisen der Menschen zu erklären. Der fürsorglich-autoritäre Staat DDR und die zentralistische Planwirtschaft gratifizierten nicht den selbständigen Bürger. Der Staat war hierarchisch von oben nach unten gegliedert und die Gesellschaft von der führenden Partei »als ihre eigene Organisation eingerichtet«[11]. Die zentrale politische Macht verkörperte eine fiktive gesellschaftliche Einheit, mit der sich jeder identifizieren sollte. Alle Bereiche des gesellschaftlichen Lebens wurden vom Staat unmittelbar und direkt seinem eigenen Reglement unterworfen. Die politische Verfassung der DDR ließ keinen Platz für ein Verständnis von »Politik«, das von Pluralität und Konflikt als Kennzeichen jedes Gemeinwesens ausgeht. Darin verbündete sich die SED mit allen unpolitischen Idealen konfliktfreier Kooperation, die in der DDR ein verbreitetes Wertmuster darstellten. Im Ergebnis schuf der reale Sozialismus permanent Anreize für ein Verhalten, das in traditionalen Herrschaftsgebieten verbreitet ist: Schutz und Gehorsam, Trennung von Binnen- und Außenmoral, Gleichzeitigkeit von Gemeinschaft und partikularem Interesse.

Dies alles ist auch im westlichen Deutschland nicht völlig unbekannt, nur hat es sich hier nicht zur Struktur von Institutionen verfestigen können. Konkurrenzdemokratie und die »zivilen« Ein-

11 Detlef Pollack: Das Ende einer Organisationsgesellschaft, in: Zeitschrift für Soziologie, 19. Jg. (1990), Nr. 4.

richtungen von öffentlicher Diskussion und freiwilligen Vereinigungen haben dafür gesorgt, Staat und Gesellschaft nicht identisch werden zu lassen. Die Lebensform der westlichen Demokratie kann wahrscheinlich bessere Bedingungen dafür bereitstellen, kulturelle Pluralität hervorzubringen und zu ertragen, soziale Konfliktfähigkeit zu trainieren. Wenn es denn stimmen sollte – wie Norbert Elias[12] behauptet hat –, daß der geschichtlich gewordene Habitus der Deutschen mehr durch das »militärische Modell des Befehlens und Gehorchens« als durch das stadtbürgerliche Modell »des Verhandelns und Überredens« gekennzeichnet ist, dann wurden die Deutschen der DDR jedenfalls nicht gerade darin bestärkt, alte Gewohnheiten abzulegen. Der Westen sollte sich darauf nicht allzuviel einbilden. Ihm ist die Diagnose gestellt worden, daß seine Demokratie nur notdürftig durch ökonomische Prosperität gesichert sei.[13] Wenn die Zeichen nicht trügen, dürfte künftig Gelegenheit bestehen, diese These praktisch zu widerlegen.

Damit sind wir wieder beim Innenleben der deutschen Gesellschaft, das gegenwärtig von den harten Fakten ungleicher Verteilung, aber auch von den Bildern über die anderen geschüttelt wird. Symbolische Konstruktionen sind keine Einbildungen, sondern real, weil die Wahrnehmung des anderen Folgen für das Verhalten ihm gegenüber hat. So ist dies auch im deutschen Fall. Die staatliche Vereinigung gibt den Bürgern des neuen Deutschlands Gelegenheit, ökonomische und kulturelle Überlegenheit zu demonstrieren oder sich in der Rolle des permanenten Opfers zu gefallen. Damit werden auch die Rollen eingeübt, mit denen auf der politischen Bühne über die Kosten der Transformation verhandelt werden. Die Formen der Ungleichheit, die in Deutschland herrschen, werden in Zukunft stärker denn je von der Verhandlungsmacht abhängen, mit der soziale Gruppen in die Arena des Verteilungskampfes eintreten. Im Distinktionskampf zwischen Ost und West, in der latenten Abwertung der jeweils anderen Seite werden die Argumente moralisch geladen, die eigenen Truppen vergattert, Schwachstellen der gegnerischen Seite enthüllt.

Wo die neue staatliche Einheit vorher getrennte Gruppen von Menschen zu einer Nation verbindet, bietet die Hervorhebung der

---

12 Norbert Elias: Studien über die Deutschen, Frankfurt/M. 1989, S. 19.
13 Vgl. Harold James: Deutsche Identität 1770–1990, Frankfurt/M./New York 1991.

eigenen Differenz die Chance, im sozialen Austausch die eigene Machtrate zu erhöhen. Positionskämpfe pflegen immer dann an Schärfe zu gewinnen, wenn die Verteilung von Rängen neu ausgehandelt wird. Es sind die Interessen, die hier die Sprache diktieren, die symbolischen Formen einer härteren Konkurrenz um knapper werdende Ressourcen und sich plötzlich bietende Chancen. Darstellungsfähig ist dies alles am besten, wenn sich das eigene Votum nicht durch den Hinweis blamiert, durch Eigennutz motiviert zu sein. Daher wird hüben der Gesang von der Notwendigkeit der Initiative des einzelnen intoniert, während drüben ein vielstimmiger Chor Gerechtigkeit fordert.

Unterscheidungen gewähren einen Vorteil, den der eine, aber nicht der andere hat. Es bedurfte nicht erst der innerdeutschen Ost-West-Konfrontation, um diesen Tatbestand in das allgemeine Bewußtsein zu heben. Nur bei oberflächlicher Betrachtung kann es so aussehen, als ob die Pluralisierung der Lebensstile, die der Westen und vielleicht bald auch der Osten Deutschlands durchlebt, ein konfliktfreier Prozeß ist, der durch gegenseitige Distanz, aber nicht Konkurrenz gekennzeichnet ist. Die Entwicklung neuer Lebensstile verändert die Chancenstruktur sozialer Gruppen auf den Arbeits- und Beziehungsmärkten, wo nach dem Prinzip der Ähnlichkeit rekrutiert wird. Das schließt »Trendsetter« ein und »Altmodische« aus, begünstigt »passende« Personen im gleichen Maße, wie »Unpassende« diskriminiert werden.

Die westdeutsche Gesellschaft ist weit davon entfernt, diesen Mechanismus nur auf die Vorlieben in Konsum und Freizeit zu begrenzen, was allerdings auch eine angestrengte Stimmung hervorbringen kann. In der Arbeitswelt dienen die Attribute bestimmter Lebensstile, dienen Biographie und Persönlichkeit zur Selektion in der betrieblichen Rekrutierungspraxis, vor allem für »dispositive Arbeitsrollen«[14]. Nicht allein fachliche Kompetenz ist gefragt, sondern Auftreten, Stil, Belastbarkeit und Selbstsicherheit. Das wäre nur dann nicht von Belang, würde der jeweilige Habitus unterschiedlicher Milieus eine vergleichbare Wertung erfahren. Die öffentliche Geltung der

14 Vgl. Hans-Willy Hohn/Paul Windolf: Lebensstile als Selektionskriterien, in: Hanns-Georg Brose/Bruno Hildenbrand (Hrsg.): Vom Ende des Individuums zur Individualität ohne Ende, Opladen 1988.

Lebens- und Wissensformen, der kulturellen Praktiken und persönlichen Darstellungsweisen ist jedoch ungleich verteilt. Unbeschadet davon, was in einer bestimmten Gruppe bevorzugt wird oder die Regel ist, gelten für Schulen und Büros, für Ämter und Mandate jeweils typische Schemata im Bild der gewünschten Person, die dem einen Einlaß gewähren, anderen den Zutritt versagen. Daher sind alleinerziehende Mütter in gesellschaftlichen Führungspositionen ebenso rar wie Familienväter mit Teilzeitarbeit, türkische Manager in deutschen Unternehmen oder »Postmaterialisten« im Deutschen Fußball-Bund. Die große Aufmerksamkeit, die derartige Fälle in der Öffentlichkeit erfahren, resultiert aus dem Umstand, daß sie eben so selten sind.

Was als besonders erwünscht oder normal, als völlig unmöglich oder außergewöhnlich begehrenswert gilt, ist dabei nicht unumstritten. Nur haben diejenigen, die in Positionen schon sind, den Vorteil, Anforderungen nach dem Muster zu modellieren, das sie selber bevorzugen. Hieraus gestalten sich die ästhetischen, kognitiven und moralischen Elemente einer »legitimen Kultur«[15], um deren Normen in der Gesellschaft mal ein subtiler, dann ein offen erklärter Definitionskampf entbrennt. Nachwachsende Generationen bringen eigene Lebensmodelle und Wertmuster in ihre Statuspassagen ein, Aufsteiger die habituellen Eigenschaften ihrer Herkunftsklasse. Frauen und Männer geben ihren sozialen Reservaten ein je eigenes Gepräge, ebenso elitäre Kreise, die sich abschließen möchten. Solange Arbeitsmärkte Lebenschancen verteilen und gesellschaftliche Positionen Anrechte sichern oder den Zugang zu Ressourcen eröffnen, können nur wenige darauf verzichten, in eine Statuskonkurrenz einzutreten, die um so mehr angeheizt wird, je knapper die Plätze sind und gleichzeitig das Versprechen gilt, soziale Mobilität zu gewähren. Konflikte zwischen Herkunft und Aspiration und in der »Kreuzung sozialer Kreise« (Georg Simmel) sind damit ebenso angelegt wie der moralische Streit um die Normen, mit denen die erlangten Positionen ausgefüllt werden sollen.

In der kulturellen Sphäre spiegelt sich daher die soziale Verteilung von Macht. Einflußgruppen, Konfliktgegner und kollektive Akteure

15 Vgl. Pierre Bourdieu: Die feinen Unterschiede. Kritik der gesellschaftlichen Urteilskraft, Frankfurt/M. 1982.

treten in der Gestalt jeweils distinkter Lebensstile auf. So ist es kein Wunder, daß die moderne Kultursoziologie einen wesentlichen Anstoß von der Wahlforschung erhielt: Soziale Milieus sind Statusgruppen mit jeweils eigenen Interessen, die sich auch politisch artikulieren. Viele der politisch kontroversen Themen in unserer Gesellschaft waren und sind zwischen Gruppen umstritten, die sich nach Alter, Lebensform und Milieu unterscheiden – sei es der Konflikt zwischen ökonomischem Wachstum und ökologischer Fürsorge, der Sozialstaat und seine Aufgaben, der Streit um den Paragraphen 218 oder die Asylpolitik. Politische Wertorientierungen und materielle Interessen sind mit Lebensstilen verbunden und zwischen ihnen oft gegensätzlich verteilt, weil die Moral und die Interessen der einen die Lebensvorstellungen und Lebenslagen der anderen tangieren.

Im Alltag wird dies etwa in den Zentren der Städte sichtbar, wo die lokalen Wohnungsmärkte zum Objekt der Begierde besonders ambitionierter Lebensstilgruppen geworden sind.[16] Die geräumige Altbauwohnung, der es zur Realisierung des Bildes vom erfolgreichen jungen Menschen bedarf, ist dadurch für andere unerschwinglich geworden und nicht selten von Mietern genommen, die sie vorher für profanere Zwecke benutzten. Die Präferenzen des einen Lebensstils haben Auswirkungen auf die Ressourcen und Chancen anderer Gruppen, ob dies nun das Wohnen, Konsumangebote, die Preise der Lebenshaltung oder die »Marktgängigkeit« der eigenen Person betrifft. Allein schon aus diesem Grund ist die Pluralisierung der Lebensstile kein harmonisch-friedvoller Prozeß, sondern von Herablassung und Neid, von Mißgunst und Kränkung, von Abgrenzungskämpfen und dem Bestreben umstellt, Exklusivität zu erreichen.

Die Methode hierfür ist die Praxis der Unterscheidung. Distinktionen haben eine Grammatik, in der die verschiedenen Lebensstile aus der Abgrenzung zu anderen ihren eigenen Wert konstruieren. Wie jeder sein eigenes Ich nur aus der Trennung vom anderen gewinnt, verweist auch die Identität der eigenen Lebensform auf das Verhältnis, das sie zu der Lebensform Zweiter und Dritter hat. Diese Struktur ist immer schon anfällig dafür, daß Fremdes auch mit Gewalt von sich abgestoßen wird, wenn es zu eng wird oder bedrohlich. Die

16 Vgl. hierzu die Beiträge in Jörg Blasius/Jens S. Dangschat (Hrsg.): Gentrification. Die Aufwertung innenstadtnaher Wohnviertel, Frankfurt/M./New York 1990.

Anerkennung, die der einzelne für seine Besonderheit finden kann, mäßigt die potentiell aggressiven Akte; wo dagegen allein nur der Abstand zählt, herrschen Strategien der Distanzierung vor.[17] Sofern der soziale Raum für Unterscheidungen maßgeblich ist, bemißt sich die distinktive Rigidität daran, wie die Machtdifferentiale und die Spannweiten sozialer Ungleichheit beschaffen sind, womit Überlegenheit praktisch begründet und Unterlegenheit interpretiert wird.

Distinktionen verschaffen soziale Vorteile, wenn sich Unterschiede in Wertdifferenzen verwandeln. In die wechselseitige Wahrnehmung und Beurteilung der verschiedenen Lebensformen sind daher Modelle der Gegnerschaft eingebaut. Um die eigene Lebensart zu behaupten, diskreditiert man andere. Um im symbolischen Ausscheidungskampf jene Stellung zu gewinnen, die den Ton angeben darf, hebt man das eigene Muster hervor und setzt es von anderen ab. Die Verdikte hierfür sind bekannt: primitiv oder eingebildet, maßlos oder prätentiös, spießig oder verstiegen.

Eine allgemeine Regel im Distinktionsgeschehen ist, möglichst ganz natürlich und unbefangen zu sein. Wer erkennbar immer nur nach den anderen guckt, legt Zeugnis darüber ab, wie fragil das eigene Selbstbewußtsein doch ist. Dies kann man sich heute immer weniger leisten. Unter den verschiedenen Angeboten, die auf dem Markt der Persönlichkeitsbilder kursieren, ist das Modell der souveränen Individualität zum Verkaufsschlager geworden. Die gesellschaftliche Bedingtheit der Person erscheint als Entwertung des Selbst, weil es sich möglichst unabhängig darstellen möchte. Hierzu befähigt zu sein, ist nicht jedem gegeben: In der modernen Gesellschaft »verinnerlicht« sich die soziale Ungleichheit. Maßgeblich für den gesellschaftlichen Wert einer Person sind nicht allein äußere Attribute, sondern auch »innere« Qualitäten. Eine leicht exzentrische Folge davon ist die Konjunktur von »lifestyle-consulting« und »persönlicher Stil-Beratung«, die ihre Angebote mittlerweile bis in die Anzeigenblätter der deutschen Provinz distribuieren. Hier wird die Lösung des Problems organisiert, seinen ganz persönlichen Typ zu finden, und die Antwort der Frage gesucht, wer man eigentlich sein möchte. Besser ist in jedem Fall, hierzu allein in der Lage und darin

17 Vgl. Axel Honneth: Pluralisierung und Anerkennung, in: Wolfgang Zapf (Hrsg.): Die Modernisierung moderner Gesellschaften. Verhandlungen des 25. Deutschen Soziologentages, Frankfurt/M./New York 1991.

ganz selbstvergessen zu sein. Erkennbarer Wettbewerb deckt auf. Die legitimste Form, ein Konkurrenzstreben zu kuvrieren und das eigene Interesse an den Wertungen anderer zu verdecken, ist daher die nach außen getragene Selbstdeutung, im Verfolgen des eigenen Lebensstils nur dem subjektiven Erlebnis zu frönen. Gleichgültige Distanz zu Status und Konkurrenz ist ein gesellschaftliches Darstellungsideal, weil Abhängigkeit ein peinliches Thema geworden ist.[18]

Heute kommt es auf die Subjektivität der Person an, welche gleichzeitig ihr größtes Problem ist. Unter allen Versuchen, hiermit zurechtzukommen, kann man zwei extreme Ausprägungen unterscheiden, die ein Licht auch auf die gemäßigten Zonen der Mitte werfen. Zum einen werden Lebensstile als ein artifizielles setting übernommen, das sich im Wechsel der Moden schnell wieder verändern läßt. Wer dies favorisiert, entgeht jeder Festlegung, hält sich im Zustand des Scheinbaren und macht seinen Stil nur zum virtuellen Laufwerk der eigenen Subjektivität. Dann kann man von anderen nicht entdeckt werden und muß sich auch nicht selber entdecken.

Andere erfahren die Individualisierung in der modernen Gesellschaft hauptsächlich als eine Belastung, die sich mit Unsicherheit, Einsamkeit, Schwäche verbindet. Dies treibt neben gewöhnlicher Gruppenbildung auch die Tendenz zur Selbstethnisierung der Menschen hervor, »Stammesdenken« und soziales Territorialgefühl. Hier gilt nur, was alle gemeinsam haben, die sich als zugehörig empfinden, und dies kann – naturgemäß – nicht sehr individuell sein.

Die soziale Problematik unserer Zeit ist: Man muß sich individualisieren, und gleichzeitig braucht man soziale Zusammenhänge. Man bedarf der Gemeinschaft und will die persönliche Autonomie. Die Macht der Unterscheidung bekommt einen doppelten Sinn: Identität zu ermöglichen und Konkurrenz zu stiften, Fremdes abzustoßen, aber auch: den anderen zu erkennen.

*

Welche Wege die Menschen dabei beschreiten, ist das Thema der nachfolgenden Rundgänge durch die Inneneinrichtungen und die Außenfassaden der modernen Individualität. Die Tendenzen im

18 Vgl. hierzu ausführlich Sighard Neckel: Status und Scham. Zur symbolischen Reproduktion sozialer Ungleichheit, Frankfurt/M./New York 1991; ferner Cas Wouters: On Status Competition and Emotion Management, in: Theory, Culture & Society, Vol. 9 (1992), No. 1.

Wandel des Alltags werden im Verlauf dieser Erkundung zur Beute ethnographischer Beschreibungen und soziologischer Reflexion gemacht. Die kleine Reise durch Szenen und Milieus beginnt in den achtziger Jahren, in denen der Lebensstil die Bühnen der großen Städte betrat. Sie endet in unserer Gegenwart, in der das neue Deutschland scheinbar wieder von der Kultur der Nachkriegszeit eingeholt wird. Wie es vielleicht auch unserer Erfahrung entspricht, kommt Gesellschaft mehr als Episode denn als Struktur in den folgenden Beiträgen vor. Sie erzählen von den Strategien und Taktiken alltäglicher Abgrenzungskämpfe, von den Gefühlsmustern und Kleiderordnungen sozialer Konkurrenz, von Macht und Moral in der modernen Lebenswelt – mit Ausflügen auch in die politische Sphäre. Kombiniert ist die Textauswahl mit Arbeiten, die zum Thema des Buches soziologische Theorie in hoffentlich lesbarer Form bieten. Die Aufsätze wurden innerhalb der letzten sechs Jahre geschrieben, einige erscheinen hier zum ersten Mal.

Bühnen des Lebensstils

Die Politik der Lebensstile
Beobachtungen in einem Berliner Bezirk

(gemeinsam mit Helmuth Berking)

> In jedem Kaffeelöffel spiegelt sich die ganze Sonne
> Italienisches Sprichwort

Daß innerhalb der Entwicklung der modernen Gesellschaft Prozesse der Klassen- und Gruppenbildung immer wieder entfacht werden, verlöschen und von neuem beginnen, ist ebenso eine soziologische Trivialität wie die Tatsache, daß sich diese Entwicklungsprozesse auf Struktur und Erscheinungsbild der Städte niederschlagen und hier vor allem sichtbar werden. Insofern ist es ganz traditionelle Soziologie, in einen bestimmten Stadtteil zu gehen, um sich näher darüber zu informieren, welche sozialen Folgewirkungen der gesellschaftliche Wandel zeigt.[1] Diese einfache Form der Information wird richtig interessant jedoch erst dann, wenn man den Blick auf die Stadt als dem zentralen Vergesellschaftsraum der modernen Gesellschaft mit der provokantesten These über die gegenwärtige Form eben dieser Vergesellschaftung konfrontiert, der These nämlich, daß zum ersten Male in der Geschichte des Kapitalismus die Individualisierung der Menschen, ihre Freisetzung von jeweils vorher bestehenden Bindungen, nicht wieder durch neue Klassen- und Gruppenbildungsprozesse begleitet werden.[2] Die Entwicklung hin zu einer Gesellschaft, in der sich die unterschiedlichsten Lebensstile herausgebildet haben, scheint der genannten These Nahrung zu geben, derzufolge wir nunmehr als vereinzelte einzelne und unwiderruflich von den Orientierungssicher-

---

1 Die Tradition einer soziologischen Stadtforschung, die städtische Agglomerationen sowohl als räumliche Verdichtung wie als selbständige Katalysatoren des sozialen Wandels untersucht, ist durch Robert E. Park und die *Chicago School* begründet worden, vgl. Robert E. Park: The City: Suggestions for the Investigation of Human Behavior in the City Environment, in: American Journal of Sociology, Vol. 20 (1915), S. 577 ff.
2 Vgl. Ulrich Beck: Risikogesellschaft. Auf dem Weg in eine andere Moderne, Frankfurt/M. 1986.

heiten fester Milieus getrennt den Risiken der Modernisierung so verfallen sind wie gleichzeitig ihre Chancen wahrnehmen müssen. Und doch ist es zweifelsohne so, daß diese – unterstellt: richtige Zeitdiagnose – eben ja nicht für *den* einzelnen gilt, sondern für *jeden* einzelnen, also immer schon viele meint, die untereinander auch jetzt noch zusehen müssen, wie sie die Vergesellschaftung erträglich gestalten.

In Zeiten, in denen die neueren Theorien sozialer Ungleichheiten eine Vervielfältigung von Lebenslagen konstatieren, scheint sich die soziale Gruppenbildung mehr und mehr aus symbolischen Quellen und gesellschaftlichen Teillagen zu speisen. In diesem Kontext neuartiger Formen der Sozialintegration haben Lebensstile in den letzten Jahren eine größere Bedeutung gewonnen[3], leiten sie doch unübersehbar »nachtraditionale Gemeinschaftsbildungen«[4] ein, die überall dort besonders hervortreten, wo sich die Konturen traditionsfester Zugehörigkeiten tiefgreifend zersetzt haben und die Akteure nicht mehr auf sicher geglaubte und handfest verifizierte Handlungsnormen und biographische Erwartungen zurückgreifen können. Lebensstile können uns verdeutlichen, daß die Individualisierung nicht zwangsläufig schon in der Vereinzelung mündet und als ein Verfallsprozeß sozialer Bindungen nicht hinreichend begriffen werden kann, stellen sie doch einen kulturellen Focus dar, um den herum »moderne« Vergemeinschaftungen stattfinden, sich kollektive Identitäten herausbilden.

Lebensstile sind sozial distinkte Varianten kultureller Praktiken[5], denen individuell nicht willkürlich zu wechselnde soziale Lagen entsprechen, ohne daß Lebensstile aber nur symbolische Derivate verfügbarer Ressourcen und »objektiver« Positionen wären. In Lebensstile gehen immer auch die Konstruktionsleistungen von Akteuren ein, die dadurch ihre Wirklichkeit gestalten, ihr einen spezifischen Sinn verleihen, sie mit Bedeutung ausstatten und diese performativ

3 Vgl. Karl H. Hörning/Matthias Michailow: Lebensstil als Vergesellschaftungsform, in: Peter A. Berger/Stefan Hradil (Hrsg.): Lebenslagen, Lebensläufe, Lebensstile (Soziale Welt, Sonderband 7), Göttingen 1990.
4 Helmut Dubiel: Die Ökologie der gesellschaftlichen Moral, in: Merkur, 41. Jg. (1987), Nr. 11, S. 1047.
5 Vgl. Piere Bourdieu: Die feinen Unterschiede. Kritik der gesellschaftlichen Urteilskraft, Franfurt/M. 1982.

zum Ausdruck bringen. Lebensstile fungieren als Strategien der Sinnfindung und der Bedeutungskonstitution. In ihnen artikulieren sich Wertvorstellungen und Identitätsentwürfe, die gegen andere behauptet werden sollen. Wenn sich soziale Lagen immer stärker voneinander unterscheiden und sich die Wertvorstellungen und Identitätsentwürfe kulturell vervielfachen, kann an der Oberfläche der gesellschaftlichen Wirklichkeit eine Pluralisierung von Lebensstilen beobachtet werden.

Lebensstile sind symbolisch gesicherte Territorien mit festen Zugehörigkeitsmerkmalen und Ausschlußregeln. Zwar treten Lebensstile auch als sozialräumlich unspezifische Muster auf, die aufgrund ihres jeweiligen Vorbildcharakters Identifikationen stiften und räumlich und zeitlich diffundieren; hinsichtlich ihrer alltäglichen Vergesellschaftungsleistungen jedoch sind sie an Zeit und Raum gebunden. Im folgenden interessieren uns Lebensstile also nicht als Tendenzen des Zeitgeistes, sondern insofern, als sie tatsächlich Gruppen bilden, die sich untereinander erkennen, die handlungsfähig und diskursmächtig sind.

In dieser Perspektive bietet es sich an, dort die Lebensstile zu erforschen, wo sie sich besonders verdichten und wo sie es sind, die Gruppen und Milieus[6] von innen her konstituieren. In den großstädtischen Räumen fungieren Lebensstile nicht nur als Leitwährung im sozialen Verkehr. Die Stadt selbst ist es, die als sozialökologische Ressource die Ausbildung bestimmter Lebensstile erst möglich macht. Hier auch haben sich Wirkungen der Lebensstilbildung eingestellt, die weit über die kulturelle Sphäre hinausgehen. Inmitten der nach außen symbolisch gesicherten Territorien kann sich ein kultureller Binnenraum entfalten, der politische Konflikte nicht nur ankündigt oder vorbereitet, dessen Aufbau und alltägliche Integration vielmehr selbst schon als ein politischer Prozeß zu begreifen ist. In dieser »Politik der Lebensstile«[7] werden Techniken der sozialen Inte-

6 Zum Begriff des Milieus als einem territorialisierten Sinnzusammenhang vgl. Ronald Hitzler/Anne Honer: Lebenswelt – Milieu – Situation. Terminologische Vorschläge zur theoretischen Verständigung, in: Kölner Zeitschrift für Soziologie und Sozialpsychologie, 36. Jg. (1984), Heft 1.
7 Vgl. Helmuth Berking/Sighard Neckel: Der alltägliche Protest gegen das Allgemeine. Über Politik und Lebensstil, in: Merkur, 40. Jg. (1986), Heft 451/452; dies.: Politik und Lebensstile, in: Ästhetik und Kommunikation, 17. Jg. (1987), Nr. 65/66.

gration, aber auch Kompetenzen der politischen Konfliktfähigkeit erprobt, die nolens volens mit den Verwerfungen, aber auch mit den Chancen großstädtischer Räume umzugehen haben.

Angesichts des Nebeneinanders von Deklassierungen und sozialer Arroganz, von Armut, Wohnungsnot, territorialer Gewalt und der jeweils neuesten Blasiertheit des jeweils neuesten Lebensstils ist das gesellschaftliche Zusammenleben in den Städten nicht unbedingt konfliktfreier geworden. Als Schreckensvision des urbanen Molochs, als Angstbild eines realen Anarchismus, als steingewordene Banalität der gegenstandslosen Kulturgesellschaft oder aber auch als Keimzelle einer zivilen[8], »multikulturellen« Sozialität taucht die Stadt in Analysen und Projektionen auf. Was die Schreckensvisionen betrifft, so reden etwa in Berlin alle von Kreuzberg. Dies tun wir – an dieser Stelle – nicht. Wir reden von Berlin-Schöneberg – nicht, um uns aus dem urbanen Kuchen die schönsten Stücke auszusuchen, sondern weil hier, in diesem vielleicht am stärksten durchmischten Innenstadtbezirk Berlins, Hinweise dafür zu finden sind, wie unter den Bedingungen fortschreitender Individualisierung und pluraler Lebensstile soziale Räume neu strukturiert werden und sich das in veränderter Form zusammensetzt, was man städtische Lebenswelt nennen kann.[9]

Stadtbesichtigung

Unser Untersuchungsgebiet, der Norden Schönebergs, war eigentlich schon immer ein Zwischenraum, und – wie alle Zwischenräume – sozial nur schwer festlegbar. Im Kern zwischen Nollendorfplatz und Potsdamerstraße, entlang der Grunewaldstraße im Süden und der Eisenacherstraße im Westen gelegen und noch nicht einmal einen Quadratkilometer groß, wurde es in den 80er und 90er Jahren des

---

8 Zum Begriff der »zivilen« Sozialität, mit dem ein höheres Ausmaß demokratischer Selbstregulierung der Gesellschaft gegenüber Staat und Markt bezeichnet wird, vgl. Ulrich Rödel/Günter Frankenberg/Helmut Dubiel: Die demokratische Frage, Frankfurt/M. 1989 sowie Hermann Schwengel: Der kleine Leviathan. Politische Zivilisation um 1900 und die amerikanische Dialektik von Modernisierung und Moderne, Frankfurt/M. 1988.

9 Die folgende Fallstudie beruht auf den Ergebnissen einer empirischen Untersuchung, die Anfang 1989 in Berlin-Schöneberg durchgeführt wurde. An der Feldforschung war Beate Fietze beteiligt.

vorigen Jahrhunderts zunächst als Wohngebiet höherer Beamter geplant. Seit Beginn des Jahrhunderts jedoch war Schöneberg-Nord eigentlich nie mehr eine richtig gute Adresse. Im Osten und Südosten von einem Arbeiterviertel begrenzt, wurde es mit der S-Bahn zu einem innerstädtischen Erweiterungsgebiet, das neben Büros auch jene Geschäftszweige anzog, die der Berliner noch heute mit dem Bülowbogen assoziiert: Amüsierbetriebe, Bordelle und Kneipen eröffneten, die Halbwelt siedelte sich an, später die gehobene Bohème mit ihren Künstlerlokalen und Ateliers. Auch die homosexuelle Subkultur hatte hier – und hat hier bis heute – ihren Mittelpunkt in der Stadt. Währenddessen veränderte sich die Wohnungs- und Sozialstruktur beträchtlich, Arbeiter und Angestellte zogen nach, während das gutbürgerliche Schöneberg nunmehr in den Südwesten zog, an den Viktoria-Luise-Platz und in das Bayerische Viertel. Nach dem Krieg, mit Entstehen des sozialen Wohnungsbaus, wurde Schöneberg-Nord – bei Fortbestand der eher verruchten Ecken – eigentlich ein ganz durchschnittlicher Stadtbezirk, sozial allerdings mit einer leichten Tendenz nach unten.

In den 60er und 70er Jahren tauschte sich die Bevölkerung dieses Stadtteils abermals aus: Ausländische Familien zogen verstärkt in die östlichen Teile des Viertels ein, die Studenten begannen, in den verkommenen großen Wohnungen neue Lebensformen zu erproben. In der Pallasstraße wird der dort früher plazierte Sportpalast abgerissen und an seiner Stelle Mitte der 70er Jahre ein riesiger Wohnkomplex errichtet, der unter dem Namen »Sozialpalast« später traurige Berühmtheit erlangen sollte, während sich am Nollendorfplatz die neu entstehende Drogenszene konzentriert. Sozialräumlich betrachtet verschiebt sich das kulturelle Zentrum des Kiezes jetzt in dessen Mitte, den Winterfeldplatz[10], wo es bald zwei Kneipen sind, die über den Stadtteil hinaus bekannt werden sollten. In den 60er Jahren auf dem Gelände eines zerbombten Hinterhauses die *Ruine,* zunächst eine Studenten-, in den 80er Jahren dann *die* Punkkneipe in Berlin; in den 70er Jahren zusätzlich der legendäre *Dschungel,* aus dem später dann das *Slumberland* werden sollte, Treffpunkt der ersten New Wave-Generation. Zunehmend beginnt die links-alternative Szene

10 Zur Geschichte des Winterfeldplatzes vgl. Hans-Martin Tillack: Die Projektgruppe Winterfeldplatz, Diplomarbeit am Institut für Soziologie der FU Berlin 1987.

das Viertel zu prägen, und folgerichtig steigt im Juli 1980 hier auch das erste Stadtteilfest. Der Wochenmarkt auf dem Winterfeldplatz, lange Zeit ein gewöhnlicher Kiezmarkt, dient jetzt zunehmend der geschäftlichen und habituellen Selbstdarstellung der kräftig gewachsenen Alternativszene. Nachbarschaftsinitiativen, alternative Projekte, Kneipen, Läden und Cafés verbreiten sich, der Kiez gerät – auch politisch – fest in alternative Hand.

Schon 1979 hatte die *Alternative Liste* auf der Ostseite des Winterfeldplatzes ihr stadtweit bestes Wahlergebnis, ab 1981 erreicht sie in einigen Stimmbezirken absolute Mehrheiten, und auch bei den Wahlen 1989 sind mit einer Ausnahme alle Stimmenbezirke rund um den Winterfeldplatz klar von der AL dominiert, bei Stimmenanteilen zwischen 33 und 40 Prozent. In ganz Berlin wird die AL-Hegemonie in diesem Gebiet nur noch in einigen Kreuzberger Stimmbezirken sowie in zwei weiteren Schöneberger Schwerpunkten der Grün-Alternativen übertroffen, der Dennewitzstraße im Nordosten sowie dem ganzen Gebiet südlich des Kleistparkes, wo die Zahlen allesamt zwischen 40 und 55 Prozent liegen. Mit nur zwei Ausnahmen – der einen am Willmanndamm, der anderen im Südwesten des Winterfeldplatzes, wo in beiden Fällen Neubauanlagen bzw. Seniorenwohnheime die CDU zur stärksten Partei gemacht haben – werden alle Stimmbezirke entweder von der AL oder aber der SPD beherrscht, wobei – außer eben in den wenigen Neubauvierteln dieses Gebietes – eine SPD-Dominanz immer mit einer zumindest 20prozentigen Stärke der AL einhergeht, und umgekehrt in allen AL-dominierten Bezirken die SPD klar an zweiter Stelle liegt. Südlich des Kleistparkes etwa kommt die CDU mal gerade auf durchschnittlich 16 Prozent.[11]

Doch zurück zur Geschichte des Viertels. Zur starken linksalternativen Hegemonie trug von Anfang an eine Welle von Sanierungen bei, die über den Kiez schwappte und die sofort auf den Widerstand vor allem der neuen Bewohner stieß, die hier mit die ersten Mieterläden und Bürgerinitiativen in ganz Berlin gründeten. Seit Ende der 60er Jahre nämlich ist die Gegend östlich des Winterfeldplatzes bis weit über die Potsdamerstaße hinaus »Sanierungserwartungsgebiet«, mit den bekannten sozialen Folgeerscheinungen: Häuser verfallen, wer-

11 Alle Angaben resultieren aus einer Stimmbezirksanalyse auf Grundlage der amtlichen Wahlstatistik, vgl. Statistisches Landesamt Berlin: Wahlen in Berlin '89.

den schnell ent- und wieder neu vermietet, das »Sanierungsnoma-
dentum« entsteht, in dessen Gefolge ganze Kolonnen unterschiedlichster Gruppen durch die Wohnblöcke ziehen: Ausländer, Studenten,
Sozialhilfeempfänger. Von Westen rücken die ersten Kundschafter
der Gruppe der sogenannten neuen Mittelschichten ein, während
nach Osten bis hin an das angrenzende Kreuzberg langsam alle
diejenigen geschoben werden, die sich die Mieten in den sanierten
Häusern nicht mehr leisten können oder aber als letzte unter den
sozial Schwachen zuwandern. Gleichzeitig hat sich am Winterfeldplatz eine Bauträger-Gesellschaft eingekauft, die den durch Kriegs-
schäden und Abrisse stark gebeutelten Platz wiederherstellen und
eine komplette Randbebauung an genau den Stellen durchsetzen will,
wo in den Nischen und Lücken sich die neue Szene einquartiert hat.

In diese Situation platzen die ersten Hausbesetzungen, die sich
neben Kreuzberg vor allem in Schöneberg konzentrieren, im Frühjahr
1981 über 160 in der ganzen Stadt, davon 11 in unmittelbarer Nähe
des Winterfeldplatzes, der von nun an den einen als »befreites Gebiet«, den anderen als der größte Schandfleck in ganz Berlin gilt,
überregional bekannt als Mekka des Punk und Zentrum der neuen
Jugendbewegung. Während dieser Zeit gibt es keinen Ort in Berlin,
wo der Boden so heiß ist wie am Winterfeldplatz, dem Platz des
Aufstandes, der Subversion, der Gegenkultur, sozusagen der west-
lichste Vorposten und die Speerspitze zugleich des anderen, des rebel-
lischen Berlins, das ansonsten in Kreuzberg konzentriert war. Hier
fanden die Rückzugsgefechte und Stellungskämpfe nach den Demon-
strationen auf dem Kurfürstendamm statt, spielten sich ständig
kleine Scharmützel zwischen der Polizei und den *streetfighter* ab,
während die Musik der *Fehlfarben* den Platz rund um die Uhr be-
schallte, Hunderte beim Bier auf den Bordsteinkanten saßen und dem
Kino zuschauten, das sich hier vor ihren Augen abspielte, andere bis
in den frühen Morgen hinein in den improvisierten Kneipen der
besetzten Häuser hitzige Diskussionen führten oder sich heftig ver-
liebten. Ein Mythos war geboren, zu dem drei heiße Sommer lang
tout Berlin hinpilgerte: Altlinke, die sich als Paten der besetzten
Häuser engagierten, Künstler, Schriftsteller, Intellektuelle, die hier
nach dem Innerlichkeitskult der 70er Jahre die lang vermißte *action*
wiederfanden, Soziologen, jugendliche Touristen, *drop-outs* aus der
ganzen Republik. Es ist die Zeit, von der Bodo Morshäuser in seinem

Roman *Berliner Simulation* seinen Helden sagen läßt: »In diesen Tagen Schöneberg zu verlassen, das wäre, wie nach Oldenburg zu fahren.«

Gerade auch die intellektuelle Szene der Stadt, die sich lange genug am Charlottenburger Savignyplatz gelangweilt hatte, verknüpft mit diesem Platz die Erinnerung einer zumindest momentan gelungenen Verbindung von geistiger und sozialer Revolte. Unvergessen die sogenannten »Kopfbesetzungen« in den Hinterhöfen der besetzten Häuser, wo linke Dozenten, von Hunderten dicht umringt, bei Bier und flackerndem Licht über Foucault und die Techniken der Macht referierten, während draußen auf der Straße schon die nächsten praktischen Bewährungsproben des Kampfes gegen die Macht auf die Akteure warteten.

Im Sommer 1984 ist der Kampf vorbei – und er ist verloren. Bis auf zwei Häuser, die auch später noch als legalisierte Projekte bestehen, ist alles geräumt worden, was die Aufstandskultur der frühen Achtziger am Platz hinterlassen hatte, auch wenn östlich davon in der Potsdamerstraße fünf Häuser für die Bewegung gerettet werden konnten. Die »sozial schwer integrierbaren Personenkreise« – wie dies seinerzeit im Amtsdeutsch hieß – wurden vertrieben und ausgerechnet an der Ecke Maaßen-/Winterfeldstraße, wo das Leben in der Hochzeit der Bewegung am heftigsten pulsierte, wurde den Akteuren eine regelrechte Demütigung zuteil. Hier hatte sich der private Besitzer des Eckhauses die unliebsamen Gäste kurzerhand durch einen »warmen Abriß« vom Halse geschafft. Nunmehr steht dort ein leicht postmoderner, rosarot geputzter Neubau, in dem heute das *Café Sidney* residiert, Anlegestelle von Oberschülern und Westentaschen-Yuppies auf dem Weg zur City. Der Feind steht jetzt direkt am Platz, von dem er nur noch schwer zu vertreiben ist – so jedenfalls sehen es die Akteure selbst, die 1984 in einer Schlagzeile ihrer lokalen Zeitung titeln: »Eiszeit am Winterfeldplatz«.

Der Kampf ist vorbei, eine neue Runde der Vergesellschaftung beginnt. Wie aber sieht die Lage nun aus, wer ist jetzt noch oder nunmehr in unserem Kiez versammelt, wie lassen sich die sozialen Gruppen beschreiben, die alle vorher schon vorhanden waren, im gemeinsamen Aktivitätsrausch aber nicht so sichtbar wurden, nun jedoch in der Stille der Normalisierung in all ihren distinkten Merkmalen klarer hervor- und auseinandertreten?

Hier die Sozialstatistik zu befragen, ist ein zweckloses Unternehmen. Die Daten sind zu grobmaschig für die Untersuchung kleiner Räume, in denen sich aber durchaus – wie in Berlin eben in Schöneberg – die unterschiedlichsten Gruppenbildungsprozesse und Lebensstile hochgradig verdichten können. Wir wählen daher einen anderen Weg und gehen von den sichtbaren Praktiken und den typischen Treffpunkten aus. Gemeinsam ist allen nachfolgend zu schildernden Milieus, daß sie sich am Ende der 80er Jahre viel weniger explizit politisch artikulieren, eher an Haltungen, Alltagspraktiken, Darstellungsformen zu erkennen sind. Und trotzdem sind in all diesen Symbolwelten politische und soziale Orientierungen unabweisbar eingebunden, werden in ihnen interne Differenzierungen erkennbar, die schleichend die Alltagswelten auch eines kleinen Sozialraumes verändern können.

Symbolwelten des Lebensstils

Unser Weg durch die Symbolwelten der Lebensstile führt uns zunächst zu jener eher jüngeren Szene, die hier seit Anfang der Achtziger stark stilbildend geworden ist, unser Weg führt uns in den Süden des Winterfeldplatzes, zur Hochburg des neo-existentialistischen Post-Punk und damit in das *Café Mitropa,* ein durchaus legendärer Ort, eine der ersten Neonkneipen der 80er Jahre in der Stadt, die den schrillen, schrägen Stil des *new wave* mit zu kreieren half. Bekannt geworden als die frühere Stammkneipe von Blixa Bargeld und der *Einstürzenden Neubauten,* trifft sich dort bis heute der ästhetische Flügel der mittlerweile selbst älter gewordenen no-future-Generation. Das ästhetische Ideal der natürlichen Schönheit hat in diesem Lokal vollkommen abgewirtschaftet, vielmehr kommt es auf die betonte Künstlichkeit des Ausdrucks und des Outfits an, wobei es mittlerweile gleichgültig geworden ist, ob man den späten Punk, den *Hillibilly* oder den Beat-Typ der 60er Jahre darstellt. Die Hauptsache ist, daß der Stil entschlossen genug gewählt ist, darunter auch der, überhaupt keinen zu haben. Im *Mitropa* verkehrt eine Szene, die den Stil hat, nicht auf einen Stil festgelegt werden zu wollen. Distanz zum Gewählten gehört zum guten Ton, jegliche Verfangenheit nämlich berührt die neoexistentialistische Atmosphäre, von der sich die Leute dort gern umwehen lassen. Das *Mitropa* ist das Lokal der Söhne und Töchter des »exekutiven Kleinbürgertums«[12], die hier Gelegenheit haben, den Bruch mit ihrem Herkunftsmilieu zu leben und zu zelebrieren, durchmischt mit jenem Typus existentiell radikalisierter Spätjugendlicher, wie es ihn vielleicht nur in Berlin gibt, weil Berlin für diese Gruppe ebensosehr magnetische Anziehungskraft ausübt wie gute Erprobungsbedingungen lebensgeschichtlicher Brüche darbietet. Die Leute des sozusagen »klassischen« Mitropapublikums fühlen sich je für sich als Geworfene; sie sind – wie dies eine Informantin formulierte – »Leute mit einem existentiellen Loch«, das weniger gefüllt, als vielmehr ästhetisch erlebt werden will.

Dies unterscheidet den Schöneberger Neo-Existentialismus auch von seiner Kreuzberger Version, wo es heftiger, hungriger, körperlicher zugeht, nicht zuletzt, weil sich dort in die Szene erheblich mehr proletarische Momente mischen, als dies in der Schöneberger Goltzstraße der Fall ist, wo eher die jungen *drop-outs* der unteren Mittelklasse zuhause sind. Im *Mitropa* steht man vor allem moralisch und ästhetisch jenseits des eigenen Herkunftsmilieus, während es in Kreuzberg schon einmal passieren kann, daß die Moral und Ästhetik des Proletariats in seiner vermeintlich ursprünglichsten Form von Schmutz, Rausch und Gewalt nachträglich noch einmal überboten werden soll. Mit dem Kreuzberger Punk, stärker von deklassierten Jugendlichen getragen und stärker auch ein Aufstand gegen den proletarischen Mief der eigenen Herkunft, ist der Schöneberger Neo-Existentialismus bis Mitte der 80er Jahre noch verbunden gewesen. Dies hat sich mittlerweile in dem Maße geändert, wie der Großstadtdschungel am Winterfeldplatz gerodet wurde, er seinen Ereignis- und Erlebnischarakter zunehmend verlor, sich der Lebensstil einer jüngeren Mittelschicht stärker zur Geltung brachte.

Unverkennbar ist zudem, daß die Szene im *Mitropa* mittlerweile älter geworden ist. Heute halten sich hier – jedenfalls unter der Woche und später in der Nacht, wenn das »richtige« Mitropapublikum da ist und harmlosere Leute längst verschwunden sind – eher 25- bis 30jährige auf. Wer sich dann im *Mitropa* umsieht, dem fallen die vielen spindeldürren, irgendwie ungesund aussehenden Leute auf – »verlebt«, würden die Eltern sagen, Spuren eines mit viel *speed*

12 Bourdieu, Die feinen Unterschiede, a.a.O., S. 549.

unterstützten Versuches, einen untypischen Aufstieg in den Nischen der Kulturszenen oder des neuen Dienstleistungsgewerbes zu bewerkstelligen, oder aber körperliches Resultat der Anstrengung, sich bei knappen Ressourcen über Jahre in dieser Szene zu bewegen, die Routinen verachtet, die Grenzen verschiebt, das Extreme sucht.

Auf der Suche zu sein, ist überhaupt ein Merkmal des hier versammelten Lebensstils, der sich daher auch räumlich nicht gerne auf bestimmte Lokalitäten festlegen läßt. Der Lebensstil des neo-existentialistischen Post-Punk wandert daher permanent, längst schon aus dem *Mitropa* hinaus, überall und immer wieder dahin, wo sich die Authentizität der Künstlichkeit unverfälscht erleben läßt, wo Berlinbesucher oder Neugierige den Ort der Erfahrung noch nicht entweiht haben. Es ist die Distinktion derjenigen, denen alles bloß Distinkte bis zum Ekel verhaßt ist, die hier am Werke ist, eine sonderbare Form der durch Zeitmuster, Verhaltensstile und Outfit demonstrierten Abgrenzung gegenüber der Öde kleinbürgerlicher Normalität, eine Abgrenzungsform, die sich leicht verrucht gibt, mit dem Hang zum Gefallenen, zur Welt der schlechteren Bars, wo es gefährlich aussieht, wo rotes Licht blasse Gesichter verfärbt, Klingelknopf und Sichtluke den Eintritt erschweren – alles in allem eine Stilform, die sich wohl nicht ganz zufällig in Schöneberg-Nord zu Hause fühlt, dessen Image sie zugleich zitiert wie idealisiert. Diese Szene ist keine Bohème – dazu ist sie zu arm und nicht literarisch genug; diese Szene ist aber auch kein Bewegungsmilieu, keine Widerstandskultur – dazu verachtet sie das Politische zu sehr, auch wenn in der Mehrzahl die Alternativen gewählt werden. Was sich hier zusammenfindet, ist die Subkultur eines tragischen Kampfes um ein Selbst, das die gesellschaftliche Individualisierung als Vereinzelung und Entwurzelung erfährt und versucht, diese Individualisierung als existentielle Wahl zu leben. Unwiderruflich von den Normen kleinbürgerlicher Respektabilität getrennt und subjektiv in hohem Maße unwillig, angesichts zudem noch versperrter Aufstiegswege in das *rat race* um Karriere und Wohlstand einzutreten, regiert hier die lakonische Form des philosophischen Satzes die Gemüter, »zur Freiheit verurteilt zu sein«.

Gehen wir vom *Mitropa* ca. 300 Meter weiter bis zum Norden des Winterfeldplatzes, betreten wir einen Bereich, der im Kiez schon seit einiger Zeit das Image weg hat, Heimstatt der örtlichen *Yuppies* zu sein. In der Tat finden sich hier neuerdings einige Geschäfte des schicken Tands, von der Edelboutique Marke »lässig« bis zum unvermeidlichen Futon-Geschäft, wo Kreditkarten auch vornehmerer Art akzeptiert werden, was man südlich in der Goltzstraße bestenfalls als mißlungenen Gag ansehen würde. Eingespannt ist diese kleine Ecke des bescheidenen jungen Wohlstands zwischen zwei jeweils symptomatischen Kneipen, dem *Slumberland* auf der einen, dem *Sidney* auf der anderen Straßenseite, und man könnte versucht sein, diese örtliche Teilung als eine zu lesen, in der sich die bekannte Bourdieusche Unterscheidung zwischen dem kulturellen und dem ökonomischen Kapital auf der Längsachse des sozialen Raumes eintragen läßt.

Doch schauen wir genauer hin, und beginnen wir mehr auf der Seite des kulturellen Kapitals, d. h. im Nordwesten des Winterfeldplatzes, wo auch das *Slumberland* ist. Dieses Gebiet, das aufgrund eines sehr viel besseren Wohnungsstandards nie zur Sanierung anstand, stellt heute die bevorzugte Wohngegend der neuen Mittelschicht dar. Ein Zuzug von Akademikern und Freiberuflern hat eingesetzt, die damit jene traditionell an der Eisenacherstraße liegende Grenze zwischen dem besseren, in jedem Fall ordentlicheren Berlin und den eher verdächtigen Stadtteilen überschritten haben. In dieser Ecke hat der Kiez die Bedeutung eines Cityrandgebietes für junge, gebildete, verdienende, mobile Schichten bekommen, die von hier aus schnell die innerstädtische Kultur oder auch das Grün des Tiergartens erreichen. Doch sollte man nicht übertreiben. Es sind eher die Singles und Wohngemeinschaften der noch nicht allzu lange berufstätigen 30jährigen, die hier zu finden sind, eine Gruppe allerdings, der diese Gegend kaum mehr verloren geht, da sie über einen hohen Grad an Eigenrekrutierung verfügt und neue Mieter vor allem im internen Austausch im weiten Bekanntenkreis gewonnen werden. Hinzu kommt noch eine Form »sozialer Schließung«[13], die von den Hausbesitzern ausgeht. Für die billigeren Wohnungen der Hinterhäuser könnte eine türkische Familie etwa bieten, was sie wollte oder könnte, sie käme nie hinein. Daher sind die Höfe meist von deutschen Studenten bewohnt.

13 Zum Begriff der »sozialen Schließung« vgl. Frank Parkin: Strategien sozialer Schließung und Klassenbildung, in: Reinhard Kreckel (Hrsg.): Soziale Ungleichheiten (Soziale Welt, Sonderband 2), Göttingen 1983.

Was bedeutet es nun, in Schöneberg ein sogenannter *Yuppie* zu sein? Wichtigste Voraussetzung ist eigentlich ein anderswo ganz selbstverständlich geltender Tatbestand: eine halbwegs sichere Beschäftigung in den formell geregelten Sektoren des Arbeitsmarktes, die ein festes, kalkulierbares und kreditwürdiges Einkommen mit einem gewissen konsumptiven Überschuß und der Teilhabe an wohlfahrtsstaatlichen Leistungen garantiert. Der staatliche Bereich des tertiären Sektors dominiert eindeutig den oberen Winterfeldplatz, durchmischt mit den modernen Dienstleistern. Darin der generellen Struktur Berlins folgend, hat die Kapital- und Finanzfraktion der jungen Mittelklasse gegenüber den Verwaltungs-, Bildungs- und Kultur- und Erlebnisfraktionen eindeutig das Nachsehen. Was allerdings auffällt ist, daß all diese Fraktionen der neuen Mittelschicht ihr leidlich sicheres Einkommen nicht dazu nutzen, es anderen als sich selbst zugute kommen zu lassen. Nach Tiergarten hat Schöneberg mit 58,9 Prozent den zweitgrößten Anteil von Einpersonenhaushalten in ganz Berlin und nach Kreuzberg mit 45,5 Prozent den zweithöchsten Anteil von Personen, die als Familienstand »ledig« angeben. Gleichzeitig ist Schöneberg ebenfalls wieder nach Kreuzberg und Tiergarten derjenige Berliner Bezirk, in der die Gruppe der 20- bis 40jährigen mit einem Anteil von knapp 38 Prozent der bezirklichen Gesamtbevölkerung am stärksten vertreten ist.[14] Alle diese Tendenzen sind in Schöneberg-Nord besonders stark ausgeprägt, wo – zumindest in der deutschen Bevölkerung – die Lebensform der Familie eindeutig in der Minderheit ist.

Der symbolische Überschuß, den die neue, alleinlebende Mittelschicht ihrer Art der Lebensführung geben kann und der anderen als eben gerade das auffällt, was gemeinhin *Schicki-Micki* genannt wird, verdankt sich mithin hauptsächlich dem Umstand, daß potentielle Familieneinkommen, die gar nicht einer höheren Gehaltsklasse entstammen müssen, hier nur dem Streben nach Glück und Wohlstand desjenigen bereitstehen, der dieses Einkommen verdient. Neben der Integration in das Beschäftigungssystem überhaupt und der gewissen Sicherheit, die eine Anstellung etwa im öffentlichen Dienst verbürgt, ist es die gewählte Lebensform des Allein- oder bestenfalls Zu-Zweit-Seins, die als drittes maßgebliches Kriterium darüber entscheidet, ob

14 Alle Daten nach der Volkszählung 1987.

jemand über jenen kleinen Spielraum demonstrativen Konsums verfügt, der es ihm ermöglicht, von anderen, benachbarten Szenen als *Yuppie* denunziert zu werden. Dies ist übrigens auch der Grund, weshalb es in den sogenannten typischen Yuppie-Lokalen mitunter so kinderfeindlich zugeht, weiß man doch ganz genau, daß nur *ein* zusätzlicher Esser schon reichte, die ganze Staffage zum Einsturz zu bringen. *Young Urban Professionals* also gibt es durchaus und durchaus auch zunehmend in unserem Gebiet, nur ist dies in Wirklichkeit alles viel weniger glanzvoll, schlichtweg gewöhnlicher, als dies eine geschwätzige Zeitgeist-Presse immer glauben machen will, die im übrigen genau mit der Popularisierung derjenigen Darstellungs- und Konsumformen beschäftigt ist, deren erschwingliche Imitation es auch solchen Gruppen möglich macht, sich dem Stil der neuen Mittelschichten anzunähern, die ihnen streng genommen eigentlich gar nicht zugehören.

Dieses *Als-ob* prägt auch die Atmosphäre im *Sidney*, steingewordene Niederlage der Hausbesetzerbewegung und für lange Jahre den lokalen Szenen Symbol der Anlauf- und Einbruchstelle des aufgestylten *Schicki-Micki* aus dem City-Bereich: Hell, weitläufig auf zwei Etagen, mit großen Spiegeln für die rastlosen Blicke ins Publikum. Hübsche Frauen und nette Jungens, die tagsüber im Büro, im Kaufhaus, in der Arztpraxis oder der Sonnenbank arbeiten. Sie alle und insbesondere ihre Unwissenheit den Ort betreffend, repräsentieren für die anderen Szenen den gesichts- und geschichtslosen, modeorientierten und konsumgeilen Neuberliner. Insbesondere auf der anderen Seite des Winterfeldplatzes, wo eher die Fraktionen der jungen Mittelschicht zu finden sind, die stärker über kulturelles Kapital verfügen, ist das konsum- und erlebnisorientierte Segment der jüngeren Angestelltenkultur mißtrauisch, aber auch neugierig beäugt worden. Früher mied man vom *Slumberland* aus das *Café Sidney* so gut man eben konnte. Heute dagegen gibt es schon wieder einen kleinen Grenzverkehr zwischen diesen beiden Lokalen, der auch einer zwischen zwei jedenfalls konsumptiv verwandten Lebensstilen ist.

Und doch ist das *Slumberland* ein Ort ganz eigener Art geblieben. Aus der existentialistischen Ecke der Goltzstraße als Tankstelle derjenigen typisiert, die »etabliert und frustriert« zugleich seien, findet sich hier die typische Mischung aus jenen, die aus dem alten Bewegungsmilieu heraus ihre Kiezkarrieren[15] gestartet haben, verbunden mit dem ABM-beschäftigten Akademiker, den alternativen Freiberuflern und neuen Selbständigen sowie jenen Sektoren der besser gebildeten, mal prekär, mal fester beschäftigten Mittelschicht, die für den Winterfeldplatz insgesamt so eine hohe Bedeutung hat.

Das *Slumberland* ist eine Kneipe, die langsam mit ihrem Publikum zusammen älter geworden ist, doch ohne einen Rest vergangener Wildheit gehört man hier noch immer nicht richtig dazu. Herrschte noch vor ein paar Jahren der schrille Look von grellem Neonlicht und schwarzen Kacheln vor, ist es heute gedämpfter geworden, hat man Sand von südlichen Stränden auf den Boden gestreut und den Raum mit großen Plastikpalmen drapiert, so daß es hier mittlerweile aussieht wie irgendwo zwischen Kreuzberg und Trinidad, das einige im *stand by*-Flug mittlerweile schon mal erreicht haben dürften. Hier geht der Schöneberger Intellektuelle spät abends sein Bier trinken sowie auch derjenige aus der früheren linken Subkultur, der bei aller Radikalität der eigenen Lebensführung es nicht ganz verpaßt hat, wenn auch bisweilen erst recht spät, in seine durch Bildung erworbenen Statuspassagen einzuschwenken.

Das *Slumberland* ist der »intermediäre Ort« der »intermediären Schichten« am Platz, die sich bemühen, Stil und Emanzipation, Engagement und Distinktion zu verbinden. Von hier aus nimmt man vor allem an den samstäglichen Markttagen den öffentlichen Raum des Winterfeldplatzes in Beschlag, eignet ihn sich zur privaten Selbstdarstellung, aber auch zur politischen Information an. Der Winterfeldmarkt ist Produkt und zugleich Indikator der sozialen Aufwertung des Gebietes, Konsumtionsort wie kultureller Treffpunkt all derjenigen einer Generation, die es im Verlaufe der 8oer Jahre geschafft haben, nicht in die soziale Randständigkeit abzusinken. Verschwun-

---

15 Als da wären: vom Instandbesetzer zum Besitzer einer Baufirma, spezialisiert auf den Dachgeschoßausbau in den Gemeinschaftshäusern linker Lehrer; vom Karikaturisten der »Besetzerpost« zum Redakteur eines alternativen Rundfunksenders; vom Aktivisten in der »Bürgerinitiative Winterfeldplatz« zum professionellen Mieterberater beim Bezirksamt; von der »Autonomen« zur Tanztherapeutin; vom Studenten zum Kneipenwirt, etc. Alle diese Kiezkarrieren finden inmitten einer Umwelt statt, in der mit ansteigendem Lebensalter die früher politisch und ästhetisch vermittelte »Szene« langsam zu einem »berufs«bezogenen Netzwerk umgebaut wird, in dem die am Lebensstil erkennbare Zugehörigkeit selbst zu einer Ressource der eigenen materiellen Reproduktion wird.

den dagegen sind die türkischen Kunden, und auch die Bewohner des sogenannten »Sozialpalastes« kaufen dort längst nicht mehr ein, weil Angebotsstruktur, Preise und Atmosphäre an ihnen vorbeigehen. Überhaupt sind die Netze, die zwischen den deutschen oder ausländischen, normal beschäftigten oder arbeitslosen sogenannten »kleineren Leuten« und den verschiedenen Lebensstilgruppen gesponnen sind, äußerst lose. Nur als Generationseffekt der Jüngeren stellt sich mitunter ein sozialer Austausch ein, der sich heute allerdings auch eher an den Rändern des Winterfeldplatzes abspielt.

Ein typisches Lokal dieser Gattung ist das nordöstlich gelegene *Trinity,* früher eine für die Gegend ganz normale Eckkneipe des hiesigen proletarischen Milieus, durchsetzt mit den atmosphärischen Ausläufern der Prostitution rund um den Bülowbogen. Das heutige *Trinity* entsteht nach der umfangreichen Sanierung dieses Gebietes, das Interieur wird heller, ein bißchen moderner. Das Publikum ist eindeutig jünger geworden – ein Generations-, aber kein Milieuwechsel: Angepunktes Outfit oder Cowboystiefel, Lederjeans, ärmellose T-Shirts, die die Tätowierungen prächtig zur Geltung bringen und dazu eine Körperrhetorik, die eher bei den arbeitenden Klassen anzutreffen ist. Der proletarische Trinker und der jungproletarische *Macho* beherrschen gemeinsam mit jenen die Szene, die auch im *Mitropa* sitzen könnten, hier jedoch eher die Härte des wirklichen Lebens spüren möchten. Der jüngere, proletarische Typus aus der ungelernten Arbeiterschaft, der hier verkehrt, hält durchaus Anschluß an ausgewählte gegenkulturelle Bewegungen, aber auch an sein Herkunftsmilieu. An die *Ruine,* mittlerweile geschlossener Treffpunkt des härteren Punk, erinnern sich noch alle. Bisweilen trifft man ihn auch in einem anderen Lokal des Kiezes, dem *Café Nollendorf,* ebenfalls im früh sanierten proletarischen Osten des Winterfeldplatzes gelegen, ein Ort vergleichsweise hoher Integrationsleistungen.

Als nachstudentisches Kneipenkollektiv auf den Weg gebracht und in der Tradition der Kiezkultur der Mieterbewegung der 70er Jahre stehend, wurde es schnell ein Knotenpunkt der links-alternativen Bewegungsszene und zur lokalen Informationsbörse. Altersspezifisch ausgegrenzt ist man hier erst ab ungefähr fünfzig, sozial fallen nur diejenigen durch, die ihre Randständigkeit einzig im Suff bewältigen können. Im Kern ist es das Lokal der Studenten und der sozialberuflichen unteren Mittelschicht, obwohl – oder besser: weil – das Ambiente nicht besonders aufregend und daher auch nicht prätentiös ist. Ähnlich ist das Publikum, das Übertreibungen nicht mag und auch von allen Szenen am ehesten in der Lage ist, die jüngeren Ausländer zu integrieren.

Gleichwohl gibt es Milieugrenzen. Gleich gegenüber dem *Nollendorf* liegt das *Zieten-Eck,* wo tagsüber proletarische Rentner mit ihren arbeitslosen Söhnen und Enkeln gemeinsam die Biere trinken. Im Sommer sitzt man sich hier auf der Straße direkt gegenüber, zwei Welten, die sich nichts zu sagen haben, allerdings spielt auch der Austausch von Aggressionen keine Rolle, werden die jeweiligen Territorialgrenzen akzeptiert. Diese Straßenszene ist überhaupt typisch zur Charakterisierung des Verhältnisses zwischen den jüngeren, an Lebensstilen orientierten Gruppen im Kiez und dem breiten Band aus sozialer Normalität, Marginalisierung und neuer Armut, das sich vor allem auf der östlichen Seite unseres Untersuchungsgebietes rings um die mehr farbigen Straßenzüge legt. Auch hier, im traditionell proletarischen Osten und Südosten von Schöneberg, gibt es Lebensstile – nur, daß man sie hier eher hat, als daß man sie sich zulegt, sei es, weil sie traditionell vorgeprägt sind, wie in der türkisch-islamischen Bevölkerungsgruppe, sei es, daß sie den Restbeständen klassenspezifischer Kulturformen folgen, wie in der etablierten deutschen Arbeiterschaft, sei es schließlich, daß sie Notprodukte sozialer Deklassierung sind, die mit dem Mangel an Geld, der Fülle von Zeit und dem Ausbleiben sozialer Anerkennung umzugehen haben.

Im Osten Schönebergs, wo der Arbeiteranteil 40 Prozent beträgt, 15 Prozent der Erwerbsbevölkerung arbeitslos, jeder vierte Bewohner aus dem Ausland kommt und die Hauptschule noch den weitaus verbreitetsten Bildungsweg darstellt[16], hier also geht es zwar weniger spektakulär zu, was jedoch nicht heißt, daß sich nicht viel verändert hätte. Während nach dem Berliner Mietspiegel die größten Teile unseres Untersuchungsgebietes nunmehr als »mittlere Wohnlage« gelten, konzentrieren sich die sozial Schwächsten jetzt jenseits der Potsdamerstraße im Südosten, dort, wo zwischen Kulmer- und Bautzener-, zwischen York- und Großgörschenstraße in dreifacher Hin-

---

16 Alle Angaben nach Statistisches Landesamt Berlin: Wahlen in Berlin '89 (Ausgewählte sozialdemographische Merkmale in Berlin West nach Wahlkreisen in Prozent).

sicht *lands end* ist: räumlich als vergessenes, zwischen S-Bahn-Trassen eingezwängtes Gebiet kurz vor Kreuzberg, zeitlich als letzter Sanierungsabschnitt und sozial als Gebiet all jener, die entweder aus anderen Gegenden verdrängt wurden, als Arme neu hinzukamen oder als Arbeiter schon immer hier wohnten, jetzt aber in die Armut abgestiegen sind.

Traditionell ein eher »wilder« Kiez mit hohen Kriminalitätsraten, ballen sich hier die ausländischen Familien, die Arbeitslosen und Sozialhilfeempfänger zusammen. Sehenden Auges produziert die Stadtpolitik einen regelrechten Slum, in dem für den Fall eines nur geringen Rückzugs staatlicher Unterstützungsleistungen von den Experten »englische Verhältnisse« erwartet werden. Außer einem Schwulenzentrum, das hier seinen Platz finden konnte, ist von den expressiven Lebensstilen des mittleren Schönebergs nichts zu finden. Anders dagegen in den vorgelagerten Arbeiterquartieren zur Potsdamerstraße und dem Kleistpark hin, wo sich die Alternativszene soweit in das durch die ausländische Bevölkerung sowieso schon aufgemischte Milieu einpflanzen konnte, daß sie heute politisch – neben einer starken Sozialdemokratie – das Gebiet grün dominieren kann und die Alltagskultur auf der Straße erheblich mitbestimmt.

Doch gibt es auch gegenläufige Tendenzen. In den sanierten Häusern der gemeinnützigen Wohnungsbaugesellschaften, in den wenigen Neubauanlagen, dort, wo es stiller und ordentlicher ist und kein Wähler der Alternativen Liste je in die Eckkneipe gehen würde, auch dort findet ein schleichender, ganz entgegengesetzter Mentalitätswechsel statt, retardierendes Moment desselben Individualisierungsprozesses, der in einer anderen Generations- und Soziallage auch alternative Orientierungen chancenreich werden läßt. Oftmals direkt mit den Extravaganzen der Subkulturen, mit den Erscheinungsformen von Drogensucht und Prostitution, mit den verschiedenen ethnischen Kulturen konfrontiert und die soziale Angst vor der Deklassierung gleich nebenan im Nacken, finden sich hier in der deutschen Arbeiterbevölkerung mit Ausbildung und Arbeitsplatz die örtlichen Hochburgen der Republikaner – in der sanierten Steinmetzstraße wie am Bautzener Platz, in der Belziger Straße wie auch hinter dem Kleistpark. Nur dort, wo der Altbaubestand geschlossen, die SPD auch als örtliche Partei noch stark, eine kulturelle Traditionsverkettung zwischen den Generationen noch funktioniert und Statusfragen nicht entscheidend sind – wie in Schöneberg im traditionellsten Arbeiterbezirk, der »Roten Insel« – spielt der Rechtsradikalismus keine Rolle, der allerdings in Nord-Schöneberg insgesamt bei weitem nicht so gravierend zutage tritt wie etwa im Wedding oder in Neukölln.

Im Ergebnis unserer Stadtbesichtigung und vor dem Hintergrund der zeitlichen Entwicklung ergibt sich damit ein Bild sich wechselseitig überlagernder Tendenzen, das als durchaus typisch auch für andere Innenstadtbezirke auch anderer Städte als Berlin gelten kann. Man kann dieses Bild vielleicht erst einmal im Negativen bestimmen: weder gelungene multikulturelle Integration, noch aggressive Abgrenzung allein, weder pure Gentrifizierung noch das bunte Treiben gleichwertiger Lebensstile. Statt dessen finden alle Prozesse zugleich statt und halten sich wechselseitig in Schach. Die sozialen Unterschiede haben in unserem Gebiet durchaus zugenommen, nicht jedoch – zumindest vorerst – die sozialen Spannungen. Dies liegt zum einen an den sozialräumlichen Separierungen, die sich nach der Phase des Häuserkampfes und im Fortgang der Sanierung eingestellt haben. Heute ist unser Gebiet in drei Zonen geteilt, von der neuen Mittelschicht im Westen, dem Amalgam von Arbeiterschaft, Deklassierten, Ausländern und Alternativen im Süden und Nordosten bis hin zum Territorium der sozial Schwächsten an der Bezirksgrenze nach Kreuzberg. Die sozialen Entmischungen jedoch halten sich noch in Grenzen, dazu ist die hier vorherrschende öffentliche Wohnungspolitik sozialstaatlich zu sehr abgefedert, dazu haben sich mittlerweile auch die ganz großen Blöcke der Sozialstruktur zu sehr in viele verschiedene Segmente zerlegt, als daß Gebiete wie diese jeweils eindeutig festlegbar wären.

Davon profitieren die unterschiedlichen Kulturen im Kiez. Eine Gewöhnung an das jeweils Fremde hat eingesetzt, die dort, wo sie selbst schon wieder eine kleine Tradition herausbilden konnte, nicht so leicht aus der Welt zu schaffen ist. Der Bestand von Subkulturen hat sich zur Struktur des Kiezes selbst normalisiert, der Bereich des Legitimen ist breiter geworden, auch wenn die Ränder mitunter so bleiben wie sie sind. Nach der Bewegungsphase Anfang der 80er Jahre, die insgesamt kaum einen Bereich im Norden Schönebergs ausnahm, reduzierte sich wohl die Außeralltäglichkeit dieses Gebietes und wurden die Spitzen der Erfahrungsmöglichkeiten gekappt; statt dessen jedoch hat sich über die Zeit ein toleranteres Sozialklima eingestellt, das auch in Zeiten zunehmender sozialer Risiken dafür sorgt, daß Gruppenkonflikte aggressionsfreier ausgetragen werden, als dies anderswo in Berlin der Fall ist. Daß es in Schöneberg so erträglich ist, liegt zum einen daran, daß es Kreuzberg gibt – ein realer Zynismus, den die Entwicklung der Stadt selbst gebar. Hier hin, und wiederum in den Osten dieses Bezirkes, schieben sich und werden geschoben, die Problematischsten unter den Marginalisierten, die zwischen Kottbusser Tor und Oberbaumbrücke förmlich eingeschnürt werden, um dann noch einmal aus sich heraus Ausgrenzung zu produzieren. Dieser externe Grund jedoch reicht zur Erklärung der Schöneberger Sozialverhältnisse nicht hin. Intern nämlich haben sich Steuerungsleistungen im Kiez selbst ergeben, die stark mit dem zusammenhängen, was man die politischen Ressourcen nachtraditionaler Lebensstile nennen kann.

Die Politik der Lebensstile

Der Alltag nämlich, in den dieses Gebiet nach der Zeit der Bewegung zurückgekehrt ist, ist mittlerweile selbst ein anderer geworden. In einer gut zehnjährigen kleinen Tradition stehend, hat sich ein ganzes Netzwerk alternativer Projekte, Bürgerinitiativen, Selbsthilfegruppen, Kultur- und Beratungsinstitutionen über den Kiez gelegt, überlagern sich Bezirksamtsaktivitäten, lokale Politikformen, kleine Nachbarschaftsnetze sowie die alltägliche Gewöhnung an die Erscheinungsformen sozialer Pluralität in einem Maße, daß sich Räume aufgetan haben, in denen mit auch institutioneller Unterstützung das kommunikative Aushandeln von Konflikten alltäglicher geworden ist. Soziale Schließungen können nicht mehr so selbstbewußt auftrumpfen, weil ihr Rechtfertigungsbedarf in den Ämtern wie im Alltag erheblich gestiegen ist. Auf diese Weise kann die Erfahrung legitimer Differenz langsam zur Mentalität werden.

Dies alles liegt natürlich nicht einfach an den Haltungen der Menschen allein. Zum einen ist Nord-Schöneberg schon immer ein stark durchmischter Innenstadtbezirk gewesen, wo es anstrengender ist, autoritär zu sein, als sich tolerant zu verhalten. Zum anderen ist seit den 70er Jahren – bedingt durch Sanierung, Sozialpolitik und Arbeitslosigkeit – ein lokaler Problemdruck entstanden, in dem sich für ganz verschiedene Gruppen ein Zwang zur Alltagspolitik entwikkelte, wenn man in den Sanierungsgebieten die vielfältigen sozialen Probleme ohne gravierende Schädigung eigener Interessen bewältigen wollte, von der Wohnungssituation bis zur lokalen Infrastruktur, vom ökologischen Umfeld bis zur sozialen Sicherung. An diesen Stellen, den Mieter- und Sozialläden, den interkulturellen Einrichtungen und nachbarschaftlichen Kommunikationsorten, die sich mittlerweile im Kern Schönebergs soweit verdichtet haben, daß etwa die Crellestraße kiezintern schon die »Beratungsmeile« genannt wird, entstehen immer wieder alltägliche Kontaktflächen ganz unterschiedlicher Gruppen, die nicht ohne Wirkung bleiben für das, was sich auf der Straße, in der Kneipe, im eigenen Hausflur oder auch in der Wahlkabine abspielt. Der alltägliche Kontakt unterschiedlichster Lebensstile in einem Sozialraum entfaltet hier eine sozialisierende Kraft, durch die sich auch Minderheiten besser behaupten können und neu Hinzugekommene größere Chancen der Integration haben.

Aktive Trägergruppen dieses Prozesses zwischen neuem Institutionalismus und Mentalitätswechsel ist eine intermediäre Schicht besonderer Art, die Schnittmenge zwischen altem Bewegungsmilieu, alternativen Professionellen und linker, sozialberuflicher Mittelschicht, jene Gruppen also, die wir bei unserer Stadtbesichtigung als habituelle Klientel solcher Lokale wie dem *Slumberland* und dem *Café Nollendorf* kennengelernt haben. Aus dieser Schnittmenge kommen die personellen Träger der Institutionen des soziokulturellen Wandels, von hier aus werden die normativen Orientierungen des alltagspraktischen Umgangs vorgegeben und schleichen sich die kulturellen Muster zunächst exklusiver Lebensstile auch in die Alltagspraxis anderer Gruppen ein.

Den intermediären Schichten kommt dabei eine Dialektik von Politik und Ästhetik zugute, die gerade auch in einem mitunter so exzentrischen Gebiet nicht ohne Bedeutung ist, wo kulturelle Selbstexperimente und ästhetische Innovationen zwischen Neo-Existentialismus und sexuellen Minderheiten hin und her floatieren. Dort nämlich, wo eine neuartige Ästhetik des Lebensstils nicht nur die alte Konventionalität farbig lackiert, hat man sich über die Zeit selbst in Distanz zu traditionellen Politikstilen gebracht. Die ästhetisch erworbene Form der Selbstreflexivität ist politisch nicht indifferent. Sie hält eine gewisse Affinität zu den politisch-moralischen Ansprüchen der links-alternativen Mittelschichten aufrecht, ohne sich natürlich in ihren eigenen Lebensstilen mit diesen Mittelschichten zu identifizieren, deren Stilempfinden eher bemitleidet wird. Was die ästhetischen Gruppen für die politischen ansprechbar macht, macht die politischen gegenüber den ästhetischen tolerant. Die einen entschärfen über kulturelle Selbstexperimente ihren traditionellen Habitus, während sich die anderen den ästhetisch erzielten Ergebnissen durchaus verpflichtet fühlen. Diese Art der Wahlverwandtschaft, eigentlich mehr eine wechselseitige Delegationsbeziehung, ist eine der Bedingungen dafür, daß es jedenfalls in einem Bezirk wie Schöneberg gelingen kann, Anschlußfähigkeiten unter verschiedenen Gruppen zu erhalten, die schließlich dabei sind, so etwas wie eine kulturelle Hegemonie zu erlangen.

Unsere Schnittmenge, von der hier die Rede war, ist natürlich nicht frei von inneren Konflikten, die sich aus den gleichen Gründen ergeben, denen sie auch ihre Bedeutung zu verdanken hat. Zwischen den typischen Kiezkarrieren auf der einen Seite, von denen viele noch aus der Schöneberger Besetzerbewegung hervorgingen, und den eher traditionellen Aufstiegswegen schiebt sich innerhalb dieses Milieus ein breites Band von Initiativen und Projekten, die in den letzten Jahren allesamt durch eine Professionalisierung hindurch mußten, auf diesem Weg sowohl ihre Binnenorientierungen verändern konnten, aber auch sozial selektiv wirkten. Professionalisierung bedeutet immer eine soziale Schließung nach unten – intern, was die Kompetenzerwartungen in den Projekten und Initiativen betrifft, die zu erfüllen nicht jeder gleichermaßen in der Lage ist; extern, was die Ziel- und Kontaktgruppen betrifft, zu denen die Deklassierten in der Regel nicht gehören. In beiden Dimensionen erfordert die Normalisierung im Umgang mit nachtraditionalen Lebensstilen einen Grundbestand sozialer Normalität, den die nicht erbringen, die trinken oder drogensüchtig sind, die ausflippen oder gewalttätig werden, die apathisch sind oder die schlichtweg nur konventionell sein wollen, was ja auch noch erlaubt sein sollte – auch wenn sich die Normen der Konventionalität über die Zeit selbst verändert haben.

Nach innen sind Alternativprojekte oftmals Treibhäuser der Statusinkonsistenz: der schwule Assistenzarzt, dem es peinlich ist, in seinem Lieblingslokal von einem ehemaligen Asta-Kollegen aus dem Schwulenreferat bedient zu werden; die abgebrochene Pädagogikstudentin, die im alternativen Brotladen nun faktisch Verkäuferin ist und wenig Aussichten hat, durch diese Art der Tätigkeit ihrem Selbstbild näherzukommen – sie alle erzählen typische Geschichten von Statusfallen, in die zwangsläufig jeder gerät, der im Zuge der Professionalisierung unterhalb der Standards bleibt, die die Maßstäbe der eigenen Herkunft und der erlangten Bildung für ihn als legitim gesetzt haben. Psychosoziale Versorgung, Planungsbüro, Politmanagement, Kulturarbeit, ja selbst Kneipen- oder Geschäftsbesitz gehen ja noch. Aber die untersten Dienstleistungen innerhalb dieser Infrastrukturen besitzen weder bei Klientel noch Ausführenden einen besonders guten Ruf. Von hier aus nimmt eine neue Hierarchisierung des alten Bewegungsmilieus ihren Lauf, die die lebenspraktische Plausibilität für jene Form von szene-interner Deutung abgibt, in der die Professionalisierung als bloße Anpassung interpretiert wird.

Diese Sichtweise verdeckt jedoch auch einen Prozeß, der in vielen der Projekte intern vonstatten geht. Rechtliche Anerkennung und materielle Sicherung einerseits, die Normalisierung subkultureller Lebensstile andererseits, schaffen potentiell Spielräume dafür frei, daß partikularistische Binnenorientierungen der Akteure verflüssigt werden können. Institutionalisierung und Normalisierung nehmen den Druck weg, unter dem man vorher gezwungen war, seine eigene und nur seine eigene Perspektive anderen gegenüber zu behaupten, radikal zu sein, wo es die eigene Identität betrifft, gleichgültig bis aggressiv, wo die der anderen ins Spiel kommt. Wenn in einem feministischen Frauenzentrum heftig die – wie es dort genannt wurde – »rassistische Diskriminierung nichtlesbischer Normalo-Frauen« debattiert werden kann, wenn es den Bewohnern des ehemaligen Punkzentrums der *Ruine* durch ein Entgegenkommen städtischer Planungspolitik dann doch einmal möglich ist, mit den Vertretern des »Schweinesystems« zusammenzuarbeiten, dann zeigen solche und andere, alltäglichere Ereignisse, die sich schlechter von außen beobachten lassen, die Auflösung einer aufgezwungenen rigiden Binnenmoral an, die sich in der Phase des Kampfes um Anerkennung entwickeln mußte, nun aber zu einem sich selbst blockierenden Mechanismus selektiver Wahrnehmung werden kann.

Auf selektive Wahrnehmung jedoch regelrecht angewiesen sind in unserem Untersuchungsgebiet viele derjenigen, denen Szene oder Bewegung vielleicht zum ersten Mal einen identifikatorischen Fluchtpunkt ihrer selbst bereitgestellt haben, und die nun darauf bestehen müssen, daß ihnen dieser Fluchtpunkt auch erhalten bleibt. Wenn soziale Anerkennung, die man erfährt, über subkulturelle Zugehörigkeiten bestimmt ist und nur hier sich einstellt, müssen Öffnungs- und Differenzierungsprozesse als persönlich bedrohliche Verwässerung jener symbolischen Grenzen erlebt werden, innerhalb derer man sich sicher und akzeptiert fühlte. Die Unterklasse des alten Bewegungsmilieus setzt allen Normalisierungstendenzen heftigen Widerstand entgegen, weil sie sich von ihnen am wenigsten versprechen darf. Auf diese Weise kommen dann doch wieder die sozialen Vergangenheiten der Subjekte ins Spiel, und auch dies ist ein Grund, weshalb man in Kreuzberg eine Art Nostalgie des bewegungspolitischen Fundamentalismus erleben kann.

Von selektiver Wahrnehmung und den Mustern interessegeleiteten Handelns ist auch das obere Segment unserer Schnittmenge nicht frei, die linke Mittelschicht der Endzwanziger bis Mittvierziger, die aufgrund ihrer sozialen Kompetenzen und Netzwerke, ihrer Organisationsfähigkeit und ihres politischen Themenbewußtseins personell und konzeptionell an den politisch-kulturellen Veränderungen in hohem Maße beteiligt ist. Schließlich liegt spätestens seit Bourdieu auf dieser Gruppe der nicht ganz unbegründete Verdacht, im selben Maße, wie sie ihren Lebensstil zur Geltung bringt, nur Distinktionsstrategien im kulturellen und politischen Feld einzuschlagen, die einzig dem eigenen Vorteil dienen.[17] Und doch wird durch einen eigenartigen *double-bind* der Drang zum Distinguierten auch wieder gezähmt. Ihre soziale Stellung nämlich verdankt sie weniger extraordinären Karrieren und beträchtlichem Vermögen, sondern den Segnungen des modernen Sozialstaats, den nicht zuletzt auch die prakti-

17 Vgl. z. B. jene Passagen aus den *Feinen Unterschieden,* wo sich Bourdieu in wenig schmeichelhaften Worten der sozialberuflichen Mittelschicht angenommen hat: »Diejenigen, welche sich zum Proselytentum berufen fühlen und aus ihm ihren Beruf machen, und besonders all diese Verbände, die im Bereich der Sozialarbeit, der Erwachsenenbildung, Kulturarbeit, Erziehungs- und Sexualberatung arbeiteten, haben im Verlauf einer Generation die begeisterte, aber materiell ungesicherte Existenz als missionarische Wohltäter gegen das stabile Leben als Halbbeamte eingetauscht; ihre Geschichte entfaltet beispielhaft den Doppelaspekt all jener Berufe, in denen ›exemplarisches Prophetentum‹ eine bürokratische Gestalt annimmt, und in denen es gilt, den eigenen Lebensstil *als exemplarisch vorzuleben und als Vorbild zu verkaufen.*« (Bourdieu, Die feinen Unterschiede, a.a.O., S. 581).

sche Geltung solidarischer Orientierungen mit auf den Weg gebracht hat. Solidarische Orientierungen sind es auch, die gerade in den sozialberuflichen Segmenten dieser Gruppe schichttypische Verhaltenssyndrome wie Konkurrenzstreben und Statusorientierung in Schach halten. Dieselben Geltungsansprüche nämlich, denen man seine soziale Stellung verdankt, wirken intern als Binnenmoral, extern als Fremderwartung auf die linke Mittelschicht zurück, weshalb auch nicht jeder, der sich im *Café Sidney* einmal bei einem Cocktail erwischen läßt, sogleich für die Bewegung verloren ist.

Auch wenn in unserem Untersuchungsgebiet die privatisierte Aneignung des öffentlichen Raumes erheblich zugenommen hat, so bleibt das Private doch noch an die politische Sphäre gebunden, die es einst so entschieden thematisierte. Die entscheidende Frage ist nur, ob dies in Zukunft noch hinreicht. Das hier vorgestellte Muster, nach dem in einem Berliner Stadtteil der Alltag sozialer Integration unter der Bedingung pluraler Lebensstile verläuft, gibt – um auf den Anfang zurückzukommen – weder den Stoff für Schreckensvisionen ab, noch wird die Stadt im neuen Glanze einfach nur banaler. Ob sich jedoch in den Aushandlungsprozessen nachtraditionaler Lebensstile so etwas wie ein demokratischer Gehalt entfalten kann, wird sich erst dann tatsächlich erweisen, wenn die Belastungsproben zunehmen. Was Berlin betrifft, dürfte diese Situation mittlerweile eingetreten sein. Nach dem Fall der Mauer vollzieht sich gegenwärtig das Experiment, zu welchen Integrationsleistungen die Lebensstilkoalitionen auch unter den Bedingungen knapper Ressourcen und einer wechselseitigen kulturellen Fremdheit fähig sind, die sich von allen vorherigen (ethnischen) Fremdheitserfahrungen insofern unterscheidet, als für viele in Kreuzberg oder Schöneberg die ehemaligen DDR-Bürger die Inkarnation all dessen sind, was man glaubte, glücklicherweise längst hinter sich zu haben.

Zwei fundamentale Gefährdungen einer Integration der Lebensstile sind es, die immer wieder zu Buche schlagen. Zum einen sind Lebensstile den Veränderungen der Sozialstruktur und der sozialen Chancen gegenüber nicht gleichgültig. Alle Normalisierungstendenzen im Umgang der Lebensstile untereinander beruhen letztlich auf gewissen sozialen Minimalbedingungen von Versorgung, Sicherheit und Freiheit von Angst, die dort, wo sie gleichsam von unten wegrutschen, schnell die heftigsten sozialen Konkurrenzen stiften können.

Der städtische Raum zerfällt dann in einen privilegierten Kern und verschiedene Kreise verarmter und diskriminierter Gruppen – eine Entwicklung, die sich in unserem Gebiet an den Rändern schon andeutet.

Zum anderen ist der fragile Prozeß in den Veränderungen des Alltagslebens und den lokalen Politikformen mit ökonomischen und politischen Entscheidungen konfrontiert, die von ihm selbst nur sehr bedingt beeinflußt werden können. Wo der Markt soziale Räume nach ökonomischen und der Staat die Stadt nach symbolischen Verwertungskriterien strukturiert, wird das Muster der kommunikativen Aushandlungsprozesse unterschiedlichster Lebensstile durch jenes der Durchsetzung der mächtigsten Interessen vollständig dominiert. Ein lokaler Sozialdarwinismus wäre die Folge, der die kulturellen Errungenschaften und die moralischen Dimensionen innovativer Lebensstile schnell verschütten könnte. Insoweit stellt unser Kiez auch die räumliche Verdichtung einer generellen gesellschaftlichen Tendenz im letzten Jahrzehnt dar. Nach den Zeiten der Kämpfe und der starken Konfrontationen tritt eine Phase der Normalisierung ein, in der sich die nächsten Brüche schon ankündigen. Ein Moment der Ruhe, von dem wir nicht wissen, wie trügerisch er ist.

Berliner Projektionen

Kurz vor dem Lehniner Platz gibt es einen Stehimbiß, dessen Name *Yuppies Inn* wahrscheinlich glauben machen soll, hier träfen sich jene überall beschriebenen, in Berlin aber noch kaum gesichteten Vertreter des Finanzkapitals, die zwischen den Geschäftszeiten der Börsen von Tokio und New York mal eben was Schickes essen gehen. Wen der Zufall an diesen Ort führt, sieht sich einer weit schlichteren Realität konfrontiert, statt Yuppies eher Vatis. Überhaupt scheint es Berlin auszuzeichnen, Orte zu besitzen, für die es keinen rechten Bedarf gibt: das Olympiastadion, ausgelegt für achtzigtausend, die aber selten kommen, weil eben nur die *Herthaner* kicken; ein Innovations- und Gründerzentrum, trotz gähnender Leere als Erfolg bewertet, weil es dem Schein der High-Tech-City dient; eine Kongreßhalle, deren Nutzung Kopfzerbrechen bereitet. Symbolträchtige Orte werden begründet, ohne daß schon ausgemacht wäre, wer ihrer eigentlich bedarf. Die Projektionen einer Stadt und ihrer Lebensformen sind längst vollendet – nur die Leute suchen wir noch dafür.

Alle Phantasien treffen sich in der einen Idee, die ein Wirtschaftssenator dem Standort zuliebe einmal ausgegraben hat und der nun einem Festival nach dem anderen hinterherhechelt: Metropole zu sein. Wer länger schon in dieser Stadt lebt, weiß, daß zwischen Steinplatz und Fasanenstraße viel zu oft und zu aufdringlich von der Metropole palavert wird, als daß man wirklich in einer lebte. Wenn es denn schon eine Berliner Mentalität geben sollte, dann wird sie immer noch am besten von diesen auch physiologischen Residuen der 5oer Jahre verkörpert, die bis vor kurzem die *Berliner Abendschau* im Fernsehen moderierten und deren unnachahmlich treffsicherer Gruß zum Abschied lautete: »Mach's gut, Nachbar.«

Derweil bemüht sich die Stadt, den Geruch der Wohnküche und alle Zeichen der Nachkriegsgeschichte aus ihrer Mitte zu vertreiben, und erhebt die Imagination der Yuppie-Kultur zum städtebaulichen Leitbild. In den dezenten Cafés, den bespiegelten Bars und allerlei

Chi-Chi-Läden dürfen dann die, die sich dafür halten, ihrer Blasiertheit frönen und jene soziale Arroganz pflegen, die mühsam Arrivierten eigen ist. In manchen Straßen sind es ausgerechnet die vom Berliner Boden scheinbar nicht zu tilgenden Hundehaufen, die letzte Monumente des Alltäglichen bilden.

Auf der symbolischen Ebene jedenfalls hat die Stadt kaum noch gewöhnliche Bewohner. Daß ein ganzer Stadtteil »Anti-Berliner« beherbergt, wissen wir vom regierenden Bürgermeister. Wer nach mehreren Umzügen einige Erfahrungen mit Berliner Hausmeistern machen durfte oder sich die Mitglieder der hiesigen politischen Klasse vor Augen führt, wird eine zweite Kunstfigur schon kennen: den Berufsberliner, der immer gleich zu sagen pflegt, daß er »mit Spreewasser getauft ist«, 'ne Menge erlebt hat und sich daher gegen alles Fremde schon zu wehren weiß, selbst noch in der gespielten Weltoffenheit. Eberhard Diepgen hat etwas von diesem Typus, aber auch Michael Pagels, der Gewerkschaftsboß: Neuköllner Junge, Boxer und dann Polizist geworden, aber immer helle und ein Herz für Tiere. Dazwischen gibt es natürlich noch den »Berliner«, aber auch der ist nicht einfach gewöhnlicher Bewohner eines städtischen Gemeinwesens gleichen Namens. Dazu wird er zu oft, fast täglich, hunderttausendfach in der »BZ« aufgerufen, die noch jede Schlagzeile mit ihm beginnen läßt.

Berlin fängt an, ein Eldorado der Projektionen zu werden, und dabei steht auch die linke Szene nicht nach. Ein Ortsunkundiger mußte nach den Berichten über die Kreuzberger Nacht vom 1. Mai 1987 annehmen, SO 36 liege irgendwo zwischen Brixton und Kalkutta. Ordensfrauen der Mutter Theresa teilen hungrigen Massen zu St. Marien Suppe aus, während die Parias der Stadt ihrer Verzweiflung in *riots* Luft machen. Der Kreuzberger Maifeiertag war sicher auch ein Akt der Selbstbehauptung derjenigen, die ins soziale Abseits gestellt sind; nirgendwo sonst in der Republik leben so viele von der Sozialhilfe. Doch selbst wirkliche Not, die es zweifelsohne in SO 36 gibt, erklärt nichts an dieser Nacht, wenn nicht der symbolische Bezugsrahmen, den die Stadt bietet und der dem Kreuzberger Milieu feindlich entgegengestellt ist, als Wahrnehmungsfilter und Deutungsmuster der Akteure berücksichtigt wird. Daß man, während im Congress-Centrum »die Bonzen praßten«, bei *Bolle* plündern mußte, um sich »endlich mal wieder den Bauch vollzuschlagen« – diesen

Kitschroman glauben höchstens jene, die dazu als Gemeindepfarrer oder Sozialarbeiter beruflich verpflichtet sind, oder jene harmlos schwäbelnden Produzenten von *O-Tönen,* die das Jugendradio *SF-Beat* am Abend danach präsentierte. Provoziert jedoch wird er von der herrschenden Stadtpolitik, die jeden, der dem aktuellen *lifestyle* nicht folgen kann oder will, massiv mit Asozialität schlägt.

So ist es kein Wunder, wenn die fremden Zuschreibungen schließlich zur eigenen Identität gemacht werden und Kreuzberg jedenfalls zeitweilig dem Ghetto ähnelt, als das es immer bezeichnet und manchmal auch behandelt wird. Wie etwa anläßlich des Besuches von Ronald Reagan einige Wochen danach: Eine kopflose Polizeiführung, konditioniert auf Bürgerkrieg, macht ihre Truppen durch Kasernierung scharf, riegelt Kreuzberg von der übrigen Stadt ab und folgt schließlich in der Strategie des Kessels – trotz der ersten Schlacht um Reagan fünf Jahre zuvor – genau jenem Wiederholungszwang, der bei den Autonomen seine Entsprechung fand, die am Abend der Großdemonstration nicht schnell genug zum Nollendorfplatz kommen konnten, um dort den »Elften Sechsten« von '82 noch einmal zu erleben. In den drei aufeinanderfolgenden Nächten toben sich Aggressionsschübe aus, die sich auf seiten der Staatsmacht so rücksichtslos wie auf der Gegenseite selbstzerstörerisch gebärden. Dem Unbeteiligten lassen sie kaum die Chance, sich nicht zum Kombattanten zu erklären. An der Spirale der Gewalt wird immer weiter gedreht, bis sich an den Schauplätzen endlich Erschöpfung einstellt und die nächste Konvulsion erwartet werden darf.

Zwischen Postmoderne, städtischer Unterentwicklung und dem Hang zum politischen *show down* hat sich Berlin – symbolsüchtig, zitierwütig, bildergeil – in eine merkwürdige Schieflage gebracht, in der die realen Verhältnisse zu entgleiten drohen. Es holt das Ziel nicht ein: eine Stadt zu sein, in der wirklich etwas los ist.

Marathon und Selbstverwirklichung

Marathonläufe gehören in die Stadt. Waldstrecken werden allenfalls Anfängern empfohlen, die zum ersten Mal in gesunder Luft mit den 42,195 km sich konfrontieren wollen. Auch der Marathon in kleineren Gemeinden hat nichts von dem Reiz, der der metropolitanen Rennerei nachgesagt wird.

Marathonläufe gehören in die Stadt, in die große Stadt. So gewöhnlich das Bild von den startenden Massen vor den städtischen Wahrzeichen schon geworden ist, es hat fast 2500 Jahre gedauert, bis der klassische Lauf nicht mehr Städte verband, sondern die Stadt selbst durchmaß. Angefangen hat es – wie fast immer – in den USA, wo in den 70er Jahren der Stadtmarathon zum Spektakel wurde, der Aktive, Sponsoren und Zuschauer gleichermaßen anzog, Krönung der Jogging-Welle, die das Land damals einem flagellantischen Wahn gleich zu erfassen begann. Mit dem Zug in die Stadt ist der Marathon das geworden, was wir heute unter ihm verstehen. Als olympische Disziplin zwar nicht der Antike, wohl aber der Moderne seit 1896 bekannt, galt er lange Zeit als unmenschliche Anstrengung von Exzentrikern, einem zivilisierten Europäer irgendwie auch unwürdig. Als 1960 der Äthiopier Abebe Bikela barfuß den olympischen Marathon von Rom gewann und ohne ersichtliche Anstrengung das Ziel am konstantinischen Triumphbogen durchlief, schrieb *Die Welt* am darauffolgenden Tage noch:

»Marathon, das ist eine unheimliche Angelegenheit. Da werden Menschen auf eine Distanz geschickt, die kein vernünftiger Mensch jemals laufen würde. Wer Marathon läuft, muß seinen Verstand am Start zurücklassen, will er über die Runden kommen.«[1]

---

1 Die Welt vom 12.9. 1960, zitiert bei Hermann-J. Pölking: Barfuß zum Olymp. Rassismus und Black Power im Sport. In: Ewald Lienen u. a. (Hrsg.): Oh!lympia. Sport, Politik, Lust, Frust, Berlin 1983, S. 192.

Zwei Jahrzehnte später wälzen sich wöchentlich Tausende vernünftiger Bürger der westlichen Hemisphäre durch die Straßenschluchten ihrer Metropolen, und Hunderttausende schauen ihnen zu. 1981 verlegt der Charlottenburger Sportclub seinen Berlin-Marathon vom Grunewald an den Kurfürstendamm, und damit beginnt auch in Deutschland die Stadt das Maß zu werden, vor dem sich Willenskraft und Ausdauer, Schnelligkeit und Standvermögen des Läufers zu bewähren haben. 30 000 Bundesbürger sollen 1986 mindestens einen Marathon hinter sich gebracht haben[2], Tausende werden mehrmals gelaufen sein, und einige Hundert Entschlossene sind es, die sich, sei es privat, sei es in eigens darauf spezialisierten Reiseunternehmen, auf internationale Städtetour begeben, bis auch sie beim »Marathon Hauts-de-Seine«, bei der »Battle of Atlanta« oder dem berühmten »New York Marathon« dabei waren. Längst vergessen sind die Warnungen vor der Unvernunft, die *Die Welt* noch dem afrikanischen Marathonsieg hinterherschickte und die sich 1964 wiederholten, als derselbe Abebe Bikela in Tokio wiederum gewann und seine völlig erschöpften Konkurrenten am Ziel noch mit gymnastischen Übungen beschämte.

Heute ist der Marathon ein Volkssport der vernünftigen Leute geworden, die Leidenschaft der Lehrer, die Obsession der Techniker und der Angestellten, der Ingenieure, der Ärzte und Intellektuellen. Männer wie Frauen durchlaufen die Strecke, im Durchschnitt knapp unter vierzig Jahre alt; und es dürfte kein Zufall sein, daß die Sozialstruktur der Marathonläufer mit jener der urbanen Mittelschicht fast identisch ist. Der Marathonläufer nämlich bedarf persönlicher Tugenden, die in der Klassengesellschaft deshalb ungleich verteilt sind, weil sie nicht jedem gleichermaßen nützlich sind. Zu ihnen gehören: Vertrauen auf die eigenen Fähigkeiten, Glaube an Zukunft und Vernunft sowie ein Drang zur rücksichtslosen Selbstverbesserung. Zwei bis drei Jahre regelmäßigen Trainings bedarf es gewöhnlich, bis sich der vorher ungeübte Läufer auf die große Distanz wagen darf, mindestens zwei Stunden täglich wollen geopfert und circa 140 km wöchentlich müssen absolviert werden, bis endlich die 42 km durchlitten werden dürfen. Sinn erhält das tägliche Laufen, das sich im Training aus Gründen der Physis nicht über die magische Grenze von

2 Vgl. die Angaben in der Zeitschrift »sports«, Nr. 5/1987.

etwa 30 km hinauswagen darf, nur in Kenntnis seiner Wirkung für das Erlangen des letzten Ziels. Das Marathontraining setzt auf die Steigerung der Leistung über die Zeit, in der sich nicht etwa die besonders gekonnte Durchführung dieser Sportdisziplin entwickeln soll, sondern erst die Bedingung ihrer Ausübung selbst. Damit verlangt es die innere Bereitschaft zu einem Befriedigungsaufschub in einem Ausmaß, wie es unter allen Sportarten wohl einzigartig ist. Hier liegt einer der Gründe, warum die Mittelschichten den Marathon als sportliche Aktivität besonders bevorzugen. Ihnen ist er distinktive Praxis, weil sich im Marathon positionsbedingte Einstellungen zum Selbstverwirklichen lassen, die in ihrer Leidenschaft für die durch Arbeit und Erziehung verbesserungsfähigen Leistungen des einzelnen anderen Gruppen in der Gesellschaft nicht derartig zugehörig sind. Der Marathon gehört in den Kreis jener Arten von Freizeitsport, deren Profil Pierre Bourdieu zufolge schon aus sich heraus dafür sorgt, daß sie zum Hort des Kleinbürgertums werden. Wie etwa auch die Gymnastik erhält das Training des extremen Dauerlaufs Sinn nur

»in abstrakter Kenntnis von Übungen, die sich [...] ihrerseits auf eine Abfolge abstrakter, in sich zunächst isolierter und dann auf eine bestimmte Zielsetzung [...] hin organisierte Bewegungen beschränken [...] Verständlich wird damit auch, weshalb solche Aktivitäten gleichsam von selbst die asketisch geprägten Erwartungen derjenigen erfüllen, die als gesellschaftliche Aufsteiger bereits in der Anstrengung selbst Befriedigung finden und die – Sinnbild ihres ganzen Daseins – bereitwillig auf momentane Belohnung zugunsten späterer verzichten.«[3]

Bourdieus Schilderungen der Bewegungsmuster und Motivstrukturen serieller Sportübungen erinnern an jene von Arbeit und Berufstätigkeit. Und doch haben die Mittelschichten den Dauerlauf historisch erst für sich entdecken können, nachdem er *keine* Arbeit mehr war und damit vom Geruch des Niedrigen befreit, der ihm so lange anhaftete, wie man zu fremden Diensten lief. Der Hochadel des 16. bis 18. Jahrhunderts hielt sich laufende Boten für den Nachrichtenverkehr, und den fürstlichen Pferdekutschen eilten oftmals ›Vorläufer‹ voran, die über Land den Weg zu erkunden und in der Stadt die

---

3 Pierre Bourdieu: Historische und soziale Voraussetzungen modernen Sports. In: G. Hortleder/G. Gebauer (Hrsg.): Sport – Eros – Tod, Frankfurt/M. 1986, S. 111.

Ankunft der nachfolgenden Herrschaft zu vermelden hatten.[4] Die ersten Wettrennen ließ der Adel in den Gärten seiner Residenzstädte unter seinen Lakaien ausrichten, bis sich endlich Anfang des 19. Jahrhunderts empörte Stimmen gegen die ›widerliche Menschenhetze‹ erhoben und der Wettlauf sich auf die Jahrmärkte verlegte:

»Die Schau-Schnell-Läufer des Jahrmarktes waren die letzten Heroen des vortechnischen Zeitalters. Sie traten an gegen Rennpferd, Eisenbahn und Veloziped – und trugen den Sieg davon [...] Mit dem Ende des 19. Jahrhunderts war dieser Kampf des Läufers gegen die Technik endgültig verloren. Von nun an konnte man nur noch gegen die Uhr [...] rennen. Die resignative Erkenntnis, daß die abstrakte [...] Zeit niemals mehr einzuholen und zu besiegen sein würde, ist der historische Moment, in dem an die Stelle des Berufsläufers, der einen Auftrag zu erledigen hatte, der Juxläufer und der Sportläufer treten, die vorgeben, nur noch um ihr Vergnügen zu rennen.«[5]

Heute ist es das Verhältnis zum eigenen Körper, das außerhalb jedes bewußten Strebens den Marathon für bestimmte soziale Kreise prädestiniert. Der Leib will nicht nur fortwährend und berechnend trainiert, er will und muß auch genauestens versorgt und gepflegt werden. Der Marathonläufer ist daher einer streng gesundheitsbewußten Ernährungs- und Lebensweise ebenso zugetan wie jedem Exzeß abhold. Er ist der Prototyp jener Gruppe von Menschen, denen Gesundheit zum Wert an sich geworden ist, weil sie in ihr den Körper als vielleicht letzte sichere Sinninstanz am zuverlässigsten bewahrt sehen. »Ich liebe meinen Körper, sonst würde ich nicht laufen«, heißt es in einem marathonischen Bekennerschreiben in der Zeitschrift »sports«[6], und der äußeren Hülle des strebsam-schönen Ichs gelten alle atavistisch anmutenden Kulte der Vorbereitung auf den großen Lauf, die sich allerdings auf eigentümliche Weise mit den avanciertesten Techniken der persönlichen Effektivierung paaren. Rolf Lindner nennt die Marathon-Bewegung daher nicht zu Unrecht die »dynamischere Variante der postmodernen Reform-Kultur«[7].

In der Küche des Läufers ist die Vollkornmühle ebenso selbstverständlich neben den isotonischen Durstlöschern aufbewahrt, wie sich

4 Vgl. Stephan Oettermann: Läufer und Vorläufer. Zu einer Kulturgeschichte des Laufsports, Frankfurt/M. 1984.
5 Ebenda, S. 155 f.
6 Rudi Holzberger: Die süße Droge Laufen. In: sports, Nr. 5/1987, S. 170 ff.
7 Rolf Lindner: Marathon: Die Bewährungsprobe als Massenbewegung, in: konkret, Nr. 12/1985, S. 30.

in seinem Kopf spirituelle Neigungen mit den Wissensbeständen der modernen Forschung vertragen. Besonderes Interesse bringt der Marathonläufer nicht nur dem Körper als Rohstoff seiner Leistungskraft entgegen, sondern ebenso dem Instrument, mit dessen Hilfe der Leib über die Strecke getragen werden will, dem Schuh. Für ihn kann im High-Tech-Jargon geworben werden, weil der Marathonläufer dieser Sprache ebenso mächtig ist wie der Lyrik einer schon älteren Lebensreform. »Fersenstabilisatoren« gegen »Übersupination«, »biomechanische Funktionselemente im Vorderfußbereich«, »progressive Schockdämpfung« und Vorrichtungen »zur Stoßabsorption und Pronationsreduktion« werden dem Kunden angetragen, der den Wert derartiger Innovationen des Laufschuhs gewöhnlich zu schätzen weiß. Computererstellte Laufprogramme in einer Sportbekleidung aus synthetischen Fasern zu absolvieren, die ursprünglich für die Raumfahrt entwickelt worden sind, und gleichzeitig den »Laufurlaub in garantiert baubiologischen Nichtraucherhäusern bei hundertprozentiger Vollwertkost« zu bevorzugen: Diese postmoderne Kombinatorik stellt nur in den Extremen dar, was für den Lebensstil der urbanen Mittelschicht mittlerweile genauso alltäglich geworden ist wie für die Architektur jener Straßen, die als Kulissen der läuferischen Bewährungsproben dienen. Im ›Marathon‹ stapeln sich die Zitate zum Gewölbe des modernen Ichs auf, gehen klassische Ideale, robuste Natur, funktionale Technik und der Zierat moderner Selbstinszenierung in jedem Läufer eine Verbindung ein, deren Außenseite sich nirgends so effektvoll dokumentieren kann wie eben in der heutigen Stadt. Daher scheint sie gegenwärtig geradezu sein natürlicher Ort geworden zu sein, gegen den jeder außerstädtische Raum in irgendeiner Hinsicht defizitär erscheinen müßte. Die Stadt, für Walter Benjamin noch die Realisierung des alten Menschheitstraums vom Labyrinth[8], transformiert sich im Marathon zur Ordnung des Wegs, die – aus Leibern gebildet – keinen einzigen Irrweg mehr kennt.

Als Ereignis ist der Marathon das kollektive Ergebnis jener individuellen Bestrebungen, die der Stadt als sozialen Raums bedürfen. Für sich und gegen sich wird gelaufen, mit und vor den anderen wird um den Erfolg gerungen, der beim modernen Marathon schon in der

8 Vgl. Walter Benjamin: Gesammelte Schriften, Bd. V.1., Frankfurt/M. 1982, S. 541.

Bewältigung der Strecke selbst gesehen wird. In seiner Zusammenfassung der je einzelnen Ziele zu einem Wettbewerb vor der Masse des staunenden Publikums symbolisiert der Marathonlauf die innerstädtische Konkurrenz heutiger ›Leistungsträger‹. Er stellt dabei eine besondere Form der Konkurrenz dar. Deren innerer Zweck besteht nicht direkt im Besiegen des Gegners, sondern in der Erreichung eines persönlichen Ziels, das jeder der Bewerber für sich anstrebt, ohne dabei auf die Niederlage der anderen immer schon angewiesen zu sein. In dieser Subjektivität des zu erreichenden Ziels beruht der Marathon, formal betrachtet, auf dem Prinzip des Individualismus, und es wird kaum ein Zufall sein, daß Georg Simmel, der Soziologe der Individualisierung schlechthin, gerade den ›Wettlauf‹ als Beispiel nahm, um den für die bürgerliche Gesellschaft typischen Individualismus der Konkurrenz zu erläutern.[9] Die aristokratische Ehre etwa hatte sich letztlich im möglicherweise tödlich verlaufenden Duell zu erweisen; das bürgerliche Individuum dagegen verhält sich in der Verwirklichung seiner Leidenschaften so, »als ob kein Gegner, sondern nur das Ziel auf der Welt wäre«.[10] Versachlicht, nämlich als Wettbewerb von Leistungen, die zu erbringen nicht jeder gleichermaßen in der Lage ist, vollzieht sich die bürgerliche Konkurrenz, deren Intensität durch das Bewußtsein von der Leistungskraft des Gegners wohl noch zu steigern, nicht aber auszulösen ist. Die Konkurrenz des Marathons wie die des Marktes, die beide ideell um das jeweils eigene Ziel geführt werden, erreichen ein Stadium der Objektivität, das vorbürgerlichen Gesellschaften vollkommen fremd war. Darum auch behält selbst derjenige Teilnehmer des Marathons seine Ehre, der das Ziel als letzter erreicht. Diskriminiert müssen sich nur diejenigen fühlen, deren Leistungskraft sich nachträglich als von vornherein ungenügend erwiesen hat: Sie werden nach Ablauf einer Sollzeit vom ›Besenwagen‹ aufgesammelt und unter dem Lächeln der verbliebenen Zuschauer zum Ziel gefahren. Ihr Versuch gilt als eitle Überschätzung und verweist auf den Mangel einer Eigenschaft, deren Existenz zum Credo jedes Läufers gehört: souveräne Selbsteinschätzung.

9 Vgl. Georg Simmel: Soziologie der Konkurrenz, in: ders.: Schriften zur Soziologie. Hrsg. von H.-J. Dahme und O. Rammstedt, Frankfurt/M. 1983, S. 175 ff.
10 Ebenda.

Dagegen ist Schmähungen nicht ausgesetzt, wer die Strecke phasenweise nur im Gehen zurücklegt. Denn wenn die Konkurrenz im Marathon auch ein Kampf ohne fremden Gegner ist, so ist er doch einer, bei dem es um den Wert der Anstrengung selbst geht, und dieser demonstriert sich in der entkräfteten Gangart ebenso wie im sicheren Laufschritt des Athleten. Die gewöhnliche Welt kalkulierender Nützlichkeitserwägungen blamiert der Marathonläufer mit dem Glanz von Bestrebungen, die ihren Zweck zunächst nur in sich selber finden. Wie immer es auch um die subjektiven Motive tatsächlich bestellt sein mag, dem Läufer eilt der Ruf voraus, ohne weitergehendes Interesse nur der eigenen Bewährungsprobe verbunden zu sein. Im Marathon verwandelt sich das laufende Individuum zum Träger der schönen Idee eines verträglichen Egoismus, transzendiert sich zum Platzhalter des kollektiv geteilten Sinns einer völlig egozentrischen und gleichwohl sozialen Tat: mit der Trägheit von Körper und Geist ringen, die Strecke besiegen, den inneren Schweinehund bändigen und damit eine menschliche Größe zeigen, zu der von Natur und Temperament aus zwar nur wenige veranlagt sind, an die zu glauben aber eben deshalb ein jeder gern bereit ist. Von außen besehen, bieten sich die subjektiven Motive der Teilnahme an der mitunter existentiellen Bewährungsprobe ebenso als Mittel zur Produktion anerkannter sozialer Werte dar, wie deren persönliche Zuschreibung vom einzelnen Läufer aus dazu benutzt werden kann, noch in der unmäßigsten Anstrengung subjektive Befriedigung zu gewinnen. So mischen sich hier die vormodernen Kriterien eines erfolgreichen Kampfes mit dessen modernen Intentionen. Wie im Duell zählt letztlich Ausdauer und Geschick des Körpers, regrediert Macht auf deren Urbild von Kraft und Stärke. Wie beim Preiskampf des Marktes aber liegt der Zweck des Tuns nicht im Ruin des anderen, sondern zunächst im eigenen Erfolg, der – als Ziel jedem einzelnen zugestanden – den fremden Ruin natürlich zur Folge haben kann.

Am Startplatz des Marathons geht ein Heer von Individuen auf die Strecke, die sich alle Selbstzweck sind und gerade deshalb eine soziale Einheit bilden, die jeden einzelnen übersteigt. Die parallelen Bestrebungen aller richten sich auf ein für alle gleiches Ziel, ohne daß irgendeinem Teilnehmer der Gewinn versagt bleiben müßte, nur weil er dem anderen zugefallen ist. Damit schält sich im Marathon ein Beziehungsgeflecht heraus, das Simmel zufolge sein Vorbild in der religiösen Gemeinde hat.[11] Deren wesentliches Merkmal ist es, daß der Wetteifer der Gebotserfüllung, der Devotionen, der Askese und Gebete die Glückseligkeit des einen durch die des anderen nicht ausschließt und jedem nur nach seinen Werken vergolten wird. In der ›Läufer-Messe‹, die gleich der anschließenden ›Nudelparty‹ zum festen vorabendlichen Ritual einer jeden Marathonveranstaltung gehört und in der sich die Teilnehmer vor dem Auffüllen ihrer Kohlehydratreserven selbst zur religiösen Gemeinde versammeln, findet das sakrale Exempel noch heute seinen Nachhall.

Den religiösen Urgrund des läuferischen Ehrgeizes erkennt der am Rande stehende Zuschauer, der über Stunden die gequälten Körper an sich vorbeiziehen läßt, allerdings besser als der Läufer selbst, dessen Aufmerksamkeit ganz auf die eigenen Beine, auf Atmung, Uhr, Kilometermarke, Zwischenzeit und die nächste Verpflegungsstation gerichtet ist. Dem Betrachter bietet sich der Marathon als rituelle Praxis, als Opfergang im Laufschritt dar, der neben den einzelnen Menschen auch die Werte des Sozialen über die Strecke trägt. So getrennt Zuschauer und Läufer auch sind, so vereinigt haben sie an demselben transzendenten Ereignis teil, gibt es doch auch dem Zuschauer Gelegenheit, an der Bekräftigung sozialer Leitbilder mitzuwirken. In Symbolen und Riten, in Festen und Umzügen verkörperte sich von jeher Gemeinschaft, evozierte sie Sichtbarkeitszeichen, Glaubensbekenntnisse und Erfahrungsräume ihrer selbst. Émile Durkheim hat die fundamentale Opposition zwischen Sakralem und Profanem und damit die Konstitution des Heiligen aus der periodisch wiederkehrenden und bestätigenden Verdichtung des Kollektivs zu erklären versucht.[12] Die Menschen erleben die übernatürliche Kraft der Sozietät und verehren als Heiliges, was Effekt archaischer Vergesellschaftung ist. Im rhythmischen Klatschen, das den Marathonläufer meist über die gesamte Distanz wie eine Klangwand begleitet, feiert sich die Gemeinschaft selbst. Unbarmherzig peitscht es auch den schon Geschwächten zu einer letzten Anstrengung auf und signalisiert damit die Anwesenheit einer moralischen Idee, vor deren Erhabenheit die bleierne Schwere des einzelnen Beinpaars nicht zählt. »Unerbittlich«, so berichtet der *Tagesspiegel* vom Berlin-Ma-

11 Ebenda, S. 180f.
12 Émile Durkheim: Die elementaren Formen des religiösen Lebens, Frankfurt/M. 1981.

rathon, »skandiert die Menge auf den letzten Kilometern ›Weiter, weiter‹, ›Durchhalten, durchhalten‹, wo die Augen der Läufer schon längst um Gnade flehen.«[13]

Wer vor dem Altar steht, muß das Opfer auch erbringen, wer eine Nummer hat, muß laufen, so will es das Protokoll. Auf dem letzten Abschnitt der Strecke schließlich, wenn auch der geübteste Läufer eine physiologische Schranke mit äußerster Willenskraft zu durchbrechen hat, wenn der Körper nicht mehr von den Kohlehydraten, sondern einzig von der eigenen Substanz zehrt und der Sauerstoff zwangsläufig knapp wird[14], schiebt sich die Opferhandlung vollends in das Zentrum des Geschehens. Der Tod, im Marathon zum Unfall erklärt, mit dem niemand wirklich rechnet und der doch manch einen hierbei schon ereilt hat, muß jetzt besonders stark gebannt werden, und seine zumindest symbolische Anwesenheit läßt die Läufer ihre letzten Kräfte verschwenden und die Zuschauer tausendfach zur magischen Formel greifen: ›Du schaffst es!‹ Allerdings scheinen deren Deutungen kulturell zu variieren. Während der Läufer etwa in Rom durchaus mit der Häme der Zuschauer zu rechnen hat[15], steht in Boston eine ›Crowd Control‹ bereit, um die Begeisterung am Straßenrand zu dämpfen, die die Strecke zu verstopfen droht. Überraschende Leidenschaften werden auch aus Hamburg vermeldet: »Die Bürostadt lebt.«[16]

Die Ausführlichkeit, in der die Gefühlsregungen und die inszenatorischen Leistungen des Publikums bei jedem Bericht eines Marathons geschildert werden, verweist auf die besondere Funktion, die ihm in der Dramaturgie des Großereignisses zukommt. Stellt es doch den unabdingbar notwendigen Präsentationsrahmen derjenigen Eigenschaft dar, die im Marathon für jeden seiner Teilnehmer insgeheim auf dem Spiele steht: *Charakter*. In dessen Darstellung und Akklama-

---

13 Der Tagesspiegel vom 1. Oktober 1985, S. 12.

14 Von der physiologischen Seite her betrachtet, stellen die Opferhandlungen im Marathonlauf längst kein Geheimnis mehr dar. Vgl. die bis in das Detail jeder Körperfunktion gehenden Studien in »The Marathon: Physiological, Medical, Epidemiological, and Psychological Studies«, in: Annals of the New York Academy of Sciences, Volume 301/1977.

15 So jedenfalls berichtet Günter Herburger: Marathon & Manganelli. Ein Lauf durch Rom mit Seitenblicken, in: Frankfurter Rundschau vom 15. März 1986, Seite ZB 2.

16 Die Erlebnisberichte von Stadtmarathonläufen in der einschlägigen Fachpresse sind Legion. In diesem Falle vgl. den Bericht in spiridon 6/1986, S. 12.

tion verbinden sich jene, die ansonsten auf verschiedene Rollen verteilt sind. Marathonläufe nämlich eignen sich in hervorragender Weise dazu, allen sichtbar Merkmale der Persönlichkeit zu beweisen, die sich in den ruhigeren Bahnen des Alltagslebens nur selten demonstrieren lassen, gerade deshalb aber als gleichsam letztinstanzliche menschliche Wesenseigenschaften eine hohe soziale Bewertung erfahren: Mut, Kampfbereitschaft, Haltung. Marathonläufe enthalten schicksalhafte Situationen, bieten ›action‹. Für Erving Goffman ist jede Form von ›action‹, ist jede Variante einer Handlungssituation, die die Bereitschaft zu einem freiwillig eingegangenen Risiko erfordert, immer auch ein Charaktertest.[17] Sich um ihrer selbst willen den ungewissen Folgen eines Kampfes zu stellen, den die meisten Menschen gewöhnlich besser vermeiden wollen, erlaubt, sich selbst und anderen die Bewältigung des persönlichen Ernstfalls zu zeigen und darin ebenso Ausdruck zu erzeugen wie Profil zu gewinnen. Sich diesen Folgen auch noch in Konkurrenz zu anderen auszusetzen, erlaubt die Inszenierung dessen, was Goffman »Charakterwettkämpfe«[18] nennt. Charakterwettkämpfe durchziehen die Fugen des täglichen Interaktionsgeschehens ebenso, wie sie zum psychologischen Inventar von Spielbanken, Autorennen und extremen Sportarten wie eben dem Marathon gehören. Für Akteure wie Zuschauer bieten sie besonderen Reiz:

»Was für ihn ein Charakterwettbewerb, ein Augenblick der Wahrheit bedeutet, ist für uns ein Mittel, unsere Moral zu massieren … Ehrenwerte Menschen werden in ihren Szenen von Schicksalhaftigkeit uns allen gefahrlos erreichbar gemacht, damit wir uns mit ihnen identifizieren, wann immer wir uns unserer realen Welt abwenden. Durch diese Identifikation kann der in der schicksalhaften Betätigung bestätigte Verhaltenskodex – ein Kodex, der zu aufwendig und zu schwierig ist, um im täglichen Leben ganz eingehalten zu werden – geläutert und bekräftigt werden. Ein Bezugsrahmen zur Beurteilung der täglichen Handlungen wird gesichert, ohne daß seine Kosten bezahlt werden müssen.«[19]

Auch wenn der starke Charakter des risikobereiten Läufers insgeheim für diejenigen, die am sicheren Rand stehen, nur Geringschätzung empfinden und seine Selbstachtung gerade aus dem Kontrast zu ihnen beziehen mag, als gemeinsame Veranstaltung aller Rollenträ-

17 Vgl. Erving Goffman, Interaktionsrituale, Frankfurt/M. 1986, S. 233 ff.
18 Ebenda, S. 259.
19 Ebenda, S. 288.

ger hat die Marathondramaturgie des einsamen Kampfes mit sich selbst und der öffentlichen Zurschaustellung der gequälten Körper einen derart versöhnlichen Charakter, daß es selbst einem eher ›cool‹ gestimmten Beobachter des Zeitgeistes wie Jean Baudrillard beim Anblick eines New York Marathon nach eigenem Bekunden »die Tränen in die Augen trieb«.[20]

Die emotionale Intensität, mit der der Marathon von der Straße aus begleitet wird, mag ihren Grund nicht zuletzt darin finden, daß ihm scheinbar die Reduktion aufs Einfache wieder gelingt, inmitten der urbanen Zentren der Vermittlung das Unvermittelte aufersteht, sich die Ziele des einzelnen mit den Wünschen der Vielen zwanglos vertragen und damit eine Sentimentalität ausgelöst wird, die überall dort statthat, wo man beglückt vermutet, längst Verschwundenes zufällig wiederentdeckt zu haben. Dichotomische Muster, die die Wahrnehmung des modernen Lebens durchziehen, lösen sich in den Augen des Publikums stundenweise auf, merkwürdig außer Kraft gesetzt und anwesend zugleich. Individuum und Gesellschaft, Stadt und Natur erscheinen nicht länger gegensätzlich, sondern glücklich vereint, ohne sich dabei aber jeweils verflüchtigt zu haben. Öffentlich wird demonstriert, wie auch menschliche Krisen entlang sozial verbindlicher Ideale bewältigbar sind, und doch bestätigt der Marathon nicht nur die gesellschaftlichen Wertmuster, sondern etabliert in der Inszenierung einer unverstellten Wirklichkeit gleichzeitig auch andere, die mit der Alltagskultur des modernen Lebens gerade nicht übereinstimmen. In dieser Synthese fühlt sich jeder für sich und fühlen sich alle zusammen gleichermaßen gut aufgehoben. Der Stadtmarathon ist das Wunschbild seines Veranstaltungsorts. Er vermag es, die persönliche Erfahrung von Stadt als Bewährungsprobe, als Prüfung und existentiellen Kampf inszenatorisch aufzunehmen und dabei noch einen Schein auf deren Utopie zu werfen.

20 Vgl. Jean Baudrillard: Amerika, München 1987, S. 33.

Stichworte

Individualisierung

Eigentlich begann alles in Bamberg. Dort veranstaltete im Jahre 1982 die Deutsche Gesellschaft für Soziologie unter dem Titel »Krise der Arbeitsgesellschaft« ihren 21. Ständetag, auf dem die Stichworte gegeben wurden, die dann bis zum Ende des Jahrzehnts die sozialwissenschaftlichen Debatten erheblich bestimmen sollten. Die Arbeit, so hieß es, stelle nicht länger mehr das Zentrum der individuellen Existenz der Menschen in kapitalistischen Gesellschaften dar, Gesellschaft überhaupt lasse sich von den Bedingungen und Folgen der materiellen Produktion nicht mehr hinreichend begreifen. Wo viele nicht mehr können und andere nicht wollen, wo Arbeit sich zeitlich zur biographischen Nebentätigkeit reduziere, die Pflege des eigenen Ich zur Hauptbeschäftigung werde, Eigen- und Beziehungsarbeit sich so zeitraubend wie identitätsstiftend und mitunter auch ruinös gestalte wie ehedem die Erwerbsarbeit, dort sei – alles in allem genommen – die Arbeitsgesellschaft am Ende, ohne daß man aber schon wüßte, was eigentlich nach ihr kommt. Einer zentralen Kategorie irgendwie verlustig gegangen, kreise von nun an das Begriffskarussell der Gesellschaftsanalyse schneller denn je: Die Postmoderne wie der Wertewandel waren zwar schon längst erfunden worden, jetzt aber schien sich auch in den Gesellschaftswissenschaften eine Wende von den großen Synthesen hin zum soziologischen Patchwork anzubahnen. »Kontinuitätsbrüche« wurden ausgemacht, »Pluralisierungen« konstatiert, die »neue Unübersichtlichkeit« bedacht, mal die »Risiko «, mal die »Kulturgesellschaft« ausgerufen. Ob »Postfordismus« oder »Entstrukturierung«, »Deregulation« oder »Flexibilisierung« – irgend etwas schien mittlerweile in Fluß gekommen zu sein, weshalb man erst einmal versuchte, über Begriffe jener Sache habhaft zu werden, die selbst man noch nicht genau genug kannte.

Wiederum war es das fränkische Bamberg, aus dem das entscheidende Losungswort kam: Hier nämlich forschte Ulrich Beck, und der hatte sich Anfang der 8oer Jahre einmal hingesetzt, seine umfangreichen empirischen Analysen zur Berufs- und Arbeitsmarktstruktur zu systematisieren und mit den Ergebnissen anderer sozialwissenschaftlicher Teildisziplinen sowie der neueren Sozialgeschichte zu kombinieren. Heraus kam dabei ein so umstrittenes wie unbestritten faszinierendes Panorama der Entwicklung der deutschen Gesellschaft vom Kaiserreich zur (zweiten) Republik, das mit heftigem Strich und kräftigen Farben das Bild der Gesellschaft ganz neu entwarf. Titel: *Individualisierung,* Untertitel: *Jenseits von Stand und Klasse.*

Zwar hatten vorher schon andere begonnen, die alten Schinken zu übermalen, niemand aber lockte derartig viele Betrachter in sein Atelier wie eben Ulrich Beck. Schnell stellte sich dabei eine Situation ein, die vom Kunstmarkt zur Genüge bekannt ist: Ein Trend wird entdeckt, der unzählige Nacheiferer findet, die allesamt die Qualität des Meisters nicht erreichen. Plagiate tauchen auf, geschwätzige Kommentatoren, die Preise steigen, der künstlerische Wert sinkt, und bald sind auch jene zur Stelle, die von sich behaupten, schon immer gesagt zu haben, daß diese neue Richtung in Wirklichkeit doch nur etwas furchtbar Altes, Verbrauchtes, schon oft Widerlegtes präsentiere. Setzen wir also besser zu einer Bildbetrachtung des Originals an: Was ist zu sehen, wie ist es gemacht?

»Individualisierung« ist ein in der Soziologie höchst schillernder Begriff, vom Simmel bis Adorno mit dem Vorgang identifiziert, Autonomie über die Art seiner Lebensgestaltung zu erlangen. Davon hält Beck, wie überhaupt zu allen »großen« Theorien der Gesellschaftsanalyse, zunächst einen gehörigen Abstand. Geht es ihm doch vor allem um eine zupackende Zeitdiagnose, die sich von allen sozialphilosophischen Vorentscheidungen freihalten möchte. Der »epochale Individualisierungsschub«, den er der westdeutschen Gesellschaft seit Ende der Nachkriegszeit attestiert, bezieht sich daher auch nicht auf jenen Vorgang der Entwicklung vernünftiger Persönlichkeiten, den Adorno schon zu Beginn der 50er Jahre abgeschlossen fand (»Das Ende des Individuums«). Vielmehr benennt er einen in sich widersprüchlichen Prozeß der Herauslösung der Subjekte aus ihren vorgefundenen und angestammten Herkunftsbedingungen, der nun die Art, wie jemand im Alltag seine Individualität leben kann, gegenüber früheren Epochen der Moderne entscheidend verändert.

Individualisierung meint in diesem Zusammenhang die Freisetzung der Individuen aus den selbst schon wieder zur Tradition der kapitalistischen Gesellschaft gewordenen sozialen Bezügen, wie sie durch Klassen, Familienformen und Berufsbindungen, durch regionale und soziale Milieus bereitgestellt werden. Die 6oer Jahre markieren den Umbruch. In ihnen beginnt eine Entwicklung zu kulminieren, die nicht zuletzt durch Faschismus, Krieg und »Wirtschaftswunder« schon angelegt war, jetzt aber eine für jeden deutliche Gestalt annimmt. Individualisierung ist – so kann man Becks Analyse beschreiben – ein ungewollter Kulminationseffekt ganz disparater gesellschaftlicher Veränderungen, die irgendwann derart zusammenschießen, daß sich aus der Steigerung bloßer Quantitäten plötzlich eine ganz andersartige Qualität von Gesellschaft ergibt, für die es – weil niemand es so gewollt hat und keine eindeutigen Interessen verantwortlich gemacht werden können – zunächst noch keinen Namen gibt. Tatsächlich sind die Akteure des Wandels so gegensätzlich wie dessen Effekte. Zunächst ist es die Arbeiterbewegung, der es in zähen Kämpfen gelungen ist, im Nachkriegsdeutschland zentrale Forderungen und Bedürfnisse der real existierenden Klasse ein Stück weit zu verwirklichen. Die Arbeiterklasse nimmt »Abschied von der Proletarität«,[1] die ihre Existenz von Beginn an geprägt hatte. Die immense Steigerung der Haushaltseinkommen steht hier an erster Stelle, gefolgt von der langsamen, aber stetigen Umschichtung, die sich im Verhältnis von Lebenszeit und Erwerbszeit ergeben hat. Existenzielle Unsicherheit – als »Lebensschicksal des Proletariats« in den Untersuchungen zur »sozialen Frage« immer wieder beschrieben – hört mit den erkämpften sozialstaatlichen Rechten auf, Dauergast der Arbeiterfamilie zu sein; Konsumchancen eröffnen sich, die das Versorgungs- und Ausstattungsniveau des durchschnittlichen Arbeitnehmerhaushaltes in kurzer Zeit auf eine Stufe heben, die noch in den 5oer Jahren Privileg der höheren Angestellten war. Für viele entsteht damit überhaupt zum ersten Mal die Gelegenheit, über einen gewissen Spielraum bei ihren materiellen Ressourcen zu verfügen, die Sparquote steigt ebenso, wie die individuellen Entscheidungsfreiheiten zunehmen, jeder dritte Lohnabhängige verfügt bald über Haus- oder Wohnungseigentum. Der »kollektive Aufstieg zur Respektabilität«[2] beginnt.

---

1 Vgl. Josef Mooser: Arbeiterleben in Deutschland 1900–1970, Frankfurt/M. 1984.
2 Ebenda, S. 227

Am Ende der 6oer Jahre kommt der Bildungsboom hinzu, der den Besuch qualifizierender Schulen und Ausbildungswege sozial erheblich verbreitert. Damit eröffnen sich für Gruppen und Klassen, die zuvor ihren Platz eher alternativlos zugewiesen bekamen und sich den Luxus von Bildungserlebnissen und kulturellen Erfahrungsprozessen früher nicht leisten konnten, Chancen sowohl der Berufswahl wie der persönlichen Reflexion und »Selbstfindung«. Vor allem der ungemein ausgebaute öffentliche Dienst bietet Aufstiegschancen gerade für jene, deren Eltern immer nur die Fabrik kannten – übrigens auch eine Erklärung dafür, weshalb die SPD zugleich eine Partei des öffentlichen Dienstes werden wie der Arbeiterschaft bleiben konnte.

Die Kette der Aufzählung sich wechselseitig beeinflussender Wandlungsprozesse kann beinahe endlos fortgeführt werden: Die Städte, durch die riesigen Wanderungsbewegungen nach dem Krieg sozial und kulturell sowieso schon hochgradig durchmischt, werden noch einmal umgewälzt, alte Viertel planiert und bestehende Kontaktnetze zerrissen, der Standard der Sozialbauwohnung entsteht, man fährt Auto (auch zum Reisen) und sieht am Abend fern. Die wohlfahrtsstaatliche Modernisierung paart sich mit einer kulturellen: Stereotype Geschlechterrollen verflüssigen sich, alte Abhängigkeiten treten zurück, neue hinzu, und dabei ist es vor allem die gefräßige Instanz des Arbeitsmarktes, die schließlich – was in der Tradition auch des deutschen Kapitalismus keine Selbstverständlichkeit war – den allermeisten und in einem fast schon total zu nennenden Sinn Lebenschancen zuweist. Regionale und soziale Mobilitätserfahrungen stellen sich ein, die im Verein mit neuen Ansprüchen auf »ein Stück eigenes Leben«[3] schließlich auch die Art des Zusammenlebens nicht unberührt lassen. Wer verheiratet ist, der oder die bleibt dies immer häufiger immer weniger lang, sofern er oder sie nicht sowieso anderen intimen Selbstexperimenten nachgehen.

Im Resultat all dessen – so Beck – verselbständigen sich die Lebenswege und Lebenslagen der Individuen gegenüber den traditionellen Herkunftsbedingungen und Alltagspraktiken. Die Optionen des individuellen Verhaltens wachsen in dem Maße, wie die Prägekraft fester sozialer Zugehörigkeiten abnimmt. Ein Riß zwischen den Generatio-

---

3 Elisabeth Beck-Gernsheim: Vom »Dasein für andere« zum Anspruch auf ein Stück »eigenes Leben«, in: Soziale Welt, 34. Jg. (1983), S. 307 ff.

nen entsteht, deren Erfahrungen immer weniger untereinander anschlußfähig sind. Die Kette kultureller Tradierungen innerhalb homogener Sozialmilieus reißt ab, weil nunmehr die Bedingungen fehlen, unter denen stabile Deutungsmuster und Lebensformen noch ausgebildet werden könnten. Darin liegt der Kern dessen, was Beck unter »Individualisierung« versteht: Völlig durch den Markt vergesellschaftet, auf dem sich jede(r) zu bewähren hat, findet der/die einzelne jene nun erodierenden soziokulturellen Bindungen nicht mehr vor, die in der Geschichte des Kapitalismus das Marktprinzip immer auch begrenzt haben. Die »innere Landnahme«[4] des siegreichen Kapitalverhältnisses führt im Triumphe die es immer begleitenden Traditionen gleich mit und schafft sich zum ersten Mal eine Kultur, die auch zu ihr paßt. Ein »Kapitalismus ohne Klassen«[5] zieht herauf, was nicht meint, daß sich die Verfügung über Ressourcen gesellschaftlich nicht mehr teilte, sondern daß sich die historische Symbiose von Klasse und Stand, von typischer Lebenslage und typischer Lebensform in dem Maße auflöst, wie die Lebenswege der Menschen sozialstrukturell mobilisiert werden. Damit wird auch das gesellschaftliche Schicksal jedes einzelnen zur »Eigenrealität«, die nicht umstandlos mehr mit dem Schicksal einer ganzen Klasse identifiziert werden kann. Die klassentypischen Lebensverläufe werden durch die je besonderen Umstände von Alter, Geschlecht, Gesundheit, Berufsgruppe, Familiensituation, Region so weitgehend modifiziert, daß sie als je individuelles Schicksal nicht nur erscheinen, sondern es auch sind. Treten nun persönliche Krisen und Gefährdungen auf, ist jeder mit sich (und dem Sozialamt) allein.

Individualisierung ist ein äußerst prekäres Verhältnis, das man zu sich und den gesellschaftlichen Bedingungen haben kann, denen man seine soziale Existenz verdankt. Dies tritt in aller Deutlichkeit zu Beginn der 80er Jahre hervor, als Arbeitslosigkeit, neue Armut, Deklassierungen das Gesicht der Wohlstandsrepublik prägen. Bis dahin befand sich Becks berühmt gewordener Formel zufolge die Gesellschaft kollektiv im Fahrstuhl nach oben – mit dem Effekt, daß das höhere Gesamtniveau der materiellen Versorgung in der Anschauung

4 Vgl. Burkart Lutz: Der kurze Traum immerwährender Prosperität, Frankfurt/M./New York 1984.
5 Ulrich Beck: Risikogesellschaft. Auf dem Weg in eine andere Moderne, Frankfurt/M. 1986, S. 117.

jedes einzelnen die Wahrnehmung der tatsächlich sogar noch wachsenden sozialen Ungleichheit dominieren konnte. Vor dem Hintergrund dessen, woher man selber kam und wohin man jetzt gelangt war, verblaßte die Tatsache fortdauernder Ungleichverteilung des gesellschaftlichen Reichtums und der durch Bildung erwerbbaren Lebenschancen. In den 8oer Jahren nun greifen zwei Bewegungen ineinander: Die Verschärfung sozialer Ungleichheit geht mit ihrer Individualisierung einher, weil die Risiken der Modernisierung durch Klassenkulturen und Solidarität weder hinlänglich bekämpft noch gemildert werden können. Über die Fährnisse des Arbeitsmarktes und der sozialen Konkurrenz auf die Wahrnehmung seiner je eigenen Chancen konditioniert, wird das Fehlen von Bindungen und Traditionen in dem Moment schmerzhaft bewußt, wo diese Rückschläge, Niederlagen, Kränkungen und Not hätten abfedern können. Dies meint Beck, wenn er von der »neuen Unmittelbarkeit von Individuum und Gesellschaft, von Krise und Krankheit«[6] spricht. Der einzelne mag wohl ein sozial typisches Schicksal erleiden, er muß es an sich selbst aber erst einmal entdecken, und dies in einer Situation, wo die Klasse ihm lebenspraktisch nichts zur Verfügung stellt, wodurch Kämpfe zu führen und Erklärungen zu finden wären. Staat und Markt dagegen – die Moloche der sozialen Existenz – schlagen jeden in ihren Bann. Am Ende steht er – hatte er Glück und gute Verwertungschancen – einigermaßen passabel da auf dem schwankenden Boden seiner privaten Akkumulation. Wenn's schiefgeht, muß er sich eingestehen, worauf andere sich gerade etwas einbilden: Es liegt an einem selbst.

Soweit das Gemälde, in eher heiteren Farben, je mehr man auf den Hintergrund schaut, zunehmend düster, wo die Gestalten ins soziale Jetzt treten. Kommen wir zu den anderen Interpretationen, die dieses Gesellschaftsbild bisher schon finden konnte, kommen wir zu den Einwänden, die gegen Inhalt und Technik der Beckschen Malkunst gerichtet wurden. Manche Kritik – so wird sich zeigen – kommt allerdings nur knapp an dem Verdikt vorbei, schlichtweg das Thema des Bildes nicht erkannt, es also einfach verfehlt zu haben.

Wenn sich etwa marxistische Klassentheoretiker durch die Individualisierungsthese veranlaßt sehen, abermalig den Nachweis anzu-

6 Ebenda, S. 118.

treten, daß in der kapitalistischen Bundesrepublik schließlich noch das Wertgesetz gelte, so rennen sie nur Türen ein, die bei Beck weit offen stehen. Es sei denn, jemand möchte behaupten, ein bestimmter ökonomischer Reproduktionsmodus, wie das Wertgesetz, verbürge für sich schon die Existenz bestimmter sozialer Formationen, die man gelassen Klassen nennen könnte – ohne sich darum zu scheren, ob diese auch eine gesellschaftliche Realität haben. Daß Marx im dritten Band des »Kapital« hierzu nicht mehr gekommen ist, kann nicht für alle Zeit als Ausrede dienen. Und wenn es denn so ist, daß Max Webers Unterscheidung von (»objektiver«) Erwerbsklasse und (»lebensweltlicher«) sozialer Klasse, auf die alle Theoretiker der Individualisierung immer wieder zurückgreifen, der Analyse bessere Kategorien bereitstellt, so ist nicht einzusehen, warum eine Forschung, die mit dieser Unterscheidung operiert, nicht auch zu dem Ergebnis der Auflösung sozialer Klassen führen kann.

Daß man – wenn nicht mit Marx, dann aber mit Weber – den Klassenbegriff fast automatisch wieder im Sack einer Theorie der Gesellschaft hätte, wie man aus Frankfurt hören konnte[7], ist jedenfalls solange nicht ausgemacht, wie man nicht auf dem Feld wirklich antritt, das die Individualisierungstheoretiker für sich bestellt haben: dem der empirischen Realität kapitalistischer Vergesellschaftung. Hier allerdings sieht es auf marxistischer Seite eher mager aus. Eine soziographische Leistung, wie sie etwa Josef Mooser mit seinem Buch über das Arbeiterleben in Deutschland vorgelegt hat, wäre jedenfalls von Seiten der Kritiker der Individualisierungsthese erst einmal zu erbringen. Andernfalls unterbietet man permanent das empirische Niveau der Diskussion und gebärdet sich als prinzipienfester, aber wenig informierter Besserwisser, der andauernd beweisen will, was auf der anderen Seite doch niemand bestreitet. Daß die objektive Verteilung des gesellschaftlichen Reichtums entlang der Klassenlinie verläuft, wird in den Analysen zur Individualisierung ebenso wenig bestritten wie die Tatsache, daß sich die arbeitsmarktabhängige Lohnarbeiterexistenz derart verbreitet hat, daß unter den Gesichtspunkten der Verfügung über materielle und immaterielle Ressourcen die statistische Gestalt von Klassen – und zwar sowohl

7 Vgl. Jürgen Ritsert: Braucht die Soziologie noch den Begriff der Klasse? Über Max Webers Klassentheorie und neuere Versuche, sie loszuwerden, in: Leviathan, 15. Jg. (1987), Nr. 1.

der Arbeiter- wie der modernen Unternehmerklasse – sich »verdeutlicht« hat.

Entscheidend ist etwas anderes. Auch die marxistische Klassentheorie, die sich oft genug nur im Nachweis der objektiven Gegebenheit sozialer Lagen erschöpfte, steht vor dem Problem, die Bedingungen angeben zu müssen, unter denen Klassenlagen noch das Bewußtsein und das Handeln kollektiver Akteure beeinflussen können. Auch hier dürfte zu einer allzu großen Selbstüberschätzung keine Veranlassung bestehen, hat es die Klassentheorie auch in ihren avancierten Versionen (z. B. Pierre Bourdieu) doch bisher nur zur Konstatierung von »Strukturhomologien« zwischen Klasse und Lebensform gebracht. Und ist nicht die Konjunktur »rationalistischer Handlungstheorien« innerhalb des Marxismus als Zeichen dessen zu werten, was Beck als »Enttraditionalisierung« der gesellschaftlichen Handlungsorientierung beschreibt?

Die Prozesse der sozialen Vermittlung zwischen ökonomischer Position und individuellem Handeln sind es, die im Kern die Zeitdiagnose der Individualisierung zu beschreiben versucht. Beck und andere nehmen damit übrigens ein Thema auf, das in der Tradition der marxistischen Theorie einen guten Platz hätte. Schließlich ist es spätestens seit Lukács, Reich und der frühen Kritischen Theorie ein oft formuliertes, doch ungelöstes Problem, wie sich die Klassenposition in kollektives Handeln transformiert. Beck hat hier zumindest eine These, die das Ausbleiben eines solchen Handelns erklären will: jene des »Bedeutungsverlustes« sozialer Ungleichheit vor dem Hintergrund eigener Aufstiegserfahrungen, welche aufgrund der mit ihnen verbundenen Erosionen von Klassenkulturen eine »Rückkehr« zum Klassenbewußtsein selbst dann versperren, wenn man die Härte kapitalistischer Konkurrenz am eigenen Leibe verspürt. Lage, Lebensform und Bewußtsein treten auseinander, und genau dieses »Auseinandertreten« ist es, was den Marxismus seit den 20er Jahren umgetrieben hat. Die Individualisierungstheorie hat dabei gegenüber früheren Versuchen der Erklärung dieses Risses den Vorteil, eine »dritte« Ebene zwischen Ökonomie und Bewußtsein in den Blick zu bekommen. Noch die frühe Kritische Theorie hat auf der Grundlage einer orthodoxen Kapitalismusanalyse allein die psychischen Strukturen der Subjekte zum Gegenstand gehabt und in ihnen den Unterpfand kapitalistischer Disziplinierung und Beeinflussung ausgemacht. Der

Erfahrungsgehalt alltäglicher Vergesellschaftung in normativ integrierten Gruppen und Klassen, die Strukturen der Lebenswelt konnten so kaum zum Problem werden, weshalb man sich darauf beschränkte, die Agenturen von Herrschaft und Manipulation theoretisch zu denunzieren. Das war nicht wenig, reicht aber heute nicht hin, die Motive und Erfahrungen der Subjekte selbst zu beschreiben. Die Individualisierungstheoretiker bieten zumindest umfassendes Material dar, diese alten Fragen unter veränderten Bedingungen wieder aufzunehmen, auch wenn sie schließlich zu dem Resultat kommen, daß die soziale Vermittlung paradoxer- oder vielleicht konsequenterweise diejenige der »Individualisierung« ist, also eine Form angenommen hat, die soziale Formationen real gerade auflöst.

Nun soll hier nicht behauptet werden, daß alles, was die Individualisierungstheorie formuliert hat, überzeugend ist und sich die Kritiker derselben nur fortwährend blamieren. Es kommt eben darauf an. Gar nicht so linke Sozialwissenschaftler verweisen anhand empirischer Fakten immer wieder darauf, daß manches eben doch nicht so durcheinander geht, wie viele das schon glauben wollen. Soziale Herkunft ist weiterhin – und zwar auch vor den Merkmalen Geschlecht oder Nationalität – das entscheidende Kriterium für die Erlangung sozialer Positionen; die Heiratsmärkte bleiben geschlossen, und immer noch äußerst selten führt eine Kauffrau den ungelernten Arbeiter zum Altar. Das Individualisierungstheorem, so heißt es denn auch, schildere im Prinzip nur jene Situation, die man doch vom Fernsehen kennt: Jeder guckt für sich allein genau dasselbe wie zur gleichen Zeit der andere auch. In seiner grenzenlosen Eitelkeit möge sich der Mensch wohl einbilden, einzigartig, unvergleichbar, individuell zu sein, tatsächlich jedoch folge er wie ehedem nur den vorgestanzten Mustern seiner jeweiligen Klassenlage, auch wenn diese Muster erheblich »moderner« geworden sind.

Die Theorie der Individualisierung hat hier große Schwierigkeiten, zu erwidern. Zwar meint sie, den Aspekt der Vereinheitlichung von Handlungsmustern dadurch zu erklären, daß sie selbst von »kollektiven Individualisierungen« spricht und die »Standardisierung der Lebenslagen« betont, die der Markt bewirke. Diese Aussagen beißen sich jedoch sofort mit der gleichzeitig vehement vertretenen These, daß die Optionen individueller Handlungen entschieden zugenommen haben, weshalb in dieser Dimension von einer »Standardisierung« eigentlich nicht die Rede sein kann. Die Widersprüche, in die man sich hier verwickelt, liegen darin begründet, unter dem einen Begriff der »Individualisierung« Entwicklungen zusammengefaßt zu haben, die ihrerseits unterschiedliche Ursachen und Folgen haben,[8] so daß die materiellen Erweiterungen der individuellen Entscheidungsspielräume auf einer Ebene mit den atomisierenden Wirkungen des Arbeitsmarktes und den kulturellen Lernprozessen einer höhergradig entwickelten Subjektivität verhandelt werden. Was »Freiheit von« und »Freiheit zu« in ihrer bei Marx noch so starken Doppeldeutigkeit heute meinen, verschwimmt mitunter daher völlig.

Dies ist auch der Grund, weshalb sich aus der Theorie der Individualisierung jeder aussuchen kann, was ihm gerade in den Kram paßt, wobei auch diesmal die traditionsfesten Marxisten nicht gerade zurückstehen, munter François Lyotard, Daniel Bell und Ulrich Beck in einen Cocktail mixen, um sich dann zu beschweren, daß dieses Zeug einfach widerwärtig schmecke. Oder man »positiviert« die Becksche Analyse einfach, beraubt sie aller gewissermaßen tragischen Aspekte, die sie aufweist, um dann festzustellen, daß hier im besten Falle eine absurde Hypostasierung singulärer Erscheinungen, im schlechtesten Fall eine einfache Apologie vorliege. Andere haben damit überhaupt keine Probleme und nehmen die Individualisierung zum Anlaß, fröhlich die »gestiegene Wahlfreiheit«, die »reduzierte soziale Kontrolle« inmitten einer »mobilen Wohlstandsgesellschaft« zu feiern, wo ich aufgrund einer Pluralisierung der Lebensstile tagsüber »aufstiegsorientiert«, abends »links-alternativ« und am Wochenende ein hedonistisches Ungeheuer bin. Die Pluralisierung der Lebensstile ist zweifelsohne kaum bestreitbar. Die Sozialstruktur aber hierin aufgehen zu lassen und dabei so zu tun, als ob jeder beständig hin- und herwechseln und immer alles »wählen« könnte, verfällt demselben propositionalen Selbstdementi, das auch der Werbung einer japanischen Autofirma eigen ist: *»Nichts ist unmöglich: Toyota«*. Stimmte der Satz vor dem Doppelpunkt, wäre die Entscheidung dahinter zumindest unüberlegt. Ist diese Entscheidung aber irgendwie restringiert, stimmte die erste Behauptung nicht mehr. »Wählen« ist und bleibt limitiert, auch wenn das Ausmaß des Wählbaren jedenfalls für diejenigen eindeutig zugenommen hat, die sich in

8 Vgl. Axel Honneth: Soziologie. Eine Kolumne, in: Merkur, Nr. 470 (1988), S. 315 ff.

den berühmten Beckschen Fahrstuhl noch hineindrängeln konnten und nicht von vorneherein im basement steckenbleiben.

Der älteste Vorwurf ist immer der, daß etwas nicht »neu« sei. Dies widerfährt auch der Theorie der Individualisierung, die hieran allerdings nicht ganz unschuldig ist. Einerseits wird von Beck überhaupt nicht bestritten, was linke arm-chair-Soziologen sogleich entgegengehalten haben: daß der Kapitalismus schon immer eine Gesellschaft der »Freisetzung« sei, in der »alles Ständische verdampft« (Karl Marx). Im Gegenteil spricht Beck von einem »abermaligen Individualisierungsschub«, der »neu« nur sei hinsichtlich der *Konsequenzen*. Vormalige Freisetzungsprozesse seien immer wieder durch Prozesse der Klassen- und Gruppenbildung aufgefangen worden, dieser jedoch nicht, weshalb nunmehr der einzelne allein »zur lebensweltlichen Reproduktionseinheit des Sozialen«[9] werde. Doch statt in der Kritik hieran nach dem Muster zu verfahren: »Das alles kann sich ändern, wenn nur die Widersprüche sich verschärfen«, scheint es angemessener zu sein, die historische Grundlage wie die Perspektive dieser Diagnose zu prüfen. Steht sie doch in der Gefahr, eine lebensweltliche Einheitlichkeit der Arbeiterschaft zu behaupten, die in der (deutschen) Geschichte gar nicht vorzufinden ist. Allerdings haben dies einige Vertreter der Individualisierungsthese selbst schon entdeckt. Peter A. Berger etwa vermutet, daß auf der Grundlage des empirischen Wissens, das wir heute von unserer Gesellschaft haben, auch etwa die Spätzeit des Kaiserreiches schon als »individualisierte« Gesellschaft beschreibbar gewesen wäre[10] – was immerhin der historischen Revolutionsforschung einiges zu denken geben könnte. Der Individualisierungsdiskurs sollte aus der bloßen Verfallssemantik befreit werden, will er sich die Perspektive auf die Entwicklung unserer Gegenwart von Vorurteilen freihalten. Denn es ist überhaupt nicht ausgemacht, daß nicht neue Gruppenbildungsprozesse in der Gesellschaft stattfinden, die man in Ermangelung besserer Begriffe schon »posttraditionale Vergemeinschaftungen« genannt hat.

Die Ausbildung kollektiver Identitäten prinzipiell an den Bestand traditionsfester Kulturen zu binden, ist eine durch und durch konser-

9 Beck, a.a.O., S. 119.
10 Vgl. Peter A. Berger: Klassen und Klassifikationen. Zur »neuen Unübersichtlichkeit« in der soziologischen Ungleichheitsdiskussion, in: Kölner Zeitschrift für Soziologie und Sozialpsychologie, 39. Jg. (1987), Nr. 1.

vative Weltsicht, die überdies den Realitäten nicht gerecht wird und nur denunzieren kann, wo die Analyse nicht weiterkommt. So sehnen sich bisweilen aus Ekel vor dem Narzißmus wohlfahrtsstaatlich verwöhnter Anspruchsmentalitäten auch FAZ-Kommentatoren in die Zeiten ordentlicher Klassengesellschaften zurück, wo jeder noch wußte, was ihm und seiner Gruppe zukam. Erkennbar nämlich sind »Neuformierungsprozesse« innerhalb und außerhalb dessen, was man bisher als Klassen beschrieb, im Umkreis von politischen Themen, sozialen Gefährdungen, handfesten Interessen, »Subkulturen« und informellen Netzwerken, die zwar »flüssiger« und daher politisch – in jede Richtung – schwerer kalkulierbar sind, gleichwohl aber anzeigen, daß kollektive Vergesellschaftungen eben doch nicht an ein Ende gekommen sind. Der Ehrlichkeit halber muß gesagt werden, daß Ulrich Beck diesen Ausgang der Individualisierung an manchen Stellen seines Buches dann doch wieder offen läßt, was übrigens nicht unbedingt eine beruhigende Perspektive abgibt. Denn, in Marxens Namen, so wenig schrecklich es wäre, gäbe es die Individualisierung im Sinne einer zunehmenden Wahlfreiheit tatsächlich, so wenig sicher ist es, daß die neuen Gemeinschaften immer gefallen können. Wenn es unten diffus wird, kann von oben um so besser Einheit gestiftet werden. Auch so könnte die Geschichte der Individualisierung ausgehen, nicht zum ersten Mal.

Unterlegenheit

Die Gesellschaftsgeschichte der Unterlegenheit zeichnet ein mentales Panorama der sozialen Ungleichheit. Wodurch eine Person, eine Gruppe oder eine Klasse sich anderen gegenüber unterlegen fühlt, verweist nicht nur auf die jeweiligen Muster, in denen sich Ungleichheit reproduziert, sondern auch auf die sozialen Selbst- und Fremdwahrnehmungen, die den Ungleichheitsordnungen korrespondieren. Unter- und Überlegenheit sind Symboliken der Ungleichheit, deren Merkmale sozial konstruiert sind. Als Gefühle zu sich selbst und anderen stellen sie einen emotionalen Nexus mit der Sozialstruktur her. Zuletzt waren es die Inferioritätsempfindungen von DDR-Bürgern nach dem 9. November 1989, die in dieser Hinsicht Aufmerksamkeit erregten. Im direkten Kontakt mit der westlichen Lebensform plötzlich mit einer grundsätzlichen Veränderung des Bezugsrahmens der eigenen Selbsteinschätzung konfrontiert, konnte das vorher schon fragile Selbstbewußtsein »im Blick nach Osten« nicht länger mehr kompensiert werden.[1] Inferiore Deutungsmuster der eigenen Existenz und Biographie stellten sich ein, die sich in der Wahrnehmung und Bewertung der Ereignisse einlagerten und die nachfolgenden Handlungsweisen und politischen Optionen von innen heraus subtil beeinflußt haben.

Die Turbulenz dieses Geschehens könnte zu der Annahme verleiten, nur in Zeiten gesellschaftlicher Umbrüche und in der Außeralltäglichkeit spielten Unterlegenheitsgefühle für das Selbstbild und das Handeln von Menschen eine maßgebende Rolle. Unterlegenheit stellt jedoch auch im Alltag moderner Gesellschaften eine wichtige symbolische Repräsentation der gesellschaftlichen Statusverteilung dar. An ihr läßt sich der Formwandel sozialer Ungleichheit ebensogut ablesen wie die Veränderung, die die Selbstidentifikation sozial mißachteter oder benachteiligter Individuen und Gruppen in der Gesellschaftsge-

---

1 Vgl. Lutz Niethammer: Das Volk der DDR und die Revolution, in: Charles Schüddekopf (Hrsg.): »Wir sind das Volk«. Flugschriften, Aufrufe und Texte einer deutschen Revolution, Reinbek bei Hamburg 1990, S. 273

schichte durchläuft. Eine soziologische Typik erlaubt es, ein genaueres Verständnis zu gewinnen, wodurch Unterlegenheit gekennzeichnet ist, was es bedeutet, unterlegen zu sein. Dadurch kann auch jener Wandel in der sozialen Konstruktion von Unterlegenheit deutlich werden, der hier als Übergang *vom kollektiven Status zur defizitären Individualität* beschrieben werden soll.

Auf der Suche nach einer genaueren Bestimmung von »Unterlegenheit« wird man in der soziologischen Fachliteratur nicht sonderlich fündig werden. Obwohl das Wort natürlich gebraucht wird, weisen die Sachregister ein entsprechendes Stichwort nicht aus, auch wenn ein bedeutungsnaher psychologischer Begriff wie »Inferioritätskomplex« mitunter zu finden ist. Dies ist um so erstaunlicher, als auch manche Feldstudie der empirischen Soziologie mit Unterlegenheitsgefühlen konfrontiert wurde und deren soziale Bedeutung für die Bildung von Mentalitäten und die Ausübung von Macht hervorgehoben hat. »Angst vor Mindereinschätzung« und »Inferioritätsängste« machte Theodor Geiger für die »Panik im Mittelstand«[2] verantwortlich, die in Deutschland dazu beitrug, die Nationalsozialisten an die Macht zu bringen; später analysierte Leo Löwenthal die agitatorische Instrumentalisierung von Unterlegenheitsgefühlen als ein Kernelement faschistischer Propaganda[3]. Der Unterlegenheit korrespondierende Erfahrungen wie Statusängste und kollektive Kränkungen werden auch heute noch mit der Entstehung des Rechtsextremismus in Verbindung gebracht,[4] und das Gefühl einer »beschämenden Unterlegenheit« konnte auch in den Selbstdeutungen jener Aktivisten der »Neuen sozialen Bewegungen« aus der unteren Mittelschicht beobachtet werden, die durch ihr politisches Engagement in den Kontakt mit intellektuellen Schichten kamen.[5]

---

2 Theodor Geiger: Panik im Mittelstand, in: Die Arbeit, 7. Jg. (1930), Heft 10.
3 Leo Löwenthal/Norbert Gutermann: Lügenpropheten. Eine Studie über die Techniken und Themen des amerikanischen Agitators, in: Theodor W. Adorno u. a.: Der autoritäre Charakter. Studien über Autorität und Vorurteil, Band 1, Amsterdam 1968.
4 Vgl. etwa Helmut Dubiel: Das Gespenst des Populismus, in: ders. (Hrsg.): Populismus und Aufklärung, Frankfurt/M. 1986; Claus Leggewie: Die Republikaner. Phantombild der Neuen Rechten, Berlin 1989.
5 Vgl. Hans-Joachim Giegel: Distinktionsstrategie oder Verstrickung in die Paradoxien gesellschaftlicher Umstrukturierung?, in: Klaus Eder (Hrsg.): Klassenlage, Lebensstil und kulturelle Praxis, Frankfurt/M. 1989, S. 173.

Unterlegenheit wird in all diesen Untersuchungen als Position und Erfahrung, als Stellung und Gefühl zugleich beschrieben, und es scheint zu ihrer Eigenart zu gehören, beides nicht voneinander trennen zu können. Daher kommt ihr in den genannten Studien sowohl unter macht- wie unter bewußtseinstheoretischen Gesichtspunkten eine erhebliche Bedeutung zu. Sie fördert den Haß und die Bescheidenheit, den Neid und das Ressentiment, die Konformität und die Unterordnung, die Fügsamkeit und den Verzicht. Sie stellt eine leidvolle Sozialerfahrung dar, die oftmals der Kompensation bedarf, und bietet der Ausübung von Macht und Autorität eine sichere Grundlage, da Aufbegehren und Widerstand in ihr eine mentale Schranke finden.

Der Machtlose und der Unterlegene

Daß Unterlegenheit bei aller empirischer Relevanz kein Gegenstand begrifflicher Anstrengungen in der Soziologie geworden ist, liegt sicher auch daran, daß man sie umgangssprachlich wie wissenschaftlich kurzerhand mit Machtlosigkeit identifiziert, als deren Umschreibung sie oft verwandt wird. Unterlegenheit ist danach ein objektiv beschreibbarer Zustand, dessen Merkmal das geringe Ausmaß der Verfügung über Macht ist. Nun gibt es aber auch Machtlose, die sich nicht unterlegen fühlen, und es gibt Unterlegene, die nicht machtlos, d. h. *ohne* Macht sind. Eine Bevölkerung oder eine Gruppe, die von einer diktatorischen Clique mit waffenstarrender Gewalt regiert wird, mag den Herrschenden gegenüber machtlos sein, ohne sich jedoch nur im geringsten unterlegen zu fühlen. Dann richtet sich ihr ganzer ohnmächtiger Haß gerade deshalb gegen diese Clique, weil man ihr zwar überlegen, aber trotzdem machtlos ist. Umgekehrt kann auch jemand unterlegen sein, der Macht hätte, wenn er sie einsetzte, oder der Macht hat, aber »minder mächtig« (Theodor Geiger) ist. Noch jede soziale Bewegung hat versucht, durch einen Appell an die eigentliche Stärke ihrer Anhänger deren Gefühl der Unterlegenheit zu überwinden. Dabei richtet sich die Versicherung, daß man »gemeinsam stark sei«, nicht einfach auf die Machtlosigkeit der Menschen, die man mobilisieren will – würden soziale Bewegungen an die Machtlosigkeit ihrer Anhänger appellieren, wären sie sinnlos. Der Appell an die eigentliche Stärke, die es nur zu entdecken und einzusetzen gilt, hat potentielle Macht schon zur Voraussetzung, deren Entfaltung durch Unterlegenheitsgefühle beeinträchtigt wird. Unterlegenheit ist u. a. Hemmung von Macht, nicht unbedingt und ausschließlich deren Abwesenheit oder Mangel.

Für ein erstes Verständnis von Unterlegenheit kann der sprachliche Sinn des Wortes weiterhelfen. Unterlegen ist, wer »unter« einem anderen »liegt«, was Zweifaches bedeuten kann: ein Verhältnis zweier *Körper zueinander,* aber auch ein Verhältnis zweier *Personen* in bezug auf etwas *Drittes.* Das Verhältnis zweier Körper zueinander, wovon der eine die Last des anderen trägt und sich nur *gegen* ihn erheben kann, bezeichnet den *Machtaspekt* der Unterlegenheit. Ein anderer kann aber auch »über mir liegen« im Verhältnis zu etwas Drittem, sofern dieses Dritte als gemeinsamer Maßstab gilt. Dann erziele oder erlange ich von etwas mehr oder weniger als das, was ein anderer erreicht hat. Dies ist der *Wertaspekt* der Unterlegenheit. In die Position »unterlegen zu sein« gehen Resultate der Machtbildung zugleich eine Verbindung mit den Ergebnissen bestimmter Wertungen ein. In der Unterlegenheit sind Machterwerb und Normideal in jeweils defizitärer Weise miteinander verknüpft. Wenig Macht zu haben, und damit unter seinem Ideal zu bleiben, ist typisch »unterlegen«. Unterlegenheit hat immer einen Wertaspekt, der sich seinerseits nur einem evaluativen Maßstab verdanken kann. Dieser findet seinen Halt in gleich definierten Interesseninhalten, die sowohl ein Über- wie ein Unterlegener zu verwirklichen suchen. Auch gibt den Rahmen von Unterlegenheit immer nur eine soziale Beziehung ab. Dies alles unterscheidet Unterlegenheit von der Position der Machtlosigkeit, die ihr zwar am nächsten kommt, ohne jedoch mit ihr zusammenzufallen.

Unterlegenheit stellt eine asymmetrische soziale Beziehung vor dem Hintergrund gleich definierter Interesseninhalte dar. Die prototypische Situation der Unterlegenheit ist daher Kampf oder Konkurrenz. Unterlegenheit resultiert aus einem Defizit an Ressourcen, das sich mit den verfügbaren Ressourcen eines anderen vergleichen läßt: Ohne diesen Vergleich kann man zwar machtlos, doch nicht unterlegen sein. Maßstab des Vergleichs können nur jene Ressourcen eines Menschen sein, mit deren Verfügung eigene Interessen verbunden sind: Ohne diese Interessenbindung ist Unterlegenheit auf eine Person nicht attribuierbar. Schließlich geht Unterlegenheit immer mit der Zuschreibung von *Über*legenheit einher. Diese kann entweder die instrumentellen *Fähigkeiten* eines anderen oder ein anderes Subjekt *als Person* betreffen:

»Die Anerkennung einer Überlegenheit kann partiell sein, auf bestimmte Vorzüge bezogen, die als besonders wertvoll und begehrenswert gelten, etwa einer Überlegenheit des Habens oder des Könnens oder des Wissens [...] Aber nicht immer muß sich die Anerkennung von Überlegenheit auf bestimmbare Vorzüge beziehen. Die Überlegenheit des anderen kann generell erscheinen und zugleich vage, geheimnisvoll bleiben [...], eine Art ›Prestige des höheren Seins‹. Der andere *ist* schlechthin mehr – in einer Weise, die jeden Vergleich, jede Konkurrenz mit ihm ausschließt.«[6]

An diese Unterscheidungen nun kann eine nähere Betrachtung des *Wert*aspektes der Unterlegenheit anknüpfen, der sich im Gefühl zeigt. Machtlosigkeit allein ist Ohnmacht. Ohnmacht ist ohne Makel, Unterlegenheit nicht.

Das Gefühl der Unterlegenheit

Das Typische der Über- und Unterlegenheit als einer Form sozialer Beziehung ist es, Konsequenzen für das Selbstwertgefühl der Beteiligten zu haben, wobei sich der Wert- oder Unwert einer Person durch das Gefühl erschließt, das sie zu sich selbst hat. In diesem Sinne ist Unterlegenheit eine soziale Beziehung, die nur besteht, sofern sie auch gefühlt wird. Dies verbindet Unterlegenheit mit anderen sozialen Beziehungsformen, die in der Identität der Person ihren Ausgang nehmen, auch wenn sie eine ganz verschiedene Färbung haben, wie z. B. Freundschaft.

Unterlegenheit ist ein Gefühl der eigenen Schwäche oder Inkompetenz, das man zu sich selbst im Vergleich zu anderen hat. Es kann einen niemand dazu zwingen, sich unterlegen zu fühlen: Unterlegenheit ist negative *Selbst*einordnung. Aus der konstitutiven Bedeutung, die die negative Selbsteinschätzung einer Person für ihr Gefühl der Unterlegenheit hat, resultiert auch die besondere Form der Wertung, die im Unterschied zur Machtlosigkeit mit Unterlegenheit verbunden

6 Heinrich Popitz: Phänomene der Macht. Autorität – Herrschaft – Gewalt – Technik, Tübingen 1986, S. 14.

ist. Dem Satz »Ich bin da völlig machtlos« wohnt eine entschuldigende Komponente inne. Machtlosigkeit ist ein Zustand, der einer Person in den seltensten Fällen vorzuwerfen ist, weil begrenzt verfügbare Ressourcen willentlich nicht beliebig vermehrt werden können. Der Bekundung einer persönlichen Unterlegenheit dagegen wohnt eine selbstbezichtigende Komponente inne: ein personales Defizit, für das man sich selbst verantwortlich hält. Entschuldigende Bedingungen können das Ausmaß der Eigenverantwortlichkeit zwar mildern, es aber selten ganz außer Kraft setzen. »Opfer der Umstände« zu sein ist z. B. gegenüber jenen ein Merkmal von Unterlegenheit, die es vermeintlich vermochten, sich auch über diese Umstände hinwegsetzen zu können.

Im Gefühl der Unterlegenheit wird der Erfahrung von Machtlosigkeit ein bestimmter Sinn zugeschrieben, der eng mit dem verknüpft ist, was in einer Situation als erforderlich definiert ist und von mir als Norm geteilt wird. Hieraus resultiert die Nähe des Unterlegenheitsgefühls zum Gefühl der Scham.[7] Wie im Schamgefühl so wird auch in der Unterlegenheit von der Person die Geltung der Norm unterstellt, gegen die man persönlich abfällt. Durch Inferiorität beschämt zu sein ist die Deutung des ihr zugrundeliegenden Defizits als eines, für dessen Verursachung man sich selbst verantwortlich macht und dessen Geringschätzung man teilt. Das Gefühl der Unterlegenheit entsteht aus einer negativen Selbstbewertung erfahrener Machtlosigkeit, bei deren Zuschreibung es allerdings weder willkürlich noch paritätisch zugeht. Die personalen Wertmuster selbst, nach denen sich die Zuschreibungen richten, sind den Situationen als Normen schon unterlegt. Sie können nicht immer neu verhandelt werden und entspringen keinem moralischen Referendum, bei dem nur gilt, was alle oder die meisten teilen. Sie sind vielmehr in der Struktur der gesellschaftlichen Beziehungen verankert, und damit auch in der Struktur der gesellschaftlichen Hierarchie.

---

7 Vgl. Sighard Neckel: Status und Scham. Zur symbolischen Reproduktion sozialer Ungleichheit, Frankfurt/M./New York 1991.

Gesellschaftliche Voraussetzungen von Unterlegenheit

In die soziale Konstruktion von Unterlegenheitsgefühlen gehen gesellschaftliche Voraussetzungen ein, zu deren Analyse man sich eine Untersuchung zunutze machen kann, die implizit gerade die Abwesenheit von Unterlegenheitsgefühlen in Gesellschaften zu erklären sucht. Barrington Moore hat versucht, gerade jene Formen der Unterordnung zu erklären, die sich auf seiten der Beherrschten auch dann einstellen, wenn sie sich nicht unterlegen fühlen, weil sie ihren niedrigen Status als unvermeidlich, unabwendbar und gerecht akzeptieren.[8] Unterlegen fühlt sich ein Machtloser erst dann, wenn er seinen Status entsprechend interpretiert. Wird eine Machtdiskrepanz als gerechtfertigt erlebt, ohne dabei die eigene Selbstachtung zu verletzen, wird kaum einer sich unterlegen fühlen. Kluge Herrschaft weiß das Aufkommen dieser Gefühle zu verhindern. Indem sie die Herrschaftsdienste dadurch anerkennt, daß sie diesen eigene Verpflichtungen entsprechen läßt, erhalten auch minder Mächtige einen Status, der sie mit Selbstachtung versehen kann. Das Selbstwertgefühl der Beherrschten speist sich dann aus der Erfüllung der Gehorsamspflichten, sofern diese ihre Entsprechung in der Herrschaftspraxis finden.

Der Grund für die herrschaftstheoretische Vernachlässigung von Unterlegenheit in Moores Untersuchung ist erkennbar ein historischer: Soziale Ungleichheit ist in allen geschilderten geschichtlichen oder sozialen Konstellationen, aus denen Moore das theoretische Muster seiner Argumentation bezieht, entweder institutionell gesichert – wie im Kastensystem, in der Ständegesellschaft, im »semiabsolutistischen Staat« (Hans-Ulrich Wehler) des deutschen Kaiserreiches – oder aber durch nackte Gewalt sanktioniert (Konzentrationslager). Der gesellschaftliche Bezugsrahmen der Fremd- und Selbsteinschätzung sozialer Gruppen und Klassen verengt sich daher von vornherein auf gesellschaftliche Verhältnisse, in denen *die Ungleichheit selbst* der Maßstab ist, an dem die eigene Stellung bewertet wurde. Als Ungleichheitskategorie verstanden, ist Unterlegenheit hier kollektiver Status, der von vielen geteilt wird und aufgrund

---

8 Barrington Moore: Ungerechtigkeit. Die sozialen Ursachen von Unterordnung und Widerstand, Frankfurt/M. 1982.

äußerer Merkmale eindeutig zu bezeichnen ist, dadurch aber keine persönlich diskriminierende Note erhält.

Ganz anders in modernen Gesellschaften, in denen soziale Ungleichheit nicht rechtlich und politisch verbürgt, sondern faktisch und sozial verankert ist. In der ständischen Gesellschaft beruht Unterlegenheit auf ungleichen Rechten, woraus eine soziale Ungleichheit resultiert, die natürlicherweise gegeben scheint. In der bürgerlichen Gesellschaft beruht Unterlegenheit bei gleichen Rechten auf sozialer Ungleichheit, die persönlicherseits verursacht zu sein scheint. Bei anhaltender Ungleichverteilung sozialer Anerkennung für verschiedene gesellschaftliche Positionen – die sich etwa in Einkommensunterschieden ausdrückt, die durch Leistungsdifferenzen nicht zu rechtfertigen sind – öffnet sich der Bezugsrahmen von Selbstbewertungen insofern, als nunmehr für jeden idealiter auch gesellschaftliche Positionen erreichbar werden, die sich von seiner Herkunft unterscheiden, wenn er nur die jeweils erforderlichen Leistungen erbringt. Selbstbewertungen des eigenen Status können sich jetzt einerseits auf einen viel größeren Möglichkeitsraum beziehen; andererseits vereinheitlichen sich die Maßstäbe der Bewertungen von Personen, da nun nicht mehr die Einhaltung untereinander verschiedener Standespflichten, sondern die prinzipiell miteinander vergleichbare individuelle Leistungskraft zur Debatte steht. Erst mit dem Aufkommen der formalen Egalität des Leistungsprinzips als Leitnorm der modernen Gesellschaft kann sich das Problem in persönlicher Weise stellen, sich im Vergleich zu anderen unterlegen zu fühlen. Vorbürgerlichen Gesellschaften fehlte die politische und kulturelle Institutionalisierung gemeinsamer Maßstäbe, derer die soziale Konstruktion von Unterlegenheitsgefühlen bedarf. Wo soziale Konkurrenz um gleich definierte Interessen gar nicht möglich war, fehlte auch das Gefühl einer persönlich attribuierbaren Unterlegenheit.

Nun sind die Maßstäbe für den Wert einer Person sicher auch in der modernen Gesellschaft milieuspezifisch verschieden, werden persönliche Attribute, die man im eigenen Kreis stolz präsentiert, in einem anderen Kontext schamvoll verborgen. Allerdings besitzen die milieuspezifischen Attribute eine höhere oder niedrige *öffentliche* Legitimität. Sie befähigen in ganz unterschiedlichem Maße dazu, statushöhere Positionen in der Gesellschaft einzunehmen, Machtchancen oder materielle Vorteile zu erlangen. In der stillen Praxis einer selektiven Rekrutierung für statushöhere Positionen vermögen es herrschende Gruppen, die Merkmale ihrer spezifischen Lebensform und die Kompetenzen der von ihnen ausgeübten Funktionen zu gesellschaftlich verbindlichen zu erklären. Lebensformen und personale Eigenschaften, die den dominanten Klassifikationen nicht entsprechen, können dadurch als minderwertig erscheinen, was faktisch und moralisch noch dadurch unterstützt wird, daß ihnen materielle Formen der sozialen Anerkennung nicht im gleichen Maße gewährt werden.

In Klassengesellschaften bilden sich entlang der Statushierarchie jeweils entsprechende Attribute heraus, die mit einer Person verbunden sind, bzw. verbunden sein müssen. Eigenschaften, Kompetenzen und Erscheinungsweisen von Personen bekommen unterschiedliche Werte zugeschrieben, die dem gesellschaftlichen Rang entsprechen, dem sie jeweils assoziiert sind. Da diese Attribute mit einer ungleichen Verteilung von Status, Macht und Besitz ursächlich verbunden sind, können an ihnen entlang Gefühle der Über- oder Unterlegenheit sozial konstruiert werden.

Aufgrund der »unvermeidlichen Abhängigkeit der Selbsteinschätzung von den Indizien gesellschaftlichen Werts«[9] kann sich auf diese Weise eine selbstbezügliche Deutung sozialer Ungleichheit im Gesellschaftsbewußtsein festsetzen. Die Angehörigen höherer Klassen scheinen durch ihre Person, d. h. vor allem durch Bildung und eine bestimmte Form von Selbstkontrolle und persönlicher Autonomie, etwas zu verdienen, was man allein durch Arbeit nicht erwerben kann. Die größere Verfügung über »kulturelles und soziales Kapital« (Pierre Bourdieu), das den unteren Klassen formal nicht verwehrt wird, läßt die höheren Klassen als »internally more developed human beings«[10] erscheinen, denen es natürlicherweise gelang, eine anerkannte soziale Position und auch materielle Wertschätzung zu erlangen. Der Anlaß einer als beschämend empfundenen Inferiorität liegt dabei nicht darin begründet, »weniger als andere« zu haben; vielmehr wird der Mangel *selbst* als Aussage über den inneren Wert der eigenen Person interpretiert. Noch in der Verteidigung der eigenen

---

9 Pierre Bourdieu, Die feinen Unterschiede, Frankfurt/M. 1982, S. 601.
10 Richard Sennett/Jonathan Cobb: The Hidden Injuries of Class, New York 1973, S. 25.

Herkunft[11] schwingt die Scham mit, über jene ganz persönlichen Ressourcen nicht zu verfügen, die es anderen erlauben, ein Leben in größerer Selbständigkeit, mit höherem Einkommen und Prestige zu führen.

Unterlegen zu sein bezieht sich dann nicht mehr auf einzelne instrumentelle Fähigkeiten oder schlicht nur auf die »Stellung«, die man innehat, sondern auf das, was man persönlich *ist*. Hierin liegt die Ursache dafür, daß es in der modernen Gesellschaft nun »Identitätsnormen« (Erving Goffman) sind, bei deren Verfehlung man sich unterlegen fühlt. Nach ihren Maßgaben wird soziale Ungleichheit moralisch aufgeladen und zum Resultat eigener Bestrebungen oder eigenen Versagens erklärt. In den gesellschaftlichen Beziehungen unterschiedlicher Gruppen und Klassen hat dies gravierende Folgen. Da niedriger sozialer Status mit minderwertigen Identitäten assoziiert werden kann, muß dessen Zuweisung um der eigenen Selbstachtung willen verhindert werden. Einen Mechanismus dieser Art analysierte Theodor Geiger als Grund der politischen Absetzbewegung der unteren Mittelschicht von der Arbeiterschaft am Ende der Weimarer Republik. Die Angst davor, dem mit der »Note der Minderwertigkeit« versehenen Proletariat zugeordnet zu werden, führte zur Ausbreitung einer – wie Geiger schreibt – »standort-inadäquaten Ideologie«, die gerade denen gegenüber auf eine übersteigerte Distinktion Wert legte, die sozial in nächster Nähe standen. Als »Einfluß von Statusgruppen auf politische Konflikte und das Wahlverhalten« sind Absetzbewegungen dieser Art ein klassisches Thema der politischen Soziologie geworden.

Syndrome der Unterlegenheit

Wer sich nicht nur machtlos, sondern auch unterlegen fühlt, der erkennt den höheren Wert dessen, was ein anderer ist oder kann, implizit schon an. In diesem Sinne sind Über- und Unterlegenheit immer schon Phänomene einer »Autoritäts-Bindung« (Heinrich Popitz). Derjenige, der sich unterlegen fühlt, verzichtet daher typischerweise darauf, seine Macht anderen gegenüber auf die Probe zu stel-

11 Eine solche Situation schildert Giegel 1989, a.a.O., S. 173.

len, weil er den Ausgang befürchtet und die Furcht vor der Geringschätzung sein Verhalten bestimmt. Da seine Handlungen ihm selbst Produkte der Minderwertigkeit seiner Person sind, glaubt er auch fortdauernd eine persönliche Minderbewertung befürchten zu müssen. Sein Handlungsmuster ist die Vermeidung, seine Stimmung die Mutlosigkeit, sein oberstes Bestreben die Selbsterhaltung, die er auch dann gefährdet sieht, wenn es um die Behauptung der Selbstachtung geht. Obwohl der Unterlegene den Machtvergleich vermeiden will, kann er durch eigenes Verhalten nicht ausschließen, daß andere gerade auf ihm bestehen, um sich an einem Triumph zu weiden, der allein schon in der sichtbaren Feigheit des Unterlegenen bestehen kann. Die Machtstrategien der Drohung und der Schikane haben deshalb mit ihm ein leichtes Spiel. Die Drohung setzt einen anderen einem Risiko aus, das er durch Folgsamkeit noch vermeiden kann, wodurch er sich aber als unterlegen erweist. Die Schikane ist eine bevorzugte Strategie, die Unterlegenheit eines anderen ihm selbst sichtbar zu machen, um ihn damit zu beschämen, was den Machtvorteil des Überlegenen noch erhöht. Mit der Unterlegenheit verhält es sich so, wie Heinrich Popitz dies einmal am Beispiel der *Über*legenheit beschrieb:[12] Unterlegenheit hat ein Unterlegenheitsbewußtsein zur Voraussetzung, das Gefühl der Unterlegenheit bereitet unterlegene Handlungen vor.

Das Vermeidungsverhalten des Unterlegenen kann nicht verhindern, daß er sich in Abhängigkeit zu der vermeintlich überlegenen Person begibt, moralisch und materiell. Moralisch insofern, als seine Selbstachtung die Achtung durch einen anderen bedingt, der auf seine Achtung aber nicht angewiesen ist: Er liefert sich dem »überlegenen« Urteil hinsichtlich seiner eigenen Wertschätzung aus. Materiell, weil der Unterlegene seine schon beschränkten Chancen selbst noch einmal restringiert. Er umläuft Konkurrenz und strebt schließlich nur noch danach, was ihm schon zugewiesen wurde. Als »Selbstrestriktion der Interessenverfolgung«[13] ist dieses Orientierungsmuster in der neueren Soziologie der sozialen Ungleichheit häufig geschildert worden.

12 Vgl. Heinrich Popitz: Prozesse der Machtbildung, Tübingen 1968, S. 23.
13 Vgl. Hans-Joachim Giegel: Individualisierung, Selbstrestriktion und soziale Ungleichheit, in: Bernhard Giesen/Hans Haferkamp (Hrsg.): Soziologie der sozialen Ungleichheit, Opladen 1987.

Wer sich unterlegen fühlt, wird versuchen, durch Unterordnung und Wohlverhalten denjenigen günstig zu stimmen, in dessen Abhängigkeit er geraten ist. Aus Unterlegenheit entsteht so ein Hang zur Konformität, die von bloßer Regeltreue bis zur Unterwürfigkeit reichen kann. »Empfindungen verletzter Gerechtigkeit, Kränkung sozialer Ehre und Ahnungen vorenthaltenen Glücks«[14] sind dabei nicht ausgeschlossen, können Minderwertigkeitsgefühle aber auch bestärken. Dann wird die verletzte Ehre und das vorenthaltene Glück selbst zum Indiz dafür, daß man tatsächlich unterlegen *ist,* weil andernfalls die eigenen Ansprüche real doch eine höhere Geltung hätten. Derartige Erklärungen der eigenen Inferiorität hat in Analogie zu Max Webers Begriff der »Herrschaftslegende« Heinrich Popitz »Unterlegenheitslegenden«[15] genannt. In ihnen bringt sich das Bedürfnis des Unterlegenen nach Anerkennung in der Anerkennung der Herrschaftsordnung zum Ausdruck, die ihn zum Unterlegenen macht.

Unterlegenheitslegenden sind nicht das einzige Muster der subjektiven Verarbeitung einer inferioren Stellung. Eine andere Variante stellt die individuelle Umdeutung von Unter- in Überlegenheit dar – eine subjektive Konstruktionsleistung, die um so häufiger in der Gesellschaft zu beobachten ist, je stärker inferiore soziale Lagen zum Anlaß einer persönlichen Scham werden können. Um diskriminierenden Zuschreibungen persönlichen Versagens zu entgehen, bedienen sich z. B. Arbeitslose mitunter der kommunikativen Strategie, die Zwangslage, in der man sich befindet, als Ergebnis ökonomischer Rationalität und sogar besonderer individueller Schläue darzustellen.[16] Derartige Kuvrierungen treffen zwar überwiegend nicht die empirische Realität des *Handelns* von Arbeitslosen, können aber eine psychische Unterströmung bei ihnen repräsentieren, ihre tatsächlich unterlegene Lage als eine scheinbar überlegene auszugeben, um sich nicht noch selbst an ihrer Stigmatisierung als »sozial Schwache« zu beteiligen. Andere Typisierungen werden dafür in Kauf genommen, weil man sich nicht mit Charakterisierungen der eigenen Person konfrontiert sehen will, die wohl Mitleid erzeugen, aber keine Achtung verschaffen. Der Arbeitslose nicht als hilfloses, unterlegenes

14 Dubiel 1986, a.a.O., S. 45.
15 Popitz 1968, a.a.O., S. 34.
16 Vgl. Hans Georg Zilian/Johannes Moser: Der rationale Schmarotzer, in: Prokla, 19. Jg. (1989), Nr. 4, Heft 77.

Opfer, sondern als überlegener, rationaler Akteur, der mit kalter Logik seinen privaten Nutzen mehrt – diese Darstellung vermag aufgrund der mit ihr verbindbaren Zuschreibung von Stärke dem Stigma der Unterlegenheit zu entgehen und die Scham über den inferioren Status zu verdecken. Sie versucht, den Arbeitslosen als besonders »clever« erscheinen zu lassen, was immerhin noch eine heimliche Bewunderung für die amoralische Kaltschnäuzigkeit evozieren kann.

Autoritätsfixierte Dienstbereitschaft, die der eigenen Unterlegenheit eine »Legende« gibt, durch die sie erträglich wird, und performativer »Bluff«, der normativ anerkennt, wogegen er sich im Verhalten wendet, sind zwei typische Reaktionsweisen auf Inferiorität, die sich im Alltag beobachten lassen. Auf direkte oder indirekte Weise hat man in beiden Varianten an der Ordnung teil, die einen zum Unterlegenen macht. Dann ist der Boden bereitet, auf dem sich das Gefühl der Unterlegenheit mit bestimmten Einstellungsmustern verbinden kann, die Entlastung oder Abwehr von Inferioritätserfahrung bereitstellen sollen: Herrschsucht gegenüber Schwächeren, neurotische Angst vor weiterer Konkurrenz, Ressentiment gegenüber dem, der nicht dienen oder »bluffen« muß oder will. Der Unterlegene hat immer auch mit seinen nur mühsam gebremsten Aggressionen zu kämpfen. Gegen den Überlegenen kann sich über die Zeit ein Haßgefühl entwickeln, das nur auf eine günstige Gelegenheit wartet, schadlos Rache zu nehmen. Sich selbst bestraft der Unterlegene durch Autoaggressionen, die bis zur Selbstzerstörung reichen können.

Als sozialer Typus bietet sich der Unterlegene daher politischen Mobilisierungen an, in denen seine Erfahrungen auf Sündenböcke projiziert und Ermächtigungsgefühle erzeugt werden können. Der politische Autoritarismus kann bei Unterlegenen Erfolge verbuchen, weil er ihnen einen symbolischen Bezugsrahmen der Selbsteinordnung bereitstellt, der aufgrund seiner »natürlichen« Klassifikation von Über- und Unterlegenheit alle Formen sozialer Ungleichheit und gesellschaftlich vermittelter Machtlosigkeit in den Hintergrund drängt. Volk, Nation und Rasse sind die Kollektivbegriffe, die sozial Unterlegenen zum identifikatorischen Fluchtpunkt ihrer im Verborgenen selbst empfundenen Inferiorität dienen können. Volk, Nation und Rasse sind Prinzipien der Selbst- und Fremdbewertung, die auch dann noch gelten können, wenn alle anderen Prinzipien – Geld,

Wissen, Macht, Beziehungen oder Prestige – schon versagt haben. Für Unterlegene fungieren sie als ethnozentristisches Apriori sozialer Anerkennung, das um so mehr in den Vordergrund tritt, je weniger andere Quellen von Anerkennung verfügbar erscheinen. Die Teilhabe am großen, überlegenen Kollektiv des »einen Volkes« oder des einigen Nationalstaates verspricht, die Enge und Beschränktheit der einzelnen Existenz zu überschreiten, ihr einen transzendentalen Sinn zu verschaffen. Erhaben strahlt das Kollektivsymbol über die selbstempfundene Niedrigkeit der eigenen Verhältnisse hinweg, weshalb es auch gerade dann noch an Faszination gewinnen kann, wenn die eigenen Lebensumstände immer deprimierender werden.

Die Individualisierung von Unterlegenheit

Neben der Klassenteilung, mit der der politische Autoritarismus rechnen kann, tritt in modernen Gesellschaften eine weitere strukturelle Voraussetzung von Unterlegenheit hinzu: die »Individualisierung« sozialer Lagen und Bewußtseinsformen, die Freisetzung der Individuen aus den sozialen Bezügen der kapitalistischen Gesellschaft, wie sie durch soziale Klassen, Familienformen und Berufsbindungen, durch regionale und soziale Milieus bereitgestellt werden. Individualisierung bezeichnet keinen Rückgang gesellschaftlicher Steuerung des subjektiven Lebenslaufs und auch keine Einebnung sozialer Ungleichheit, sondern einen Vergesellschaftungsmodus, der direkt am Individuum selbst ansetzt. Sie konstituiert einen Zwang zu biographischen Entscheidungen, ohne den Subjekten jedoch in sozial gleicher Weise die Ressourcen zur Wahlfreiheit tatsächlich an die Hand zu geben, was nichts daran ändert, alle Ereignisse des sozialen Schicksals als Folgen individueller Entscheidungen zugerechnet zu bekommen. Individualisierung stellt wesentlich einen Zurechnungsmechanismus dar. Dieser stiftet eine eigene symbolische Realität, hinter der der einzelne nicht zurück kann.

Die Individualisierung sozialer Ungleichheit schafft strukturelle Bedingungen, unter denen sich Unterlegenheitsgefühle in der Gesellschaft nicht abbauen, sondern verschärfen. Mit der allgemeinen Marktvergesellschaftung weiten sich die konkurrenzbestimmten Lebensbereiche aus, in denen Unter- und Überlegenheit gesellschaftlich erzeugt werden können. In ihnen werden extrafunktionale Kriterien zum Statuserwerb relevant, die nicht mehr nur die instrumentellen Arbeitsfähigkeiten, sondern die *ganze Person* umfassen, an deren individuellen Attributen sich »Befähigung«, und damit auch Unterlegenheit, festmachen kann. Deutlich wird dies z. B. an der betrieblichen Rekrutierungspraxis vor allem für dispositive Arbeitsrollen, wo Biographie und Lebensstil, Familienverhältnisse und »Persönlichkeit« als Selektionskriterien dienen, die zu »Qualifikationen« umgedeutet und als »Signale« von Arbeitsorientierung und Loyalität verwandt werden.[17] Auch *askriptive* Merkmale der Person (wie Ethnie, Hautfarbe, Geschlecht, Alter, körperliche Verfassung) erhalten eine gesteigerte Bedeutung. Mit ihnen lassen sich scheinbar naturvermittelte Überlegenheiten ebensosehr konstruieren wie sozial Deklassierte auf sie zurückgreifen können, um einen letzten Vorteil gegenüber Konkurrenten zu reklamieren. Auf diese Weise gerät die Person selbst mit all ihren Talenten, Unzulänglichkeiten und privaten Merkmalen in den Strudel gesellschaftlicher Zuweisungen von Lebenschancen. Der Bezugsrahmen der Unterlegenheit – die »ganze Person« – wird dadurch geradezu institutionalisiert. Die »Verwandlung von Außenursachen in Eigenschuld«[18] wird zur Struktur der Zuschreibung sozialen Mißerfolgs, und weniger denn je durch kollektive Deutungsmuster sozialer Ungleichheit begrenzt. Dies steigert eine destruktive Selbstbezüglichkeit, in der die soziale Stellung ursächlich in die Person hineingenommen und der jeweilige Status dem eigenen Selbstbewußtsein einverleibt wird.

Je mehr das soziale Schicksal des einzelnen von den individuellen Besonderheiten der jeweiligen »Marktgängigkeit« der Person abhängt, desto stärker hat es sich gleichsam in die eigene Biographie eingeschrieben. Die Gegensätze sozialer Ungleichheit tauchen verstärkt auch als Gegensätze zwischen Lebensabschnitten innerhalb einer Biographie auf.[19] Phasen der leidlichen Etablierung im Beschäf-

---

17 Vgl. Hans-Willy Hohn/ Paul Windolf: Lebensstile als Selektionskriterien, in: Hanns-Georg Brose/ Bruno Hildenbrand (Hrsg.). Vom Ende des Individuums zur Individualität ohne Ende, Opladen 1988.

18 Ulrich Beck: Risikogesellschaft. Auf dem Weg in eine andere Moderne, Frankfurt/ M. 1986, S. 150.

19 Vgl. Peter A. Berger: Ungleichheitsphasen. Stabilität und Instabilität als Aspekte ungleicher Lebenslagen, in: Peter A. Berger/ Stefan Hradil: Lebenslagen, Lebensläufe, Lebensstile (Soziale Welt, Sonderband 7), Göttingen 1990.

tigungs- und Statussystem wechseln häufiger mit solchen ab, in denen man aus diesen Systemen herausfällt, und dies in einer Situation, wo die »Institutionalisierung des Lebenslaufs«[20] die persönliche Biographie stärker denn je mit altersspezifischen Statuserwartungen konfrontiert. Statusverlust wird zur permanent drohenden biographischen Hintergrunderfahrung, Statuskonkurrenz zum immer wieder erzwungenen Verhalten, Über- und Unterlegenheit in der sozialen Konkurrenz zur schärfer sich in das eigene Bewußtsein einschreibenden Diskrepanzerfahrung der verschiedenen Grade von Anerkennung, die man in der Gesellschaft erhalten kann. Im Verein mit der Relevanz »personenbezogener Merkmale« steigert diese Situation die Strategien der Gesellschaftsmitglieder, ihre Person in jedem Fall in der »besten Verfassung« zu erhalten, um Unterlegenheitserfahrungen zu entgehen.

Die symbolische Konstruktion defizitärer Individualität

Nicht anders ist der Kulturwandel zu verstehen, der sich in den westlichen Gesellschaften seit den 80er Jahren eingestellt hat, die Schattenseite des neuen Individualismus. Er konzentriert sich um eine folgenreiche Verwandlung des Bildes von Subjektivität, in der die *Suche nach dem »wahren, authentischen« Ich* vom *Training des funktionalen Ich* abgelöst wurde, das nichts so sehr fürchtet, wie anderen unterlegen zu sein, und sich deshalb in der persönlichen Selbstdarstellung auf die Präsentation von Souveränität konzentriert. Als Indikatoren können hier der Wandel der populären Therapieformen in der »techno-psychologischen Kultur« (Robert Castel), aber auch die anhaltende Nachfrage für esoterische Lebenshilfe- und Ratgeberliteratur dienen, die dem Ohnmachtsgefühl des einzelnen mit der Fiktion begegnet, er müsse nur sein unbegrenztes Reservoir an Kräften effektiv genug einsetzen. Der Hintergrund dieser Entwicklung ist, daß die allgemeine Erwartung an die innere »Machbarkeit« einer adäquaten Persönlichkeit eminent steigt und es gleichzeitig zur

---

20 Martin Kohli: Die Institutionalisierung des Lebenslaufs. Historische Befunde und theoretische Argumente, in: Kölner Zeitschrift für Soziologie und Sozialpsychologie, 37. Jg. (1985), Nr. 1.

Norm geworden ist, gegenüber gesellschaftlichen Zwängen jedenfalls als autonom zu erscheinen. Daß hier auch Bedeutungsüberschüsse im Spiel sind, die nicht in einer kulturellen Überhöhung sozialer Distinktionen, in der ästhetischen Unterfütterung gesellschaftlicher Konkurrenzkämpfe aufgehen, wird damit nicht bestritten. Nur geht der neue Individualismus zwangsläufig auch in die modernen Aushandlungsformen von Über- und Unterlegenheit ein.

Hinter der schönen Fassade des souveränen Individuums lauert die soziale Angst vor gesellschaftlicher Degradierung und der Unterlegenheit. Die Selbstgewißheit, in der sich der Individualismus heute manchmal aufspreizt, ist nur die Kehrseite einer tiefen Verunsicherung. Eingespannt zwischen dem konkurrenzfähigen Ideal des autonomen Individuums, das sich seiner selbst verdanken möchte, und der realen Machtlosigkeit, sein persönliches Schicksal tatsächlich in dem Maße selbst bestimmen zu können, wie es das Ideal verlangt und die Wirklichkeit gebietet, wachsen die Neurosen eines hybriden Individualitätskultes. In ihm wird als persönliches Streben zelebriert, was längst schon zum gesellschaftlichen Zwang geworden ist: *Individualität als Leistung*. Die Darstellung von Individualität ist heute geradezu gefordert, Individualität eine normative Erwartung geworden. Die Jugendsoziologie z. B. spricht von einer »neuen Anforderungslage« in jugendlichen Lebenswelten, die von einem »Imperativ der Selbstverwirklichung«[21] gesteuert wird. Die Wirksamkeit dieses kulturellen Codes läßt sich auch am anderen Ende der Skala der Lebensalter beobachten: Hier wird der Individualitätscode durch das Leitbild des »neuen Alten« repräsentiert. Im symbolischen Bezugssystem etabliert es den »aktiven Senior« als einen Akteur, der für alle Chancen und Risiken seiner Lebensführung selbst verantwortlich ist.[22] Die soziale Konstruktion einer persönlich abwertenden Unterlegenheit nimmt damit die Gestalt an, Symbol für eine Person zu sein, die es eben nicht geschafft hat, individuell zu werden. Sicher gehört es auch

---

21 Arbeitsgruppe Bielefelder Jugendforschung: Das Individualisierungs-Theorem: Bedeutung für die Vergesellschaftung von Jugendlichen, in: Wilhelm Heitmeyer/ Thomas Olk (Hrsg.): Individualisierung von Jugendlichen, Weinheim und München 1990, S. 29.

22 Vgl. Gerd Göckenjan/ Hans-Joachim von Kondratowitz: Altern – Kampf um Deutungen und um Lebensformen, in: dies. (Hrsg.): Alter und Alltag, Frankfurt/M. 1988.

weiterhin zum Signum sozialer Ungleichheit, Individualisierungs-
chancen in sozial selektiver Weise zu verteilen, sie bestimmen z. B.,
ethnisch definierten Gruppen faktisch erst gar nichts zu gewähren.
Die modernste, d. h. prospektiv realitätsmächtigste Form der Struk-
turierung sozialer Ungleichheit nimmt jedoch das Individuum selbst
zum Ausgangspunkt.

Dem individualisierten Zurechnungsmechanismus sozialer Ungleichheit entsprechen auch die Methoden der sozialen Kontrolle, die
Ungleichheit sanktionieren. Dem formalen sozialen Ausschluß von
Lebenschancen treten informelle Formen der sozialen Schließung
hinzu. Die Grenzen zwischen den sozialen Milieus haben ihre traditionelle Gestalt verloren, die Bedeutung der sozialen Grenzziehung
selbst jedoch hat dadurch eher zugenommen. Im Zuge der Enttraditionalisierung der Sozialstruktur sind gegenwärtige Muster sozialer
Ungleichheit durch subtile Statuskonkurrenzen in enger werdenden
sozialen Räumen gekennzeichnet. Während sich eine neue »Unter-
schichtung« vollzieht, überlagern sich konkurrierende Statusgruppen, die untereinander ihre Degradierung bekämpfen, sich zu behaupten versuchen, soziale Aspirationen entwickeln. Damit geht eine
Vervielfältigung wechselseitiger Schließungsprozesse bei gleichzeiti-
ger Unschärfe der klassifikatorischen Merkmale von Ungleichheit
einher, die subtiler und differenzierter geworden sind. Wo sich alte
Muster sozialer Ungleichheit zersetzt haben und neue erst dabei sind,
sich herauszubilden, also noch nicht sicher eingeordnet, klassifiziert
und interpretiert werden konnten, gewinnen die »Semantiken« sozialer Ungleichheit[23] ein stärkeres Gewicht. Dies läßt den Deutungs-
kämpfen um die soziale Definition des »wahrgenommenen Seins«
(Pierre Bourdieu) die Funktion zukommen, die Institutionalisierung
neuer Ungleichheitsmuster normativ vorzubereiten.

In der Zuweisung beschämender Unterlegenheitsgefühle erfahren
die individuellen Biographien und die sozialen Karrieren der Subjekte
ihre diesbezügliche Bewertung. »Unkonventionelle« Lebenswege
und bisher unbekannte Statuskombinationen, jähe Auf- oder Ab-
stiege, der langsame Verfall einer sozialen Stellung, die Randständigkeit und der Verlust sicher geglaubter Karrieren müssen durch sinn-

23 Vgl. Peter A. Berger: Ungleichheitssemantiken. Graduelle Unterschiede und katego-
   riale Exklusivitäten, in: Europäisches Archiv für Soziologie, 30. Jg. (1989), Nr. 1.

hafte Wirklichkeitsdeutungen hindurch. In ihnen wird die gesellschaftliche Hierarchie der sozialen Wertschätzung immer wieder aufs neue organisiert, Anerkennung und Mißachtung verteilt, Verantwortlichkeit attribuiert. Innerhalb dieser symbolischen Reproduktion sozialer Ungleichheit spielt die Zuweisung von Unterlegenheit eine wichtige Rolle. Sie versorgt die typisierende Kraft von Ungleichheitssemantiken mit moderner Bedeutung und setzt eine symbolische Klassifikation von Ungleichheit auch noch in Zeiten fort, in denen die soziale Konstruktion von Unterlegenheit – ohne hier verschwunden zu sein – von einem institutionellen Regime in die Distinktionskämpfe des Alltags individualisierter Subjekte gewandert ist.

Strategien und Gefühle

Bluffen, Täuschen und Verstellen
Bemerkungen zu einer Variante des Leistungsprinzips

Als sich das Erbe von Privilegien noch auf das Recht der Geburt berufen konnte, war manches, wenn nicht besser, so doch einfacher. Unzweideutig bestimmt war die soziale Stellung, die ein jeder innehatte, und zweifelsfrei konnte aus dem Verhaltensstil einer Person deren Stand und Herkunft erschlossen werden. Das moderne Zeitalter hat dann auch in dieser Hinsicht Verwirrung gestiftet. Nicht nur, weil es die Möglichkeit schuf, Ansehen in der Gesellschaft erst zu erwerben, sondern, mitunter viel wichtiger noch, es sich auch zu *erschleichen*. Das Bürgertum hat freilich den Sozialtyp des Hochstaplers nie recht gemocht. Zu nachhaltig hatten sich die asketischen Tugenden der innerweltlichen Pflichterfüllung auf des Bürgers Seele geschlagen, als daß der Angeber und Hochstapler darauf rechnen konnte, mehr als ein nur ungeliebtes Kind einer Epoche zu sein, die ausschließlich die Fähigkeiten und Leistungen des einzelnen honorieren wollte. In der galanten Gestalt des Heiratsschwindlers konnte derjenige, dessen Erscheinung seine Existenz überbot, zwar eine gewisse, vom Interesse an den erotischen Kunstgriffen gefärbte Zuneigung erfahren. Doch nur in der schönen Literatur wurde dem Schwindler ein Kämmerlein im Gemüt reserviert, zumal wenn er – wie meist – aus gutem Hause kam und seine Kunst auf den Salon beschränkte. Ansonsten aber galten Blendwerk und Verstellung (bei den Angehörigen der ›Großen Familien‹ und den Repräsentanten des alten Bürgertums selbstverständlich noch heute) als Prätention, die allein nur durch den bloßen Verdacht, beabsichtigt, einstudiert und daher angemaßt zu sein, an Wirksamkeit verlor.

Wenn die Zeichen nicht trügen, die heutzutage moderne Lebensstile, ganze Berufsgruppen und Geburtskohorten in den öffentlichen Räumen schon hinterlassen haben, erleben wir gerade eine bemerkenswerte Umwertung jener Strategien, deren nunmehr in die Alltagssprache eingesickerter Sammelbegriff der *Bluff* ist. Die Unvoreingenommenheit, mit der heute beispielsweise schon erzählt werden kann, wie erfolgreich man einen Dritten durch geschickt arrangierte Täuschung für sich gewonnen habe, die verbreitete Indifferenz gegenüber der Vereinnahmung von Stilen, die soziale Entgrenzung des Bluffens und der wahre Karneval der Identitäten, der in den großen Städten und in manchen Kreisen entfacht worden ist – all dies deutet darauf hin, daß die bekannteste Formel des amerikanischen Rollentheoretikers Goffman »Wir alle spielen Theater« immer häufiger nicht zur Analyse, sondern als Aufforderung genommen wird.

In den kulturwissenschaftlichen Bilanzierungen des modernen Verhaltensinventars ist – so etwa von Lionel Trilling[1] – der Sprache der persönlichen Aufrichtigkeit, die vor dem 19. Jahrhundert gesprochen wurde, jene der individuellen Authentizität entgegengestellt worden, die dann an deren Stelle getreten sei. Mittlerweile scheint sich allerdings ein weiteres Muster verbreitet zu haben, das weder der innengeleitete Sozialcharakter kannte, noch dem um authentische Selbsterfahrung bemühten Subjekt recht geheuer sein kann: die mit spielerischem Ernst ins Werk gesetzte periodische Bemächtigung wechselnder Identitäten, der Umgang mit dem persönlichen Als-ob, dessen Technik der Bluff ist. Um nicht mißverstanden zu werden: Geblufft wird selbstverständlich schon lange, auch wenn es nicht immer so genannt wurde. Bemerkenswert ist – neben einer gewissen Veralltäglichung der früheren Notlügen – nur, wie die gekonnt vollführte Täuschung und die bewußte Mimikry langsam den Makel verlieren, in ihnen drücke sich nur die Inkompetenz und Faulheit derjenigen aus, die zu wirklicher Leistung nicht befähigt seien. In dem Maße nämlich, in dem im Alltag deutlich wird, wie notwendig und dabei kräftezehrend die Arbeit an der Unterscheidung von anderen durch die Imitation Dritter doch ist, trifft das alte Verdikt gegen das Bluffen nicht mehr zu, ein *Placebo* zu sein, das sich vom Können durch den Mangel an Leistung unterscheide. Die Kunst der Verstellung ist heute vielmehr selbst zur Leistung geworden.

Wo Inszenierung zählt, wird diese auch bewertet, und der Bluffer beherrscht souverän jene Meisterschaft des Eindrucksmanagements, auf die es eben ankommt. Welch kreative Anstrengung der Bluff doch darstellt, offenbart sich erst, zerlegt man ihn in jene Elemente, deren zumindest seine eleganteren Ausführungen bedürfen. Die Accessoires

---

1 Lionel Trilling, Das Ende der Aufrichtigkeit, München 1980.

müssen sorgfältig gewählt sein, die Haltung hinlänglich erprobt, Mimik und Gestik ständig unter Kontrolle stehen, damit nicht etwa bei Bewerbung, Antrittsvorlesung oder einfach nur dem wichtigen Gespräch die zwischen der teuren Anzugshose und dem italienischen Schuhzeug hervorlugenden Farbstreifen der Tennissocke oder der plötzliche Tonwechsel der Stimme das schöne Kartenhaus des souveränen Selbst aufgrund eines leichten Touchierens nur zum Einsturz bringen.

Die durchaus veränderte Wertschätzung, die dem Bluffen gegenwärtig zuteil wird, liest man am besten an seiner Kritik ab. Die Meinung der Altvorderen, nach der für den Erfolg der Preis der Entbehrung zu entrichten sei, kennen wir noch alle. Ergänzt wurde sie in den letzten fünfzehn Jahren durch die linke Kritik, die den Bluff als gnadenlose Konkurrenzstrategie zuerst in genau jener Institution denunzierte, aus der die Kritiker ja selbst entsprangen: der Universität,[2] und hier natürlich vor allem in jenen Fakultäten, in denen »bloß gequatscht« wurde und Maulhelden daher häufig anzutreffen waren. Diese Entlarvung des Bluffs ist heute eigenartig verstummt und einer eher hermeneutischen Analyse gewichen. Zu nennen ist hier vor allem der Soziologe Pierre Bourdieu, der in dem mit Stilkunst so begüterten wie von Simulationen geplagten Frankreich bekanntlich eine Untersuchung der ›feinen Unterschiede‹ vorgelegt hat, als deren Kernstück man eine Soziologie des Bluffens begreifen kann.[3] Nicht Machtstreben allein ist es, das Bourdieu zufolge Geschmack und Kultur ihrer alteuropäischen Unschuldsvermutung beraubt. Lebenspraktisch ist es vielmehr der Drang wie der Zwang, dem Ego durch Verstellung eine Silhouette zu verpassen, die sich ins Bild der Zeit fügt und auch gut verkaufen läßt.

Den fein verästelten Diagrammen des Bourdieuschen Werkes kann man entnehmen, daß in den symbolischen Auseinandersetzungen des Alltags um jene Formen distinktiver Lebensführung, die allein soziale Vorteile versprechen, vor allem der Geschmack der Mittelschichten davon getrieben ist, die bescheidenere Realität durch ›Erscheinung‹ zu überwinden, den Mangel an ökonomischem Kapital und Beziehungen zur legitimen Kultur durch Verstellungen zu kompensieren.

2 Vgl. Wolf Wagner, Uni-Angst und Uni-Bluff, Berlin/West 1977.
3 Pierre Bourdieu, Die feinen Unterschiede, Frankfurt/M. 1982.

Im Unterschied zum alten Mittelstand, der noch durch beharrlichen Fleiß, asketische Rigidität und gefälligen Eifer – übrigens meist vergeblich – um höhere soziale Weihen buhlte, nimmt das ›neue Kleinbürgertum‹ aus den Berufssektoren der symbolischen Güter und Dienstleistungen statt des langen, steinigen Weges gleich die Abkürzung über den Boulevard, um letztlich dasselbe Ziel zu erreichen.

Dabei kommt ihm das Profil seiner Tätigkeitsfelder sehr entgegen. In den halbprofessionellen sozialen Diensten, den Medienberufen und bei der Vermarktung von Lebensstilen sind Leute gefragt, deren Darstellung als persönliche Bürgschaft für die offerierten Dienstleistungen gegenüber der Kundschaft firmieren kann. Der legitime Schwindel von Reisebüros, Sonnenbanken, Werbung, Boutiquen, Beratung und Unterhaltung kreiert förmlich einen Habitus des Bluffens und wird daher bevorzugt von jener sozialen Gruppe betrieben, die weder über die notwendigen Titel für die Ausübung der klassischen Berufe noch über die Beziehungen für eine gutsituierte Stellung verfügt, wohl aber über eine gewisse kulturelle Kompetenz, um die erwünschten Darstellungsleistungen auch erbringen zu können. Je unklarer überdies die Anforderungen sind, die derartige Jobs stellen,[4] je weniger eindeutig die Situationen definiert sind, in denen man sich später dann zu bewähren hat, desto stärker indiziert der *Outfit* die erforderlichen Qualifikationen. Das aber öffnet dem Bluffen Tür und Tor. Und jene Menschen, deren Beruf ganz Zeremonie ist, müssen sowieso mit ihrer Stellung spielen, um sie real auch zu besitzen. Jeder Kellner eines schicken Lokals weiß das.

Das Bluffen im Berufsleben – das in dem Maße gewöhnlich wird, wie die sozialen Sektoren, in denen es Bedingung ist, wachsen – fängt oft schon mit den Berufsnamen selbst an. Benennungen sind ja immer auch Akte der Absetzung und Einstufung, und so nimmt es kein Wunder, daß die Friseuse gern Stylistin genannt sein möchte, die Firmen Datentypistinnen annoncieren, wo Schreibkräfte am Computer gesucht werden und sich der Physiotherapeut noch ein wenig vom Glanz des Arztes verspricht, den er als Masseur nicht gehabt hätte.

4 Analysen zur ›Dienstleistungsarbeit‹ sprechen generell von einer zunehmenden ›Unbestimmtheit‹ der erforderlichen Leistungsprofile wie von einer verbreiteten Ungewißheit über die Art der bereitzustellenden Qualifikationen in diesen Berufssektoren; vgl. Ulrike Berger/Claus Offe, Das Rationalisierungsdilemma der Angestellten, in: Claus Offe, »*Arbeitsgesellschaft*«, Frankfurt/M./New York 1984.

In einer Gesellschaft, in der der Erwerb sozialer Positionen wieder zunehmend stärker vom Besitz wenn auch erheblich modernisierter Sekundärtugenden und extra-funktionaler Eigenschaften abhängig ist, muß der Bluff als Verhaltensmodus zwangsläufig zunehmen. Können ›Sicheres Auftreten‹, ›Flexibilität‹, ›Eigeninitiative‹ doch nicht wie Qualifikationen durch Titel nachgewiesen werden. Sie müssen als solche an der Person selbst erkennbar sein, ohne zugleich aber unmittelbar auch überprüft werden zu können. Diese Lücke im System der sozialen Statusbewertung nutzt der Bluffer. Mit Hilfe der immer schon bestehenden Diskrepanz, die zwischen dem Realen und dem Nominellen klafft, versucht er »den Zwängen einer bestimmten sozialen Lage im Spiel mit der relativen Autonomie des Symbolischen zu entkommen«.[5] Hemmungslos spielt er die heute viel breiter verfügbar gewordenen symbolischen Freiheiten des Verhaltens gegen das enger werdende Netz erlangbarer Positionen aus und kann dabei noch auf die vielstimmige Klage bauen, daß bei der allgemeinen Inflation von Titeln es doch sowieso mehr auf den ›Eindruck‹ und das Bild ankäme, das man sich von einem Menschen eben mache.

Jeder halbwegs informierte Personalchef weiß heute, daß die beigebrachten Referenzen eines Kandidaten in Zeiten mißtrauisch zu beäugen sind, in denen das eigene Abfassen von Zeugnissen ebensogut zum Volkssport geworden ist wie das Fingieren von Steuererklärungen. Er wird sich auf seine Menschenkenntnis verlassen wollen, und genau darauf hat der Bluffer nur gewartet. Zielbewußt steuert er nun darauf zu, all jene Ressourcen in Anschlag zu bringen, die ihm die allgemeine Produktion von Bildungsüberschüssen ebenso in Händen gab wie die freie Verfügbarkeit beliebiger Stilmittel, deren er sich bedienen kann, sofern er nur ein bißchen flüssig und ausreichend charakterlos ist: soziales Wissen, Outfit, Rollenspiel.

Mitunter wird sich der Bluffer sein Gegenüber selbst noch zum Komplizen machen können. Ist jener — was häufiger vorkommt — etwa mit einem zwar bestandenen, doch aussichtslosen Lehrerexamen glücklich in die höheren Etagen der Personalabteilung eines Unternehmens gerutscht, wird er im Grunde wahrscheinlich selbst von der Bedeutung genau jener Eigenschaften des ›Eindruckschindens‹ überzeugt sein, die das Verhalten seines Kandidaten steuern

5 Bourdieu, a.a.O., S. 393.

und deren er jetzt nicht gewahr werden soll. Einmal davon abgesehen, daß jeder bluffende Stellenbewerber auch auf das Prinzip der Unwahrscheinlichkeit reagiert, das heute die Anforderungsprofile der Stellenanzeigen durchherrscht, so zeigt die augenzwinkernde Übereinkunft der Bluffpartner darüber hinaus, daß sich hierzulande in durchaus auch wohltuender Weise ein Glauben zersetzt hat, von dem bisher noch jede Amts- und Geschäftsgewalt zehrte: Daß sich nämlich soziale Ränge den Fähigkeiten und Verdiensten ihrer Träger verdanken, es also Leistungen sind, die Positionen zuweisen. Ganze Sektoren der Gesellschaft gelten im aktuellen common sense doch als Drückebergerquartiere und Begünstigungsanstalten, und vor allem der öffentliche Dienst hat gegen das Image zu kämpfen, ein staatlich subventionierter Pausenraum zu sein. Welchem Minister gereicht seine erwiesene Unfähigkeit denn weiter als zum nächsten Ressort?

Der Bluffer setzt hier Zeichen, indem er bisweilen auch Verhaltensstile okkupiert, die bisher nur hinlänglich ausgewiesenen Soziallagen zugebilligt wurden. In Zeiten epidemischer Mediokrität trägt er damit zur Demokratisierung des öffentlichen Lebens bei.

Wo wir schon mal bei den Spitzen der Gesellschaft sind: Neben der Politik hat sich das Bluffen natürlich in kaum einer Sphäre so fortdauernd veralltäglicht wie in der Welt der akademischen Intelligenz, in der es, gleich dem Handel mit symbolischen Gütern, vielleicht ja auch nur um den Vertrieb von Illusionen geht. So müssen sich etwa an amerikanischen Universitäten Gastwissenschaftler weniger durch Vorträge bewähren, als vielmehr durch die erlittene Zumutung, über Tage hinweg durch die Parties der besseren Gesellschaft geschleift zu werden, auf denen dann die intellektuelle Leistungskraft der harten Prüfung des Mitredenkönnens unterzogen wird. Wer da seine Semantik nicht früh und reichhaltig genug mit den Epitheta des Scheinwissens munitioniert hat und über einen Partyservice origineller Einfälle verfügt, ist schon verloren, bevor er auch nur einen einzigen Gedanken geäußert hat. Daß Handbücher, Theorielexika und ›Abstractverzeichnisse‹ bei Verlagen und Bibliotheken auf große Nachfrage stoßen, wen wundert's. Und muß denn alles gleich verdächtig sein, nur weil es einfach zu haben ist?

Die alte Gefahr des Bluffs lag in der steten Demütigung, die im Falle seines Mißlingens demjenigen winkte, der ihn nur unvollkommen beherrschte. Derartige Pein nimmt ab, wo die gekonnte Fiktion das

Maß an Aufmerksamkeit erreicht, das kürzlich noch der Selbstentblößung zukam und der schlechte Bluffer mehr als ›eingeschränkt geschäftsfähig‹ denn unmoralisch gilt. Andere Gefährdungen allerdings sind nachgewachsen. Der Preis des Bluffens liegt heute in der Potenzierung eines Risikos, mit dem per se schon jedes Handeln behaftet ist: dem Risiko der doppelten Kontingenz. So wie ich selbst in gewissen Grenzen frei bin, mein Verhalten zu variieren, so der andere, auf den hin ich den Bluff organisiere, eben auch. Nicht allein Erwartungen sind es, die mein Verhalten steuern, sondern Erwartungen von Erwartungen, und wie ich den andern täusche, so kann ich mich täuschen lassen. Im Bluff übernimmt man auf kalkulierte Weise die Perspektive des anderen und riskiert damit natürlich auch deren Unzuverlässigkeit. Wer garantiert mir schon, daß der andere nicht selbst blufft?

Der größte Feind des Bluffers ist daher nicht der Skeptiker, sondern das Bluffen der anderen. Denn verstellt sich derjenige, um dessen Aufmerksamkeit und Fürsprache man eben noch gebuhlt hat, selbst, um seinerseits dem bluffenden Kontrahenten die eigene Bedeutsamkeit zu demonstrieren, so heben sich beide Strategien in der Wirkung auf. Darin liegt vielleicht der Grund, warum eine Gruppe wie etwa die urbanen Freiberufler ständig eine Unzahl Kontakte in Fluß halten muß, damit nur einer zum Erfolg führt. Bei diesen gezwungenermaßen ständig umeinanderher wieselnden Leuten vollzieht sich eines der Marxschen Zirkulationsgesetze auf ungeahntem Terrain: Die Umschlagsgeschwindigkeit der Kontakte muß beschleunigt werden, damit sich das eingesetzte Sozialkapital noch realisieren kann. Oder neoklassisch formuliert, der Grenznutzen der eingebrachten Persönlichkeitsressourcen nimmt ab, weil es eines immer größeren Erscheinungsaufwandes bedarf, um allein nur den gleichen Ertrag zu erzielen. Wer gut blufft, spart also noch dabei. Allerdings nur solange, wie er nicht ständig überboten wird. Und hier schlägt die alte häßliche Klassenlinie wieder voll zu Buche – nur nicht nach Maßgabe des Anbietens, sondern des Überbietens am Markt, zu dem auf Dauer nicht jeder gleichermaßen fähig bleibt. Im Bluff selbst nämlich kehrt zurück, was durch ihn doch vergessen gemacht werden sollte: die ungleiche Verteilung materieller und symbolischer Güter.

Es ist also an der Zeit, den Bluffer zu rehabilitieren. Von Leistungsschwäche kann keine Rede sein. Der Bluffer weiß: ›Erwartungen wollen nicht nur erfüllt oder enttäuscht sein, das eigene Verhalten muß in der Bedeutung für fremdes Erwarten auch zuverlässig eingeschätzt werden. Der Bluffer kennt daher genauestens die habituellen Sets, die Redeweisen, Erkennungszeichen, Attribute und Attitüden derjenigen sozialen Kreise, in die er einzudringen trachtet. Ohne breit gestreutes Wissen, geradezu handwerkliches Können und eine beachtliche soziale Kompetenz läuft da gar nichts. Von feindlichen Brüdern an den symbolischen Klassenfronten umstellt, glaubt kaum einer sonst noch so innig daran, daß Leistung sich auch lohnen müsse. Oder sollte ich (mich) täuschen?

Neid – Ein Gefangenendilemma

Jede/r hat so seine Haßfiguren, die persönlich abgelehnt, deren Eigenschaften, Besitz oder Erfolg aber heimlich begehrt werden: die dumme Blonde, die immer gewinnt, der blöde Yuppie, der sich alles leisten kann, der Aufschneider, auf den jeder reinfällt. Wir können den Beneideten hassen, wir können ihn aber auch lieben: Dann sind wir zumeist zu jeder Unterwerfung bereit. Im Grunde genommen jedoch läßt den Neidischen die Person kalt. Es ist der Wertbesitz des anderen, den man begehrt, und den man dem *eigenen* Ich gerne hinzufügen würde. Nur kriegt man's nicht, weil es ja schon der andere hat – so jedenfalls der Neidische. Stillschweigend bewundert man, was lauthals abgelehnt wird, »neidlose« Anerkennung oder scheinbar nur Gleichgültigkeit hinterläßt. Doch knapp unter der Oberfläche des dargestellten Selbst frißt sich das Gefühl, zu kurz gekommen zu sein, immer tiefer in die eigene Seele, bis jener Zustand erreicht ist, den die Philosophie veranlaßte, vor dem Neid als einer Methode der moralischen Selbstvergiftung zu warnen.

Wer neidisch ist, der ist der Egoist, der über den Egoismus der anderen ausrasten kann. Er will teilen, weil er nehmen möchte und nehmen, um zu haben. Er ist moralisch, um besser strategisch zu sein, er will nicht nur gut, er will auch glücklich sein – was ja nicht verwerflich ist. Neid ist sicher ein moralisches Problem – im folgenden wollen wir das erst einmal vergessen. Denn Neid wirft auch strategische Probleme auf, und wenn die sich moralisch lösen lassen, um so besser – für die Strategie und für uns alle. Eine Moral, von der keiner was hat, ist bestenfalls unrealistisch. Eine Strategie, die nur Nachteile bringt, ist einfach dumm. Wie also ist es mit dem strategischen Nutzen des Neids bestellt? Im Neid begehrt man ja den Vorteil, den ein anderer in irgendeiner Hinsicht mir gegenüber hat oder wahrnehmen kann. Aber ist es selbst überhaupt vorteilhaft, neidisch zu sein?

Theorie der Vorteilsnahme

Unter den wissenschaftlichen Betrachtungsweisen, die den eigennützigen Vorteil von Personen zum Dreh- und Angelpunkt systematischer Aussagen machen, gehören die spieltheoretischen Varianten der Theorien rationaler Wahl. Sie modellieren Handeln grundsätzlich als Entscheidung, was logischerweise die Annahme zur Voraussetzung hat, daß jedem Akteur immer verschiedene Optionen offenstehen, zwischen denen er wählen kann. Die Spieltheorie fragt nun danach, wie derartige Wahlhandlungen im Sinne einer höheren Rationalität zu optimieren sind, wobei als Maßstab rationalen Handelns eben die erfolgreiche Verwirklichung eigener Interessen gilt. Rationale Strategien jedoch, den eigenen Vorteil zu mehren, sehen sich oft genug einem Dilemma konfrontiert: Was für mich am günstigsten ist, hängt nicht zuletzt davon ab, wie sich andere verhalten werden, deren Entscheidungen ich aber nicht vorhersehen kann. Ich handele aufgrund von Erwartungen über das Handeln anderer, deren Motivationen ich nicht genau kenne. In der Folge kann individuelles Handeln für mich wie andere zu einem suboptimalen Ergebnis führen. Statt der allgemeinen Wohlfahrt, die sich der Utilitarismus von der jeweils egoistischen Interessenverfolgung versprach, entsteht ein kollektives Desaster. Dieses Problem der doppelten Kontingenz von Entscheidungssituationen haben Spieltheoretiker verschiedentlich zu prekären Situationen ausgearbeitet, in denen die Fallstricke rationalen Handelns entwirrt werden. Der berühmteste Fall einer solchen prekären Situation ist das Gefangenendilemma[1]:

Zwei Leute werden verhaftet, ihnen wird vorgeworfen, gemeinsam ein Verbrechen begangen zu haben. Wenn A aussagt und B schweigt, wird A als Kronzeuge freigelassen, B muß für zehn Jahre hinter Gitter. Geben beide das Verbrechen zu, müssen sie jeweils sechs Jahre abbüßen; schweigen sie, kann ihnen die Straftat nicht nachgewiesen werden und sie wandern aufgrund geringfügiger Anschuldigungen nur für jeweils ein Jahr in den Knast. Aus der Sicht jedes einzelnen Akteurs stellt sich die Aussage als die eigennützig vorteilhafteste Strategie dar: Wenn A aussagt, bekommt B zehn Jahre, auch

---

1 Vgl. Duncan R. Luce/ Howard Raiffa: Games and Decisions, New York 1957; Anatol Rapoport/ Albert M. Chammah: Prisoner's Dilemma, Ann Arbor 1965.

wenn er schweigt, aber nur sechs, wenn er ebenfalls auspackt. Wenn B schweigt, kann A dies auch tun und kommt mit einem Jahr davon; redet er jedoch, fährt B für zehn Jahre ein, und A erfreut sich sofort der Freiheit.

Das Gefangenendilemma illustriert die Schwierigkeit eines rationalen Handelns, das isoliert verläuft. Kooperation (Schweigen) erzielt für beide gemeinsam den größten Nutzen, obwohl es für jeden einzelnen zunächst am vorteilhaftesten ist, nicht zu kooperieren (auszusagen). Wenn allerdings beide dies tun, erzielen sie jeweils ein Ergebnis, das weit ungünstiger ist als das, was sich bei einer gemeinsamen Kooperation eingestellt hätte. Hinzu kommen noch die subjektiven Turbulenzen, die strategisch verhängnisvoll sein können, weil sie künftige Kooperationen verhindern: Haß auf den, der mich verraten hat, um seine eigene Haut zu retten; Neid über die Kaltschnäuzigkeit, mit der der andere gelogen oder den Mut, mit dem er standgehalten und geschwiegen hat.

Der Situationstyp des Gefangenendilemmas ist weit verbreitet, jede Interaktion zwischen Personen, Gruppen, Organisationen und politischen Systemen kann seine Züge tragen: Soll ich einem Freund zu einem Vorteil verhelfen, der sich seinerseits nie gefällig zeigt, und damit riskieren, als leichtgläubiges Opfer permanent ausgebeutet zu werden? Wie kann ich jemanden zur Kooperation zwingen, der seinerseits unwillig ist? Steigert Vergeltung nur die Versuchung des Interaktionspartners, im Gegenzug ebenfalls die Muskeln spielen zu lassen, was die Möglichkeit gemeinsamer Vorteile vollends über den Haufen wirft? Soll ich der Versuchung widerstehen, es dem anderen einmal heimzuzahlen?

Viele Spiele, in die wir alltäglich verstrickt sind, erlauben es den Akteuren, wechselseitige Vorteile aus einer Kooperation zu ziehen, weil die jeweiligen Interessen nicht strikt entgegengesetzt sind. Selbst im Fall des Gefangenendilemmas erspart sich A noch die Rache von B zehn Jahre später, wenn er nicht der Versuchung nachgab, eine Plaudertasche zu sein, obwohl doch B geschwiegen hatte. Die kalte Logik der Spieltheorie kennt nur zwei Optionen, den absoluten Egoismus schadlos zu überstehen: den anderen Spieler beseitigen oder die Interaktion für immer zu verlassen. Wenn beides nicht möglich ist, muß man sich schon zu etwas freundlicheren Strategien bequemen – mit der Gefahr, der Depp zu sein, den andere über den Tisch ziehen.

Der darauf folgende Neid über den Vorteil, den andere im Unterschied zu mir genießen, kann nun wiederum Vergeltung motivieren, was jeder Kooperation den Boden entzieht. Wenn Hobbes nicht recht gehabt haben sollte, mußte man sich etwas einfallen lassen: freundlich, aber nicht naiv, provozierbar, aber nicht rachsüchtig, eigennützig, aber nicht neidisch zu sein. Eine intelligente Strategie war gefragt und der Psychologe Anatol Rapoport aus Toronto hat sie gefunden: »tit for tat«.

Die Strategie des sanften Egoismus

»Tit for tat« (»Gleiches mit Gleichem«) ist der Name eines Computerprogramms, das Rapoport für ein Turnier zur Lösung des Gefangenendilemmas eingesandt hatte. Unter allen Strategien, die der Initiator dieses Turniers, der amerikanische Politologe Robert Axelrod, gegeneinander antreten ließ, war »tit for tat« zugleich die einfachste und die erfolgreichste.[2] Kein anderes Vorgehen war in der Lage, in stabiler Weise und auf lange Sicht allen Teilnehmern einen Nutzen zu erlauben, der nicht einmalig war; dabei wurde für jeden einzelnen Akteur eine hohe Auszahlung (»pay off«) gerade dadurch sichergestellt, daß anderen Akteuren ihrerseits das Nutzenmaximum gewährt wurde, das für beide möglich war. Das Spielmodell des Gefangenendilemmas sieht – wir erinnern uns an die Haftstrafen – folgende Auszahlungen vor: Den größten, allerdings einmaligen Nutzen erzielt ein Egoismus, der auf ein Kooperationsangebot folgt – dann sackt man ein, was der andere gewährte, ohne etwas zurückzugeben (0/5). Folgt daraufhin die Rache, nunmehr selbst egoistisch zu sein, sinkt die Auszahlung auf eine geringe Menge ab (1/1), weshalb ein wechselseitiger Vorteil aus der Interaktion zukünftig nicht mehr zu erzielen ist. Ganz anders im Fall beidseitiger Kooperation (3/3), die beiden zwar im singulären Vollzug weniger bringt als jedem einzelnen ein einmaliger Egoismus – aber erheblich mehr als die Strategie des jederzeitigen Vorteils, wenn sie von zwei Spielern gleichzeitig verfolgt wird. Außerdem beginnt nun Kooperation attraktiv zu werden, was über die Zeit zu einer Auszahlungsmenge führt, die nackter Egoismus nie erreichen würde.

2 Vgl. Robert Axelrod: Die Evolution der Kooperation, München 1988.

In der Interaktion mit einem anderen Spieler beginnt »tit for tat« mit einem großzügigen Angebot, das zugleich ein (begrenztes) Risiko darstellt: man kooperiert. In jedem weiteren Zug verhält man sich genauso wie der Gegenspieler. Ihm ist damit die Last aller weiteren Entscheidungen aufgebürdet, nachdem man sich selbst nur einmal, nämlich am Beginn, entschieden hat und dann ausschließlich der Handlungsweise seines Spielpartners folgt. Antwortet B also auf den freundlichen Eröffnungsakt einer Kooperation von A mit einem egoistischen Akt, der das Kooperationsangebot ausschlägt (»Defektion«), defektiert »tit for tat« selbst, um B dafür zu bestrafen, der Versuchung zu einem kurzfristigen und einmaligen Vorteil nachgegeben zu haben. Nun ist B wieder am Zuge, der sich überlegen darf, ob er durch abermalige Defektion nur wieder einen clash auslöst, von dem keiner einen Nutzen hat, oder aber seinerseits es mit Kooperation versucht, die A ihm freundlich-kooperativ erwidert – solange, nota bene, B nicht wieder der Hafer sticht, was »tit for tat« sofort und unnachsichtig ahndet.

Die Überlegenheit von »tit for tat« gegenüber konkurrierenden Strategien beruht auf dem Verzicht, den Gegenspieler besiegen zu wollen. Statt dessen wird durch eigenes Verhalten dem Gegner ein Anreiz gegeben, im wohlverstandenen Selbstinteresse beiden Akteuren ein gutes Abschneiden zu ermöglichen. Sofern ein Spiel nicht nur einmal stattfindet – was immer zur Maßlosigkeit verführt –, wird jeder Akteur dazu angehalten, den kurzfristigen individuellen Vorteil der Ausbeutung der Kooperationsbereitschaft des Partners gegen die längerfristigen Nachteile der eigenen Kooperationsunwilligkeit abwägen zu müssen. »Tit for tat« ist die Strategie des sanften Egoismus, politisch gesehen das Ideal des wohlfahrtsstaatlichen Kapitalismus: Sozialpartnerschaft. Ich gebe ein Zeichen guten Willens und solange sich der andere kooperativ zeigt, werde ich unnötige Konflikte meiden und meine eigenen Leidenschaften zügeln. »Tit for tat« ist auch die Strategie des guten Pädagogen: Stets sorge ich dafür, dem anderen mein Verhalten zu erklären, damit mangelnde oder widersprüchliche Information kein Mißtrauen sät. Zur guten Pädagogik gehört auch der Liebesentzug, und so bleibe ich provozierbar, wenn der Gegenspieler meint, den Pfad der Tugend einmal verlassen zu dürfen. Stets jedoch bin ich vom Prinzip der Gegenseitigkeit geleitet, wohlwissend, daß der Erfolg des einen praktisch die Voraussetzung für den Erfolg des anderen ist. Deshalb kehre ich immer wieder zur Kooperation zurück, wenn der andere dies anbietet. Allerdings ist diese vernünftige Regel mit einer starken Zumutung verbunden: Die günstigste Auszahlung nämlich erhält man, wenn man durch eigenes Verhalten den anderen zur Kooperation ermuntert und sich zu diesem Zweck auch dann noch an den *eigenen* »pay offs« orientiert, wenn die des anderen geringfügig darüber liegen. »Tit for tat« setzt die Bereitschaft voraus, niemals mehr als der Gegenspieler erreichen zu wollen, sondern höchstens das gleiche, und mitunter auch mit geringfügig weniger zufrieden zu sein – solange die eigene Kasse stimmt. Den intersubjektiven Vergleich zweier Spielpartner hat Stratege Rapoport daher ins Reich der Leidenschaft verbannt – verständlich, aber unvernünftig. Hier regiert der Neid und der schlägt voll ins utilitaristische Kontor.

Die Realisierung von »tit for tat« setzt voraus, daß die Akteure ein Handlungsprogramm verfolgen, das regelmäßig auch die Duldung von Nachteilen einschließt. Man muß zu strategischen Investitionen bereit sein, auch wenn einem durch den Verzicht auf günstige Gelegenheiten Gewinne entgehen, ja selbst dann, wenn man einmal gehörig draufgezahlt hat. Wer eine Defektion nicht verwinden kann und öfter mal gern eine kleine Schikane loswerden möchte, der kann seinen späteren Nutzen gleich vergessen. »Tit for tat« ist zwar konsequent in der sofortigen Sanktion eines unkooperativen Aktes, aber nachsichtig und gutmütig, was die offene Zukunft betrifft. Der kluge Spieler kündigt die Kooperation daher nicht als erster und schlägt auch dann die Chance aus, den anderen durch Egoismus auszubeuten, wenn dieser das zuvor mit *ihm* angestellt hat. Richtig verstandener Eigennutz bedarf der Fähigkeit zur Selbstkontrolle, sich durch Stimmungen nicht aus der rationalen Bahn werfen zu lassen, er bedarf der Selbstverpflichtung, aus der Menge realisierbarer Handlungen diejenigen in jedem Fall auszuschließen, die der gewählten Strategie prinzipiell zuwiderlaufen.[3] Neid jedoch steigert die Verführung durch günstige Gelegenheiten und gefährdet so den strategischen Erfolg – weshalb die Spieltheorie an den rationalen Egoisten immer wieder appelliert: »Sei nicht neidisch!«[4].

3 Vgl. Jon Elster: Subversion der Rationalität, Frankfurt/M., New York 1987, S. 132ff., S. 216f.
4 Vgl. Axelrod, a.a.O., S. 99ff.

Ökonomie des Neids

Im Neid begibt man sich selbst in ein Gefangenendilemma, obwohl man doch gar nichts verbrochen hat. Man macht in der Selbsteinschätzung den Wert seiner eigenen Auszahlungen von den Auszahlungen eines anderen abhängig, dessen »pay offs« als Maßstab des eigenen Nutzens dienen. Wenn in der Konsequenz das Neidgefühl darauf hinausläuft, den Vorteil eines anderen zu zerstören oder zu begrenzen, hat dieser keine Veranlassung mehr, mir selbst einen Vorteil zu gewähren. Bestrafung folgt auf Egoismus, Rache auf Vergeltung. Die erfolgreichste Strategie, das Gefangenendilemma zu handhaben, bricht daraufhin zusammen. Besser wäre es gewesen, nicht den Vergleich zu den Auszahlungen des anderen zu suchen, sondern vielmehr zu fragen, ob eine andere Strategie als die der freundlich-provozierbaren Kooperation für einen selbst denn ein besseres Ergebnis zeitigen würde. Solange man selbst ein optimales Ergebnis erzielt, kann einen der kleine Vorteil des anderen kalt lassen. Es sei denn, das strategische Ziel einer Kooperation besteht nicht darin, größtmöglich von ihr zu profitieren, sondern den anderen Spieler über kurz oder lang zu vernichten. Das aber ist kostspielig, gefährlich und meist auch gar nicht zu erreichen. In der Mehrzahl der Fälle kann man sich Neid also sparen.

Zu dieser Ökonomie in der Haushaltsführung der eigenen Psyche fähig zu sein, ist scheinbar schwer erträglich. Robert Axelrod selbst hat berichtet, daß seine diesbezüglichen Anleitungen einfach nicht funktionieren wollten, als er seine Studenten einige Dutzend Mal das Gefangenendilemma durchspielen ließ. Das liegt zum einen daran, daß die Erträge des Gegenspielers immer den greifbarsten Vergleichsmaßstab des eigenen Erfolgs darstellen. Selbstreferenz ist nicht gefragt, auch wenn die Systemtheorien immer das Gegenteil behaupten. Zum anderen gibt es für Neid eine eigene psychische Nachfrage. Neid, sagt Max Scheler, ist eine Täuschung.[5] Der Neidische macht sich selbst etwas vor. Was faktisch eigene Ohnmacht oder – spieltheoretisch – Konsequenz der prekären Anordnung einer Situation ist, schreibt er der Wirksamkeit einer fremden vorsätzlichen Strategie

---

5 Max Scheler: Das Ressentiment im Aufbau der Moralen, in: ders.: Gesammelte Werke, Bd. 3, Bern 1972, S. 44 ff.

gegen sein eigenes Streben zu – »retrograde Kausalitätsannahme« hat dies die Spieltheorie genannt. Für den Neidischen ist die ganze Welt ein Nullsummenspiel: Was der eine hat, muß dem anderen deshalb fehlen. Neidisch bin ich ja nicht allein, weil ich begehre, was ein anderer besitzt, sondern weil ich der Überzeugung bin, daß des anderen Besitz mich selbst von diesem ausschließt. Das Gefangenendilemma als eine typische Situation wechselseitiger Abhängigkeit muß aber nicht zwangsläufig in ein Nullsummenspiel münden. Man darf Kampf und Konkurrenz nicht verwechseln, Schach nicht mit Monopoly. Der rationale Egoist hat sich so zu verhalten, »als ob kein Gegner, sondern nur das Ziel auf der Welt wäre«, wie schon Georg Simmel wußte, der die Wertverwirklichung als Motiv der Konkurrenz fein unterschied vom Ziel des Sieges, das dem Kampf unterlegt ist.[6] Neid macht diese Unterscheidung zunichte. Er erschwert die Gewinnung von Strategiefähigkeit und verletzt damit ein zentrales subjektives Gebot rationaler Strategien: sich gegen Selbsttäuschungen zu sichern.

Jeder, der kompetitiv ist, tut also gut daran, nicht neidisch zu sein. Der beste Egoist trägt auch altruistische Züge. Gerade diejenigen, die von den Bewußtseinsinhalten geprägt sind, die dem Neid zugrunde liegen, sollten Neid vermeiden, weil sie sonst gerade jenen eigenen Interessen zuwiderhandeln, deren wirkliche oder vermeintliche Mißachtung sie neidisch werden läßt. Die Norm der Reziprozität erweist sich einmal mehr als eine Handlungsregel, die einfach nicht zu schlagen ist – praktisch richtig und gut für unser Gewissen. Mit anderen Worten: Aus strategischen Gründen auf den Neid zu verzichten, dabei springt sogar moralisch noch etwas heraus.

Eine Voraussetzung des aufgeklärten Egoismus ist allerdings, daß sich im Gefangenendilemma die relative Stärke der wechselseitigen Abhängigkeit im Gleichgewicht befindet und die Erträge einer Kooperation auf *beiden* Seiten deren Kosten, d. h. den Verzicht auf kurzfristige Vorteile, merklich übersteigen. Das Verhältnis von Einsatz und Belohnung zweier Akteure muß proportional ausgeglichen sein, auch wenn die »pay offs« nicht immer identisch sind. Sonst rührt sich das Gefühl, am Ende nicht das erhalten zu haben, worauf man durch

6 Vgl. Georg Simmel: Soziologie der Konkurrenz, in: ders.: Schriften zur Soziologie, hrsg. von H.-J. Dahme und O. Rammstedt, Frankfurt/M. 1983, S. 175 f.

Kooperation zuvor Ansprüche erworben hat. Wo die soziale Wirklichkeit tatsächlich nach den Regeln eines Nullsummenspiels organisiert ist, fehlt die Bedingung, sich blanken Eigennutz zu versagen. Dies tut man nur, damit auch andere darauf verzichten, die aufgrund ihrer eigenen Stärke dazu vielleicht keine Veranlassung haben. Mancher kann den Gegenspieler lange warten lassen, bis er eine Kooperation wieder aufnimmt, und sich inzwischen am nackten Egoismus delektieren. Andere können dadurch auf den Gedanken kommen, daß künftige Kooperation nicht lohnt. »Rationalität ist eine Funktion der verfügbaren Evidenz«[7] – weshalb man sich ausrechnen kann, warum viele in unserer Gesellschaft sich bei Gelegenheit schadlos halten.

Moral beruht nicht auf bloßem Pflichtgefühl, schon gar nicht in modernen Zeiten. Die subjektive Einschränkung des Eigeninteresses will seine Entsprechung in dem Verhalten anderer haben. Spielbedingungen, die einen einmaligen Vorteil mehr als wiederholte Kooperation gratifizieren, schon zu Beginn die Chancengleichheit verletzen oder über die Zeit einseitig hohe Erträge fördern, sind daher wenig geeignet, einen verträglichen Egoismus zu stiften. »Die Gerechtigkeitsforderung« – so Freud – »ist eine Verarbeitung des Neids, (sie) gibt die Bedingung an, unter der man ihn fahren lassen kann.«[8] Wenn der Zins nicht stimmt, den eine freundliche Kooperation erbringt, ist es auch mit der moralischen Hygiene vorbei. Dann nämlich hätte man wieder Grund, neidisch zu sein.

7 Helmut Wiesenthal: Rational Choice, in: Zeitschrift für Soziologie, 16. Jg. (1987), Nr. 6, S. 445.
8 Sigmund Freud: Neue Folge der Vorlesungen zur Einführung in die Psychoanalyse, in: ders.: Gesammelte Werke, Bd. 15, Frankfurt/M. 1976, S. 144.

Achtungsverlust und Scham
Die soziale Gestalt eines existentiellen Gefühls

Die wissenschaftliche Sprache stellt uns weder ausreichende Plastizität noch Differenziertheit bereit, den Bedeutungsgehalt der erlebten Wirklichkeit einer Person in Umfang und Tiefe auszudrücken. Für manche Schicht des menschlichen Erlebnisstroms gilt das für Sprache im allgemeinen. Die Welt der Gefühle gehört zu jenen Sphären unserer Existenz, die uns so nah sind, daß Trennung durch Verbalisierung kaum möglich erscheint. Daher äußern sich Gefühle auch anders, als Weinen, Lachen, Nervosität, durch Blässe, Herzklopfen, Schweiß oder Erröten. Scham ist eine der bedrängendsten Erfahrungen, die wir mit uns selbst machen können. Die Sprache flüchtet sich in ausgreifende Metaphern, um ihren existentiellen Kern einzufangen. Scham weckt in uns den Wunsch, in den Boden zu versinken, aus der Welt zu flüchten, augenblicklich nicht mehr da zu sein. Scham ist ein heißes Gefühl, sie ist rot, ein Signal. Sie wühlt uns innerlich auf, weil sie uns nach außen hin sichtbar und durchlässig macht. Scham ist wie eine Wunde am Selbst. Die gelungensten Seiten der Literatur können uns manchmal Bilder anbieten, in denen wir Gefühle repräsentiert finden, die uns sprachlich schwer zugänglich sind. Was Fjodor M. Dostojewski über die seelischen Qualen des »armen Beamten« in den Schreibstuben des zaristischen Rußlands, was Virginia Woolf über das Gefühl der grausamen Lächerlichkeit einer mißlungenen Darstellungsweise, Stefan Zweig über die Angst vor der Entdeckung einer verborgenen Strebung des Selbst oder Franz Kafka über die Scham zum Vater mitzuteilen vermögen, sind Verdichtungen einer kollektiv geteilten Erfahrung, die jeden einzelnen mit Stummheit schlägt. Wissenschaft ist hier nur ein armseliges Kondensat, das den vollen Inhalt des Erlebens in dürre Begriffe überführt und dabei weder die Genauigkeit der inneren Pein von Scham trifft noch die metaphysische Unabgeschlossenheit, die diesem Gefühl des augenblicklichen Weltverlusts eigen ist.

Der Wert der Wissenschaft vom Gefühl liegt denn auch nicht in einer narrativen Replikation des inneren Erlebens, sondern in dem Versuch, es hinsichtlich seiner Antriebe, Anlässe und symbolischen Annotationen zu systematisieren. Wo findet in seiner existentiellen Weite und Spezifität zugleich ein Gefühl wie Scham seine Mitte? Was macht die Einheit der Scham aus und worin liegt also begründet, daß wir in ihren vielfältigen Manifestationen ein Erlebnismuster erkennen können, das uns die eigene Person als wertlos oder verächtlich, als klein oder schmutzig, lächerlich oder häßlich, schäbig oder erbärmlich erfahren läßt?

Die Soziologie wäre eine hybride Wissenschaft, wenn sie hierauf Antworten zu geben versuchte, die das Gefühl jedes einzelnen einer schlüssigen Erklärung zuführen will. Wer die Grenzen einer allgemeinen Theorie nicht kennt, weiß nichts vom Leben, aber auch nichts von der Wissenschaft. Die soziologische Perspektive selbst stellt schon eine Reduktion dar. Sie will nicht den Wertinhalt der Scham erörtern und sie kann nicht darüber Auskunft geben, was Scham oder Schamlosigkeit über das Seelenleben eines einzelnen Menschen besagt; bei der Suche nach ihrer gattungsgeschichtlichen Herkunft wird sie zumindest vorsichtig in der Bildung eigener Hypothesen sein. In der Welt der Gefühle ist der Soziologe gut beraten, seine Gegenstände als »soziale Tatsachen« zu behandeln: gesellschaftlich ubiquitär, eingebettet in Normen und Interaktionen, und daher von den jeweiligen Formen der Vergesellschaftung gezeichnet. In dieser Perspektive verweist Scham auf die Eigenart jener sozialer Prozesse, die sie auslösen können, und auf die Folgen für die Interaktion, der Scham entsprungen war.

Norm und Identität

Der Restriktionen gewahr, die sich hieraus ergeben, bietet sich für die Frage nach dem sozialen Gehalt der Scham ein Weg der Beantwortung an, der zur Sphäre jener Prozesse führt, in denen wir uns wechselseitig *Bewertungen* signalisieren. Wie jede Selbstprüfung des eigenen Gefühlslebens schnell zeigt und alle sprachlichen Ausdrücke des Schämens belegen, sind Scham und Beschämung mit negativen Urteilen über die Art des eigenen Seins verknüpft, sei es, daß wir dies selbst über uns empfinden oder dazu von anderen veranlaßt werden. Scham ist ein Wertgefühl. Sie zeigt die Empfindung an, im eigenen Wertbewußtsein herabgedrückt oder bedroht zu sein. Der Wertverlust, dem wir uns in einer beschämenden Situation gewärtig sind, setzt voraus, über ein Bild von der eigenen Person zu verfügen, das uns, alles in allem, als intakt und liebenswert ausweist – Beschädigungen und Schwächen sind dabei als stilles Wissen inbegriffen. Das *Ganze* der Person, ihr innerer Wesenskern, steht zur Debatte, soll unser Selbstbewußtsein berührt werden. Sehen wir uns in diesem Selbstbild bestätigt oder können wir seine Beeinträchtigung zumindest für unwahrscheinlich halten, ist damit die subjektive Sicherheit gewährt, als die Person, die man für andere ist, unter anderen gefahrlos leben zu können.

Im Schamgefühl ist dieser subjektiven Sicherheit der Boden entzogen. Unabweisbar macht sich im eigenen Selbstbewußtsein geltend, eine Wertminderung erfahren zu haben, die die gewohnte oder erwartete Teilhabe am Leben mit anderen in Frage stellt. Scham gründet in »sozialer Angst« (Sigmund Freud), verlassen zu werden oder ausgestoßen zu sein. Maßgeblich ist hierbei die Wertung des anderen oder der Gruppe, sei sie real oder von uns in der eigenen Vorstellungswelt antizipiert. Die innere Selbstwahrnehmung, persönlich entwertet zu sein, mobilisiert alle somatischen Reaktionen, durch die das Schamgefühl zur anthropologischen Grundausstattung des Menschen gehört. Scham ist »self-feeling« und »sensation of the body«[1] zugleich, wertgeladene Emotion, die das eigene Selbst zum Thema hat, und sozialer Affekt, der der Angst entspringt, existentielle Sicherheit zu verlieren. Der Charakter der Scham, einen Instinktrest in sich zu tragen, begrenzt auch unser Vermögen, Schamgefühle zu »steuern«, sie dem Bewußtsein verfügbar zu machen. Körpernah und existenzbezogen überkommt sie uns eher, als daß sie sich ankündigen würde. Scham stellt sich ein, ist nicht verhandelbar, »Gefühlskontrolle«[2] meist nutzlos. Manchmal erfüllt einen nachträglich mit Scham, vorher beschämt worden zu sein. Dann reflektiert das Selbstbewußtsein die Verletzbarkeit der Person und führt sich vor Augen, wie fragil und durchlässig die Grenzen des eigenen Selbst doch sind.

Zwei konstitutive Bedingungen gehen in die menschliche Befähi-

---

1 Norman K. Denzin: On Understanding Emotion, San Francisco 1984.
2 Arlie Russel Hochschild: Das gekaufte Herz. Zur Kommerzialisierung der Gefühle, Frankfurt/M./New York 1990.

gung ein, sich schämen zu können. Das persönliche *Ich-Ideal*[3] versorgt uns mit Leitbildern der eigenen Person, die wir in Interaktionen gewahrt oder bestätigt sehen möchten. Im Schamgefühl fällt dieses »Sein-Für-Andere« (Jean-Paul Sartre) plötzlich in sich zusammen. Eben noch ganz meiner sicher und auch der Situation, in der ich mich befand, dementiert der beschämende Vorfall die Identität, die ich anderen in meinem Verhalten angezeigt hatte. Prätendiertes und aktuelles Ich geraten in Konflikt, eine Inkonsistenz bricht auf, durch die hindurch andere bis in die Abgründe der Person hineinsehen werden. Drei Ängste sind es, die das Subjekt in der Scham beherrschen: seine *Kohärenz* als Akteur, seine *Akzeptanz* als Mitmensch, seine *Integrität* als Person verloren zu haben. Dies sind zugleich die Bedingungen, unter denen Interaktionen persönlich sicher erscheinen. Im Augenblick der Scham fällt aller Schutz von einem ab, den der einzelne um sich herum aufbauen konnte. Er verliert an *Distanz,* weil Fremde in verborgene Zonen eindringen konnten. Er verliert an *Würde,* wenn Körper, Trieb oder Bedürftigkeit zur Besichtigung freistehen, das Subjekt zu jener »inneren Rückwendung«[4] auf sein bloß körperliches Dasein veranlaßt wurde, das der geistig-moralischen Person als minderwertiger Modus ihrer Existenz erscheint. Er verliert schließlich an *Ehre,* insofern sein prätendierter Status innerhalb einer Gruppe durch das tatsächliche Verhalten nicht mehr gedeckt ist und damit die Grundlage wechselseitiger Wertschätzung im Verhalten entfällt.

Der Anlaß einer derartigen Bloßstellung findet sich zumeist im persönlichen Verfehlen einer *Norm,* deren Einhaltung oder Erfüllung zum Inhalt des eigenen Selbstbildes gehört, wie es in die Interaktion hineinprojiziert worden ist. Scham entsteht immer dann, wenn man »einen Riß zwischen der Norm der Persönlichkeit und ihrer momen-

---

3 Das »Ich-Ideal« ist Freud zufolge die psychische Instanz, an der das Individuum »sein aktuelles Ich mißt«. Es entsteht in der frühen Kindheit und transformiert sich vom Narzißmus des Ich zu einer normativen Selbstbindung, durch die das Ich seine »Selbstachtung« sichern will. Das Ich-Ideal ist nicht mit dem »Über-Ich«, dem Gewissen, identisch. Dieses wacht vielmehr als innerer Zensor darüber, daß das aktuelle Ich dem idealen tatsächlich entspricht; vgl. Sigmund Freud: Zur Einführung des Narzißmus, in: ders.: Das Ich und das Es und andere metapsychologische Schriften, Frankfurt/M. 1978, S. 34 ff.

4 Vgl. Max Scheler: Über Scham und Schamgefühl, in: ders.: Gesammelte Werke, Band 10, Bern 1957, S. 78 ff.

tanen Verfassung«[5] erlebt oder eine Norm verletzte, der die Person im eigenen Selbstbild eigentlich folgen sollte. Das setzt Normwissen voraus und auch das Bestreben, die Norm befolgen zu wollen. Wer eine Regel nicht kennt oder wem sie zumindest gleichgültig ist, der bringt weder die kognitiven noch die moralischen Voraussetzungen auf, zur Scham über eigenes Tun befähigt zu sein. Die Scham der Kinder ist daher von Erwachsenen verschieden: Sie sind unbefangen, wo Ältere peinlich berührt sind, grausam, wo der Erwachsene Zurückhaltung übt, und gleichzeitig in Dingen empfindlich, über die ein schon gefestigter Mensch leicht hinwegsehen kann. Ihre innere Landkarte peinlicher Zonen weist andere gefährliche Stellen aus. Gleiches gilt auch für den, den nicht altersmäßige Wissensbestände und Relevanzen von anderen separieren, sondern kulturelle Differenzen, seien sie ethnisch, sozial oder womöglich geschlechtlich bedingt. Unterschiedliche Sinngebungen des Lebens qualifizieren die Episoden des Alltags und die Arten der eigenen Existenz in verschiedener Weise dazu, als beschämend empfunden zu werden. Darin geht der Geist einer historischen Zeit ein, die Zivilisationsmuster, die in ihr gelten, Selbstzwänge, die sie uns auferlegen, Idole, Stimmungen, moralische Ideale.

Die These vom »Vorrücken der Scham- und Peinlichkeitsschwellen«, die Norbert Elias[6] im wesentlichen am Material körperbezogener Selbstzwänge gewann, ist dabei längst nicht mehr unumstritten. Nicht eine evolutionäre Tendenz stetiger Zunahme von Selbstzwängen scheint das Signum der zivilisationsgeschichtlichen Entwicklung zu sein, sondern eine Verschiebung der *Schamobjekte,* an denen sich die Selbstzwänge zu bewähren haben. Zur bürgerlichen Gesellschaft hin finden sie ihren Wertinhalt immer stärker im Vorbild der souveränen Individualität, ein modernes Ideal, das den traditionellen Bezug auf den Vorrang der Gruppe langsam verdrängte.[7]

---

5 Georg Simmel: Zur Psychologie der Scham, in: ders.: Schriften zur Soziologie, hrsg. von Heinz-Jürgen Dahme und Otthein Rammstedt, Frankfurt/M. 1983, s. 142.
6 Norbert Elias: Über den Prozeß der Zivilisation. Soziogenetische und psychogenetische Untersuchungen, 2 Bde., Frankfurt/M. 1979.
7 Für eine eingehende Auseinandersetzung mit Elias' Zivilisationstheorie der Scham vgl. Sighard Neckel: Status und Scham. Zur symbolischen Reproduktion sozialer Ungleichheit, Frankfurt/M./New York 1991, S. 121 ff.

Moralische und soziale Scham

Was auch immer und in welcher Form historisch mit Scham belegt sein mag – Nacktheit oder Schmutz, Feigheit oder Ruhmsucht, Frevel oder Armut, Dummheit oder Mißerfolg –, wer sich selbst so zur Enttäuschung wird, daß er vor Scham versinken möchte, der legt dieser Empfindung implizit eine Norm zugrunde, an deren defizitärer Verwirklichung durch Scheitern oder Delinquenz sein Schamgefühl sich aufrichten kann. Nicht aber der Normbruch selbst läßt uns erröten, sondern die Vorstellung, daß andere von ihm wissen. Hier trennen sich Schuld und Scham, die beiden psychischen Wachposten der Person, die oft auch gemeinsam salutieren. »Gewissensangst« bedarf nicht unbedingt Dritter, um wirksam das Ich zu bestrafen. »Soziale Angst« rührt sich erst in der Furcht vor Entdeckung. Schuld ist das Gefühl, durch eigenes Handeln die Verletzung einer Norm verantwortet zu haben; Scham jenes, in seiner Integrität beschädigt zu sein. Schuld entsteht in der Übertretung von Verboten, Scham im Verfehlen eigener Ideale: in der Diskrepanz zwischen dem realen und dem idealen Selbstbild. Helen B. Lewis hat diese Unterscheidung auf die kurze, zutreffende Formel gebracht: »Shame is about the self; guilt is about things.«[8]

Schuld und Scham sind keine absoluten Gegensätze, oft ist beides untrennbar miteinander verbunden. Gewissensangst jedoch hat eo ipso eine moralische Qualität, die dem Schamgefühl nicht unbedingt eigen ist. Auch moralische Normenverstöße provozieren die Scham erst dann, wenn sie vom Individuum auf die Folgen der Wertungen anderer bezogen werden. Umgekehrt geht nicht jedem Schamgefühl voraus, eine verwerfliche Handlung begangen zu haben. Nicht allein dem Bösen in uns gilt die menschliche Scham, sondern auch dem Schwachen, dem Häßlichen und dem Defizitären.

Will man sich im dichten Gestrüpp von Schuld und Scham die Orientierung erleichtern, kann im heuristischen Sinn eine moralische Zone der Scham von jener unterschieden werden, die nicht anders denn als *sozial* zu bezeichnen ist. Die Griechen kannten hierfür die Begriffe »aidos« und »aischyne«. Aristoteles wollte damit das

---

8 Helen B. Lewis: Introduction: Shame – the ›Sleeper‹ in Psychopathology, in: dies. (Hrsg.): The Role of Shame in Symptom Formation, Hillsdale 1987, S. 18.

Schamgefühl, das von der »reinen Wahrheit« aufgerufen wird, von jenem getrennt wissen, das durch Vorfälle zu wecken ist, die »nach allgemeiner Auffassung anstößig«[9] sind. »Aidos« umschließt das Schamgefühl als Wert und Tugend, das ein Geheimnis bewahrt, ein Tabu sichert, somit selbst ethische Forderung ist. »Aischyne« ist demgegenüber Sanktion: Schande, Schmach und Beschämung für den, der soziale Regeln und kulturelle Normen verletzte oder sich unfähig zeigte, ihnen in Verhalten oder Erscheinung zu genügen. Moralische Scham ist inneres Gebot, soziale äußerer Zwang. Im Einzelfall mag es schwierig sein, soziale und ethische, moralische und konventionelle Anlässe und Inhalte des Schämens zu unterscheiden. Konventionen neigen dazu, moralisiert zu werden; Moral selbst ist gesellschaftlich konstruiert und ihr jeweiliger Wertinhalt von sozialen Merkmalen durchdrungen. Auch kann uns *jede* Schamäußerung innerlich dazu auffordern, nach einer moralischen Verfehlung als Ursache der Beschämung zu suchen, den Vorfall, der uns beschämte, im Licht einer persönlichen Strebung oder Handlung zu sehen, die uns moralisch vorwerfbar ist.

Die Trennung von moralischer und sozialer Scham gewährt dennoch einen Vorteil: Sie gibt den Blick auf jene Prozesse sozialer Herabsetzung frei, deren Anlässe für eine ethische Prüfung ihres moralischen Charakters nicht kandidieren, weil sie ursächlich nicht durch eine verwerfliche, böse Handlung gestiftet worden sind. Moralische Scham ist die Begleitung der Schuld und setzt Handlung, Verantwortung, Fremdschädigung voraus.[10] Sozialscham ist darauf

9 Vgl. Kurt Riezler: Comment on the Social Psychology of Shame, in: American Journal of Sociology, Vol. 48 (1943), No. 4, S. 462 f; sowie Helen Merrel Lynd: On Shame and the Search for Identity, New York 1961, S. 239.

10 Vgl. auch Agnes Heller: The Power of Shame. A Rational Perspective, London 1985, S. 4 ff, die »shame-guilt« als eine Regung des Gewissens von Scham als einem »sozialen Affekt« unterscheidet und dabei an ethnologische Untersuchungen anknüpft, die über die Trennung von »deep shame« und »shame on skin« im Bewußtsein einfacher Gesellschaften berichtet haben. Zwischen einem »moral« und einem »nonmoral stimulus of shame« unterscheidet auch Helen B. Lewis. In der hier vorgeschlagenen Trennung von moralischer und sozialer Scham werden nicht die Annahmen geteilt, die der schon älteren Unterscheidung von Scham- und Schuldkulturen in der Kulturanthropologie zugrundeliegen. Danach ermangelt dem Schamgefühl jede Internalisierung von Normen, im Unterschied zum Schuldbewußtsein, das gerade dadurch gekennzeichnet ist. Die Einwände, die hierzu von der Ethnologie bis zur neueren Psychoanalyse formuliert wurden, sind erdrückend. Sie

nicht angewiesen. Sie bezieht die »Erscheinung«, die »Fahrlässigkeit«, den *eigenen* Schaden als Anlaß von Herabsetzung und defizitärer Selbstwertung ein. Auch Sozialscham kann moralisiert, das »Versagen« und der »Defekt« zum Dokument der schlechten Person erklärt werden. Dies ist eine Deutungsvariante sozialer Scham, von der sich ihre Analyse freihalten sollte.

Anlässe sozialer Scham finden wir in den unterschiedlichsten Kontexten und Konstellationen des Lebens verborgen. Hier stellen sie eine latente Unterströmung dar, über die sich peinliches Schweigen legt, weil sie ohne eigenen Wertverlust nicht darstellungsfähig sind. In eine einfache Klassifikation gebracht, sind es Körper, Persönlichkeit und Status, die jeweils für den Bezugsrahmen sozialer Schamgefühle sorgen, der Mensch in seiner physischen *Natürlichkeit,* in seiner selbstbeanspruchten *Identität* sowie in der sozialen *Wertschätzung.* Zurückweisung, die man in seiner Leiblichkeit oder als Sexualpartner erfährt, Gewalt, die das Subjekt physisch erleidet, Kontrollverluste in Anwesenheit Dritter untergraben die Selbstsicherheit, mit der man in seinem *Körper* lebt. Lieblosigkeit, die mir von eigentlich nahen Personen entgegenschlägt, Tadel oder Spott, den ich von anderen empfange, taktlose Invasionen in die Privatsphäre oder Beleidigungen verletzen die Integrität der *Persönlichkeit* und werten mich ab. Niederlagen oder Mißerfolge in sozialer Konkurrenz, Versagen vor gesellschaftlichen Leistungs- oder Erscheinungsnormen, persönliche Diskriminierung die Gruppe betreffend, der man angehört, Entrechtung, der man ausgeliefert ist, bedrohen den *Status,* den eine Person zugebilligt bekam oder für sich unterstellt hatte.

Die besondere Last der Scham liegt allerdings darin – wie auch der Akt der Beschämung selbst –, »endlos« sein zu können, von einer zur anderen Sphäre überzutreten, sich zu überschneiden und dann zu generalisieren. Das ganze Ich scheint wertlos, von Fehlern behaftet, mit einem Makel versehen zu sein. Soweit sich eine Beschämung im Einklang mit selbst beanspruchten Normen befindet, löst sie den Mechanismus der Selbstattribution aus. Noch die Empörung, herabgesetzt worden zu sein, verdrängt nicht die zentrale Sequenz im

---

lassen sich dahingehend zusammenfassen, daß moralische Antriebe des Schämens eine Variante in der Auslösung dieser Gefühlsregung darstellen, die auch einfachen Gesellschaften nicht unbekannt ist.

Erleben, daß die Fremdwahrnehmung der eigenen Identität zur Erfahrung von sich selbst geworden ist. Indem man sich schämt, teilt man die Fremdbewertung als Selbsteinschätzung und rechtfertigt seine Bloßstellung als selbst verursacht. Jean-Paul Sartre hat dazu gesagt: »Meine Scham ist ein Geständnis.«[11] Das ist der Grund, warum Sozialscham zu ihrer eigenen Moralisierung auffordert: um eine Erklärung für den Sinn der Verletzung zu ergründen, die man zuvor erfahren hat.

Selbstbewußtsein und Demütigung

Fragt man, worin derartige Verletzungen in ihrem substantiellen Inhalt bestehen, wird man nach der zentralen Erfahrung suchen müssen, die das Subjekt in der Scham mit sich selbst unter den anderen macht. Ich schlage vor, diese Erfahrung als *Achtungsverlust* zu beschreiben. Achtung durch andere repräsentiert eine Erwartung, mit der Personen in Interaktionen hineingehen; Selbstachtung ist ein Bestreben, das die Person dem eigenen Ich gegenüber hat. Eine Mißachtung wiederum dokumentiert, daß diese Ansprüche der Person durch andere vereitelt wurden. Im Schamgefühl materialisiert sich der Mangel an Achtung am eigenen Körper und in der inneren Selbstwahrnehmung.

Achtung ist nicht Höflichkeit oder Takt, auch wenn sich beides aus ihr ableiten mag. Achtung ist ebenfalls nicht mit *B*eachtung identisch, auch wenn sie sie zur Voraussetzung haben kann. Die erste Reduktion, wie sie etwa in der soziologischen Systemtheorie formuliert ist, läßt die Person zum Rollenträger verwesen, der in actu auf bestimmte Konventionen angewiesen ist, nicht aber über normative Selbstreferenz verfügt.[12] Die zweite folgt dem Verdacht, es in den Ansprüchen auf Achtung mit einer Fortsetzung des kindlichen Narzißmus zu tun zu haben,[13] und verwechselt dabei die libidinöse Selbstliebe des kind-

---

11 Das Sein und das Nichts. Versuch einer phänomenologischen Ontologie, Reinbek bei Hamburg 1980, S. 347.

12 Für eine ausführliche Kritik der systemtheoretischen Sichtweise von Achtung vgl. Sighard Neckel / Jürgen Wolf: Die Faszination der Amoralität. Zur Systemtheorie der Moral, mit Seitenblicken auf ihre Resonanzen, in: Prokla, 18. Jg. (1988), Nr. 1, Heft 70.

13 Entsprechend reduziert sich die Analyse von Scham in der Literatur auch oftmals darauf, in ihr nur die regressive Reaktion auf eine Kränkung des in der Kindheit

lichen Ich mit der normativen Selbstbindung des erwachsenen Ich-Ideals.

Eine gehaltvollere Definition finden wir in der Philosophie. Achtung, sagt Kant, ist »die Schätzung der Person«[14]. Sie kommt weder durch Philanthropie zustande, noch ist es den Menschen eine Lust, anderen Achtung zu erweisen. Schließlich hat Achtung nichts mit Bewunderung zu tun. Für Kant ist Achtung Pflicht, die wir dem moralischen Gesetz schuldig sind, insofern der Mensch selbst Beispiel des moralischen Gesetzes ist. Dieses besagt, daß die Person der Zweckrationalität der Mittel enthoben sein soll. Der Mensch ist »Zweck an sich selbst«[15]. Als Subjekt des moralischen Gesetzes sind ihm Autonomie und Freiheit eigen, was Kant auch die »Achtung erweckende Idee der Persönlichkeit«[16] nennt. Diese gebietet uns, »sich im Abstande von einander zu erhalten«[17], dem Menschen nicht zu nahe zu treten, ihm Freiheit und Autonomie zu belassen. Eine Demütigung – die »Herabsetzung der Ansprüche der moralischen Selbstschätzung«[18] – ist, die Person der Möglichkeiten zu berauben, Achtung zu erwerben und sich selbst achten zu können. Im stärksten Sinne ist uns der Erweis von Achtung im Bereich menschlicher Rechte auferlegt: Kant bezeichnet die »Achtung fürs Recht der Menschen« als »unbedingte, schlechthin gebietende Pflicht«.[19]

Wo sich das moralische Gesetz an der historischen Wirklichkeit und der Praxis der Menschen bricht, endet die Philosophie und beginnt die Wissenschaft vom Sozialen. Kant formuliert in seiner Philosophie personaler Achtung das ideale moralische Selbstverständnis unserer Zeit. Seine Moralphilosophie fordert die Gleichheit

geborenen Narzißmus zu sehen. Zur Kritik dieser Vorstellung vgl. aus psychoanalytischer Sicht Helen B. Lewis: The Role of Shame in Depression over the Life Span, in: dies. (Hrsg.): The Role of Shame in Symptom Formation, Hillsdale 1987; in soziologischer Perspektive zuletzt Anthony Giddens: Modernity and Self-Identity. Self and Society in the Late Modern Age, Cambridge 1991, S. 68 f.

14 Immanuel Kant: Kritik der praktischen Vernunft (1788), Werkausgabe Bd. VII, Frankfurt/M. 1982, S. 199.
15 Ebenda, S. 210.
16 Ebenda, S. 211.
17 Immanuel Kant: Die Metaphysik der Sitten (1797), Werkausgabe Bd. VIII, Frankfurt/M. 1977, S. 585.
18 Kant, Kritik der praktischen Vernunft, a.a.O., S. 200.
19 Immanuel Kant: Zum ewigen Frieden. Ein philosophischer Entwurf (1795), Stuttgart 1984, S. 55.

der Chance, Achtung erwerben zu können. Personale Achtung ist historisch voraussetzungsvoll und in der Geschichte nicht immer schon sittlicher Grundsatz des sozialen Lebens gewesen. Ebenso verhält es sich mit den Anlässen der Scham, die auf eine soziale Demütigung folgt: In der vormodernen Welt sind ihnen die Freiheit des Individuums unbekannt. Erst mit dem Heraufziehen der bürgerlichen Gesellschaft wird Freiheit und Autonomie der Person zu einer universalen Maxime im sozialen Verkehr, der die Geltungskraft eines moralischen Gesetzes zuerkannt werden kann. In der Geschichte traditionaler Gesellschaften dagegen sind Achtungsbedingungen entweder genealogisch fundiert und aktualisieren sich in der Ehre der agnatischen Gruppen; oder sie finden ihre Grundlage in mythisch-religiösen Typologien, die Achtung an spirituell privilegierte Gruppenmitglieder verteilen – was zweifellos eine Differenz zu den Idealnormen darstellt, nach denen Achtung oder Mißachtung in der modernen Gesellschaft bezeugt werden soll. Noch das ständische Privileg in der Zuweisung von Achtung hat vor dem Gesetz der universalistischen Moral keinen Bestand.

Soziologisch läßt sich Achtungserwerb und Achtungsverlust als positive oder negative Chance rekonstruieren, in der Fremdwahrnehmung anderer die normativen Bedingungen eigener Wertschätzung bewahren zu können. Scham zeigt den Einbruch der eigenen Wertschätzung unter dem Druck einer Situation an, in der die reale oder imaginierte Fremdwahrnehmung das Subjekt einen Achtungsverlust gegenüber der Gruppe befürchten läßt. Das Bedürfnis nach Selbstachtung kann, aber muß nicht vom Subjekt selbst unterboten werden. Ihm können Achtungsbedingungen gestellt sein, deren Erfüllung den Preis der Selbstachtung verlangen. Ihm kann Achtung gänzlich verwehrt werden, womit die Chance entfällt, in der Wahrnehmung durch andere Wertschätzung zu erfahren. Ersteres macht sich im Individuum als das bedrängende Gefühl geltend, im konformen Verhalten »sein Gesicht verloren zu haben«; letzteres ist die Scham der Mißachtung, die Maximen der eigenen Wertschätzung bei anderen gerade als Anlaß der Demütigung wiederzufinden. Dann habe ich mich nicht durch eigenes Tun um meine Selbstachtung gebracht, die Bedingung ihrer Möglichkeit ist mir vielmehr genommen worden. Der moderne Philosoph dieser tragischen Konstellation ist Jean-Paul Sartre. Wie kein anderer hat er beschrieben, daß die Beschämung darauf beruht, den anderen zum Objekt der eigenen Freiheit zu machen, der damit im gleichen Maß an Freiheit und Autonomie verliert. Die Beschämung einer Person ist die subtilste Form, sich ihrer zu bemächtigen, weil die Kriterien der eigenen Selbstachtung dann von Dritten verfügbar gemacht worden sind. Dies ist die negativste Variante der ontologischen Kondition, daß das menschliche Selbstbewußtsein auf die Wahrnehmung durch andere angewiesen und damit durch sie auch verwundbar ist. Das personale Selbstbewußtsein baut sich nicht »egologisch« auf. Es versichert sich seiner im Medium der Wertungen Dritter, und an diesen geht es womöglich zugrunde.

Status und Scham

Scham bezieht sich auf das Selbstwertgefühl einer Person, das von ihrer Wertschätzung durch andere nicht zu trennen ist. Schamgefühle eines Individuums betreffen damit immer schon seine Stellung inmitten eines größeren sozialen Zusammenhanges, sie sind der emotionale Nexus zwischen Individuum und sozialer Struktur. Die materiale Grundlage jedes Gefühls, und so auch der Scham, stellt die erlebte Wirklichkeit dar, die im Gefühl mit einer bestimmten Bedeutung versehen wird. In der Sozialscham wird jener Ausschnitt der Wirklichkeit für die Person thematisch, die von der Erfahrung einer Hierarchie sozialer Wertschätzung gespeist wird, die Achtung ungleich verteilt. Den Bezugsrahmen der normativen Selbst- und Fremdeinschätzung geben die historisch und kulturell jeweils gültigen Muster der Sozialintegration ab. Auf die Hierarchie der sozialen Wertschätzung bezogen, lassen sie sich als Statusordnungen beschreiben. Nach ihnen staffelt sich der Rang sozialer Positionen, denen in unterschiedlichem Maße materielle Vorteile und soziale Anerkennung zuteil werden.

Die Soziologie kennt vier Dimensionen, in denen Status in der modernen Gesellschaft erworben werden kann; sie stellen gleichzeitig die sozialen Quellen dar, denen Wertschätzung in der Gesellschaft entspringt: Reichtum, dessen Beleg »Geld«, Wissen, dessen Nachweis das »Zeugnis« ist, hierarchische und soziale Position in Organisation und Assoziation, die sich als »Rang« und »Zugehörigkeit«

niederschlagen.[20] Der Gefahr, eine niedrige Wertschätzung zu erfahren, setzt sich in jeder Dimension ein »defizitärer«, hinsichtlich aller Bereiche ein »inkonsistenter« Status der Person aus. Ersterer bemißt sich am Ausmaß der persönlichen Verwirklichung bestimmter Wert*inhalte*, betrifft also die »Substanz« einer Person in ihrer sozialen Rolle. Letzterer erhebt die Kohärenz einer Person, also die *Form* ihres Verhältnisses zur Statusordnung selbst, zum Maßstab des Achtungserweises.

Eine umstrittene Frage der Soziologie ist dabei immer gewesen, wie die Referenzpunkte sozialer Wertschätzung beschaffen sind. Im Modell des »Vorbilds«, wie es etwa Thorstein Veblen und Norbert Elias formulierten,[21] kommt den Werten der Oberschichten eine normative Leitfunktion für die Gesellschaft im ganzen zu. Das entsprechende Handlungsmuster untergeordneter Gruppen, um selbst Status zu erlangen, ist die *Imitation*. Im Modell der »relativen Autonomie« klassenspezifischer Werte, wie es etwa in der Tradition der englischen Kulturtheorie favorisiert wird,[22] bilden soziale Gruppen eigene Wertsysteme aus, die sich gegenseitig bekämpfen. Das entsprechende Handlungsmuster, um Status zu bewahren, ist die *Selbstbehauptung*. Über diese Alternative soll hier nicht entschieden werden, vielleicht drücken sich in ihr auch historische und soziale Differenzierungen in der gesellschaftlichen Wirklichkeit selbst aus. Schamtypische Syndrome von Statuskonkurrenz sind jedenfalls in beiden Modellen enthalten. Während in der Anerkennung eines Vorbilds der

20 Vgl. Reinhard Kreckel: Class, Status and Power? Begriffliche Grundlagen für eine politische Soziologie der sozialen Ungleichheit, in: Kölner Zeitschrift für Soziologie und Sozialpsychologie, 34. Jg. (1982), S. 617 ff.

21 Vgl. Thorstein Veblen: Theorie der feinen Leute, Frankfurt/M. 1986 sowie Norbert Elias, Über den Prozeß der Zivilisation, a.a.O. Ob Pierre Bourdieu in diese Aufzählung gehört, ist nicht leicht auszumachen, da seine Theorie mit den beiden Zentralbegriffen »Distinktion« (Vorbild) und »Lebensstil« (relative Autonomie) zwischen beiden Modellen changiert, vgl. Axel Honneth: Die zerrissene Welt der symbolischen Formen. Zum kultursoziologischen Werk Pierre Bourdieus, in: Kölner Zeitschrift für Soziologie und Sozialpsychologie, 36. Jg. (1984), Nr. 1.

22 Vgl. für die Geschichtswissenschaft das Werk von Edward P. Thompson (z.B. Plebejische Kultur und moralische Ökonomie. Aufsätze zur englischen Sozialgeschichte des 18. und 19. Jahrhunderts, Frankfurt/Berlin/Wien 1980), für die kultursoziologische Perspektive vor allem die Arbeiten aus dem Umkreis des Birminghamer »Center for Contemporary Cultural Studies« (etwa John Clarke et al.: Jugendkultur als Widerstand. Milieus, Rituale, Provokationen, Frankfurt/M. 1979).

Zusammenhang von *Aspiration und Versagen* das Selbstwertgefühl herabdrücken kann, bedroht im sozialen Kampf um Wertschätzung der Konflikt zwischen *Authentizität und Mißachtung* die innere Akzeptanz der Person.

Beide Konstellationen der Scham kommen in Situationen zustande, in denen vor dem Hintergrund der jeweils gültigen Statusnorm die Ausstattung oder Performanz einer Person als defizitär erscheint. An den persönlichen Wundstellen der eigenen Identität haben dann Strategien der Beschämung eine Chance, die Unterschiede in Wertmängel verwandeln. Bildet man die Anlässe sozialer Demütigung idealtypisch auf die Felder des Statuserwerbs ab, lassen sich folgende Techniken klassifizieren, die ihrerseits auf typische Etiketten von Insuffizienz reagieren:

Der *Ausschluß* einer Person verhindert oder beendet ihre Zugehörigkeit zu informellen Assoziationen. Mit ihm wird *Fremdheit* bestraft und gleichzeitig erzeugt, aus sozialen, körperlichen oder kulturellen Gründen. Eine Person mit Fremdheit zu schlagen, ist eine besonders drastische Form der Verachtung. Sie kann dahin gehen, die letzte Gemeinsamkeit zwischen Menschen zu kündigen, »dem andern gerade die generellen Eigenschaften, die man als eigentlich und bloß menschlich empfindet«[23], abzusprechen. Achtungsverlust kann sich hier in eine existentielle Scham steigern, deren Urbild das ungeliebte und nicht gewollte Kind ist. Das Opfer dieser Existentialscham ist der sich nutz- und wertlos fühlende Mensch. Seine Empfindung hat Helen Lynd beschrieben: »We have become strangers in a world where we thought we were at home [...] With every recurrent violation of trust we become again children unsure of ourselves in an alien world.«[24]

Die *Degradierung* einer Person nimmt ihr den Rang, den sie in hierarchischen Organisationen innehatte. Durch sie wird *Subalternität* erzeugt, die das soziale Wertgefühl der Person nachhaltig beschädigen kann. Scham entsteht hier in der Spanne zwischen eigener Einschätzung und der öffentlichen Rolle, die eine Person zugebilligt bekam. Die institutionelle Person unterbietet das persönliche Ich-Ideal und mutet dem Individuum zu, sich anderen in einer Position zu

23 Georg Simmel: Der Fremde, in: ders.: Das individuelle Gesetz. Philosophische Exkurse, hrsg. von Michael Landmann, Frankfurt/M. 1987, S. 69.
24 Helen Merrel Lynd: On Shame and the Search for Identity, a.a.O., S. 46f.

zeigen, die den eigenen Maximen der Selbstachtung nicht entspricht. Das Beschämende ist, dienen zu müssen.

Prüfung ist die Strategie, die kognitive Kompetenz einer Person zu bestreiten, um anderen damit deren *Unwissen* zu dokumentieren. Als eine öffentlich legitimierbare Demütigung muß sie von Sachlichkeit gekennzeichnet, ihr Inhalt also kodifizierbar, ihr Verfahren valid und ihr Ziel formell erreichbar sein. Gerade in ihrer Sachlichkeit kann die Prüfung das Selbstbewußtsein vernichten – als unbezweifelbare Instanz, die in ihrer Gleichgültigkeit gegenüber der Person des Kandidaten diese nur um so greller in das Licht latenter Abwertung taucht. Das Ausbildungssystem, das in fiktiver Neutralität gesellschaftliche Bewertungen in Zeugnisse transformiert, läßt »den gesellschaftlichen und den ›persönlichen‹ Wert, akademische und menschliche Würde als identisch erscheinen [...] Nicht gebildet sein wird deswegen als Verstümmelung der Person empfunden, die sie in ihrer Identität und Würde beschädigt und bei allen offiziellen Anlässen [...] mit Stummheit schlägt«.[25]

Als eine soziale *Devaluation* lassen sich schließlich alle Vorgänge bezeichnen, die der Arbeit oder der Bedürftigkeit von Menschen soziale Anerkennung in Form materieller Werte entziehen oder ihnen diese Wertschätzung gar nicht erst zubilligen. Devaluation bringt *Armut* hervor, die sie gleichzeitig stigmatisiert. Marx sprach davon, daß der Lohn eine moralische Komponente hat: In ihm materialisiert sich auch die soziale Wertschätzung, die einer Arbeit zugemessen wird. Die materielle Geringschätzung menschlicher Arbeit stellt ebenso eine Demütigung dar wie die Verweigerung einer achtbaren materiellen Existenz für jene, die ihr Leben nicht durch Arbeit bestreiten können. Im Wohlfahrtsstaat müssen sie ihre eigene Schwäche taxieren lassen, um Hilfe erwarten zu können.[26] »Der Arme dagegen schämt sich seiner Armut. Er fühlt, daß sie ihn entweder aus dem Gesichtskreis der Menschen rückt oder daß sie, wenn sie irgend Notiz von ihm nehmen, doch kaum irgendein Mitgefühl mit seinem Elend und seiner Not haben. Beides kränkt ihn.«[27] Was Adam Smith im Jahr 1759 für das puritanische England beschrieb, ist im sozialmora-

---

25 Pierre Bourdieu: Die feinen Unterschiede, Frankfurt/M. 1982, S. 605.
26 Vgl. Graham Room: The Sociology of Welfare. Social Policy, Stratification and Political Order, Oxford 1979.
27 Adam Smith: Theorie der ethischen Gefühle (1759), Frankfurt/M. 1949.

lischen Innenleben der modernen Gesellschaft bis heute präsent geblieben.

Beschämungen sind eine informelle Technik sozialer Schließung, um eigene Vorteile gegenüber fremden Aspirationen konservieren zu können, differente Lebensformen oder Kompetenzen als minderwertig zu typisieren, Machtraten in der Interaktion zu erhöhen. Situationen der Scham können durch eigenes Tun, durch fremde Veranlassung oder kontingente Ereignisse ausgelöst sein. Damit der Akt der Hervorbringung von Scham seinen Zweck erreicht, muß für das beschämende Defizit Verantwortlichkeit auf die beschämte Person attribuiert werden. Kennzeichen der historischen Entwicklung ist, daß die intervenierende Variable der persönlichen Verantwortung ganz unterschiedlich konstruiert wurde. Erst in der modernen Welt schieben sich als legitimierbare Beschämungsgründe Vorfälle in den Vordergrund, denen individuelle Verantwortung aufgrund *selbst initiierter Handlungen* zugerechnet werden kann. Traditionale Gesellschaften kennen die Beschämung des Zufalls, der als Zeichen gesehen wird. Die Welt ständischer Ehre läßt den einzelnen für seine Gruppe erröten. In der modernen Gesellschaft dagegen werden Beschämungen aufgrund kontingenter Ereignisse oder fremder Veranlassung – »sozialer Umstände« – zumindest offiziell bestreitbar. Hierin drückt sich ein geschichtlicher Wandel in der sozialen Konstruktion von Scham aus, der seinen inneren Antrieb in der Entwicklung des Individualitätsbewußtseins findet.

Individualismus und Selbstachtung

Begreift man die Veränderung im Wert der selbstempfundenen Individualität als Leitschnur der geschichtlichen Rekonstruktion, lassen sich in groben Zügen vier historische Formen sozialer Schamgefühle unterscheiden, die sich auf Status beziehen.

In den face-to-face Gruppen archaischer Sozialverbände ist der Wert des einzelnen als Individuum gering. Das Schamgefühl bezieht sich auf die Kollektivideale einer mythisch unterlegten homogenen Moral, die eine umfassende soziale Kontrolle anleitet und mit starken Imperativen die Kohäsion der Gruppe sicherstellt. Scham und Beschämung haben nicht den Wert des einzelnen, sondern den Wert der

Sozialität selbst zum Gegenstand. Ein Normverstoß ist eine Schande für das ganze Kollektiv und beeinträchtigt die spirituelle Ökonomie zu den Göttern. Die Verachtung der Gruppe entzieht dem einzelnen vollständig seinen Wert, weshalb er, indem er sich schämt, das Opfer des symbolischen Todes erbringt, um jenseits des vergangenen Seins wieder in die Gruppe integriert werden zu können. Scham ist eine Strafe, die oft den völligen Ausschluß aus der Gruppe nach sich zieht, aber auch den Wiedereintritt des beschämten und also gereinigten Menschen vorbereiten kann. Die größte Strafe ist, sich nicht schämen zu können, wie dies Salman Rushdie in seinem Roman *Scham und Schande* erzählt. Hier legen die Götter einer sündigen Frau die Bürde auf, nicht erröten zu können, weshalb sie der Schande vor der Gruppe wehrlos ausgeliefert ist.

In der Ehrkonkurrenz ständischer Gesellschaften wird Scham zur Sanktionsform jener Pflichten, die sich aus der exklusiven Zugehörigkeit zu geschlossenen Gruppen ergeben. Hier dient sie der normativen Integration einer Ungleichheitsordnung, die durch institutionell gesicherte Bevorrechtungen und Diskriminierungen gekennzeichnet ist. Scham ist Strafe unerfüllter Ehre, und Ehre verknüpft sich mit den distinktiven Eigenschaften und Merkmalen von Gruppen, denen es gelang, ihre gesellschaftliche Stellung mit Wertschätzung zu versehen. Prüfstein der Ehre ist die sichtbare äußere Erscheinung, die der einzelne den anderen darbietet. Soweit Ehre prätendiert werden muß, erlischt sie sofort, wenn die Statusansprüche, die sie impliziert, zum Scheitern gebracht werden können. Joseph Conrad schildert dieses Dilemma in seinem Roman *Lord Jim,* in dem ein Mann von Ehre, der sich nur einmal einen Moment der Schwäche erlaubte, vergeblich versucht, sich durch heldenhafte Taten von der Last der Scham zu befreien. Als Modus der Selbstkontrolle, sich nicht von Affekten treiben zu lassen, blockiert Schamangst jede illegitime Darstellung von Individualität. Als Modus der sozialen Kontrolle, die jeweiligen Standesregeln zu beachten, wirkt sie als Angst vor der Ächtung.

In der ständischen Gesellschaft sind beschämende Mängel von Personen untereinander nur begrenzt vergleichbar, weil die Standespflichten die Erfüllung je eigener Normen verlangen. In der Klassengesellschaft vereinheitlicht sich der Bezugsrahmen sozialer Wertschätzug auf jene Maßstäbe hin, die für die Marktchancen rechtlich freier Individuen verbindlich sind. Eine zentrale Rolle spielt hierbei das Leistungsprinzip als formal egalitäre, material jedoch sozial selektive Leitnorm der bürgerlichen Gesellschaft. Wenn keine herkunftsrechtlichen Schranken mehr bestehen, sich Reichtum, Wissen, Titel, Kompetenz durch Leistung zu verschaffen, wird die Tatsache, über bestimmte Ressourcen zu verfügen, als Eigenschaft der Person angesehen. »Unterlegenheit« – in der ständischen Gesellschaft noch kollektiver Status, der auf Rechtsungleichheit beruhte – erhält nunmehr einen persönlich zurechenbaren Charakter. In tradierten Klassengesellschaften finden wir jedoch auch noch »ständische« Stigmatisierungen vor, oft mit rechtlicher Diskriminierung verbunden. Innerhalb von Klassenkulturen konnten sie in ein Kollektivschicksal symbolisch überführt werden, so daß die Person von negativen Zuschreibungen entlastet wurde. Auch stimulierten kollektive Stigmatisierungen das »Würdegefühl negativ privilegierter Stände« (Max Weber), und so wurde etwa dem Makel der Handarbeit die Ehre der Arbeit entgegengesetzt.

In der individualisierten Klassengesellschaft, die ihre tradierten Sozialmilieus aufgelöst hat, erfahren die Ungleichheitsmuster eine symbolische Repräsentanz, in der ein Statusdefizit auf die jeweils ganz besonderen Merkmale der eigenen Biographie rückgeführt wird. Die Ereignisse ihres sozialen Schicksals bekommen die Subjekte als Folgen individueller Entscheidungen zugerechnet. Soziale Formen der Scham beruhen nun darauf, benachteiligte Statuspositionen zum Anlaß moralischer Zuschreibungen von persönlichem Versagen zu nehmen. Der einzelne ist gezwungen, ein persönliches Defizit sich selbst erklären zu müssen, da kollektive Deutungsmuster sozialer Ungleichheit an Aussagewert verlieren. Das Individuum ist immer weniger für seine sozialen Umstände verantwortlich, die sozialen Umstände allerdings auch immer weniger für das Individuum.

Der Prozeß der Individualisierung sozialer Lagen und Bewußtseinsformen[28] schafft strukturelle Voraussetzungen, unter denen sich die Sozialscham auch in der modernen Gesellschaft erhält. Die individuelle Verantwortlichkeit für die eigene Biographie steigt an, im gleichen Maße wächst die Angst vor dem persönlichen Versagen. Mit der Enttraditionalisierung der Gesellschaft erweitern sich auch die

28 Vgl. Ulrich Beck: Jenseits von Stand und Klasse?, in: Reinhard Kreckel (Hrsg.): Soziale Ungleichheiten (Soziale Welt, Sonderband 2), Göttingen 1983.

sozialen Bereiche, in denen die jeweilige Normgeltung unsicher ist. Durch die »Kreuzung sozialer Kreise« (Georg Simmel) nehmen die Sphären fragloser Verhaltenssicherheit und Erwartungsgewißheit ab, was die Gefahr verfehlter Selbstdarstellungen und »unpassender Identitäten« erhöht. Eine zentrale Instanz der Verteilung von Status in der modernen Gesellschaft ist der Arbeitsmarkt. Im Zuge einer individualisierten Konkurrenz um Markt- und Lebenschancen beziehen sich statusrelevante Merkmale nicht allein auf formale Qualifikationen. Mehr denn je umfassen sie die »ganze Person«, was den Bezugsrahmen von Scham inmitten der Statusverteilung geradezu institutionalisiert. Schließlich ist soziale Ungleichheit zu einer biographischen Erfahrung geworden, die im Lebensverlauf zyklischen Veränderungen unterworfen ist. Statusängste können sich damit als permanent anwesende Hintergrunderfahrung in der modernen Lebenswelt etablieren.

Weil der Wert der Individualität ansteigt, wird Scham als die Empfindung eines gestörten Selbstwerts vom Subjekt nicht weniger belastend empfunden als in Zeiten, in denen sich der einzelne nicht als Individuum, sondern als Repräsentant seiner Gruppe empfand. Je weniger zudem ein moralisches Gewissen den Entwurf persönlicher Identität bestimmt, desto eher öffnet sich das Ich-Ideal den äußeren Einflüssen sozialer Bewertung. Dieser Prozeß läßt sozialer Scham in der modernen Gesellschaft eine größere Bedeutung für die normative Ausrichtung des Subjekts zukommen als dem moralischen Schuldgefühl. Die These von der *wachsenden* Bedeutung von Scham in der modernen Gesellschaft, die ganz im Kontrast zu den klassischen Annahmen der Kulturanthropologie steht, ist am Beispiel der amerikanischen Gesellschaft in den 50er Jahren schon von David Riesman[29] formuliert worden, der »the fear of being shamed« als Merkmal des »außengeleiteten« Charakters erkannte. In jüngster Zeit ist diese Beobachtung auch von Agnes Heller und Anthony Giddens wieder aufgenommen worden.[30] Giddens vermeidet dabei die kulturkritischen Konnotationen, die der Diagnose einer Abschwächung moralischer Schuldgefühle anhaften, indem er dafür nicht einen in-

29 David Riesman: Die einsame Masse. Eine Untersuchung der Wandlungen des amerikanischen Charakters, Darmstadt/Neuwied/Berlin 1956.
30 Vgl. Heller, The Power of Shame, a.a.O.; Giddens, Modernity and Self-Identity, a.a.O.

trinsischen Wandel im Sozialcharakter verantwortlich macht, sondern die institutionelle Verfassung der »late modernity« selbst: Moralische Fragen der menschlichen Existenz ziehen sich praktisch immer weiter aus den organisierten Routinen des Alltagslebens zurück, um eher an den Rand außergewöhnlicher Ereignisse gedrängt zu werden.

Der Alltag jedoch wird zur Domäne der Scham, die im Verlauf dieser Entwicklung selbst noch einmal ihren Charakter verändert. Von der sozialen Angst vor Unterlegenheit gespeist, lädt sie sich mit den instrumentellen Werten der gesellschaftlichen Prestigeskala auf, die Souveränität und Erfolg gratifiziert. In weiten Teilen des Alltagslebens verliert das Schamgefühl seine Bedeutung als Tugend und Wert, um als soziale Sanktion um so stärker in den Vordergrund zu treten. Das moderne Individuum sieht sich dadurch einer weit verbreiteten Erwartung auf Schamlosigkeit gegenüber, zu der sich eine latente Schamangst wie die Furcht vor der Enthüllung zum Tabu der Nacktheit verhält, die heute immer dann gleichsam invers aufblitzt, wenn die Person sich in der Scham bedecken will.[31] In dem Maße, wie Individualität selbst zur Leistung geworden ist, wird vom einzelnen Rollensicherheit, Kreativität, Initiative, Selbstbewußtsein verlangt. Scham nimmt in diesem Zusammenhang den Charakter einer heimlichen Emotion an, die ihren eigenen Ausdruck bestraft, weil er sich mit dem Individualitätscode so wenig verträgt. Wenn Scham zum Tabu des Individualitätsbewußtseins wird, eignen sich Beschämungen in besonderer Weise dazu, als soziale Waffe zu fungieren. Sie treten heute als »subtile Distinktionen«[32] auf – als praktische Methode in der alltäglichen Konkurrenz individualisierter Subjekte, sich selbst als überlegen, andere dagegen als inferior darzustellen.

Heute durchzieht Schamangst die moderne Gesellschaft, weil die Gefahr des Achtungsverlustes den Wert der Einzigartigkeit bedroht. Genau hier knüpft nunmehr die alte Technik der sozialen Kontrolle

---

31 In der Sensationspresse nimmt diese Verkehrung im Verhältnis von Entblößung und Scham mitunter absurde Formen an. Das Berliner Boulevardblatt »BZ« veröffentlichte am 17. März 1992 auf einem Plakat die folgende Schlagzeile: »Prinzessin Di: Ihre Ehe ohne Sex (Immer neue Enthüllungen)«.

32 Rudolf Richter: Subtile Distinktionen. Zur Reproduktion sozialer Ungleichheit im mikrosozialen Bereich, in: Österreichische Zeitschrift für Soziologie, 14. Jg. (1989), Nr. 3.

an, den einzelnen durch Signale der Mißachtung auf Konformität auszurichten. Daß die Konformitätsnorm der Gegenwart der Individualismus ist, läßt die Dichotomie von Standard und Abweichung nicht verschwinden. Bedingung sozialer Wertschätzung und persönlicher Selbstachtung wird, hinreichend individuell zu erscheinen. Zur Individualisierung materiell oder kulturell, kognitiv oder ästhetisch nicht befähigt zu sein, stellt damit die modernste Form dar, in der sich Scham mit der Person in sozialer Hinsicht verbindet. Am Beispiel der mißlungenen Selbstdarstellung anläßlich einer Abendgesellschaft hat Virginia Woolf uns das Seelenbild der Scham im Zeitalter der Individualisierung hinterlassen: »Was sie an jenem Abend gedacht hatte, war, daß es ihr natürlich unmöglich wäre, modisch zu sein – aber warum nicht originell sein? Warum nicht einfach sie selbst sein? Aber sie wagte es nicht, in den Spiegel zu sehen. Sie konnte sich dem Schrecken in seiner Gänze nicht stellen...«

Politische Zeitmessungen

»Die Hunde bellen, die Karawane zieht weiter«

»Die Sprache erfüllt Aufträge, die
ihr nicht erteilt worden sind.«
Siegfried Kracauer

Der Zuschauer, der vor der deutschen Vereinigung das Glück hatte,
in jenen Landstrichen zu wohnen, in denen die Systemkonvergenz des
Fernsehens schon längst etabliert und das Ost- wie das Westfernse-
hen gleichbleibend gut zu empfangen war, konnte interessante Ver-
gleiche der politischen Darstellungskunst anstellen – vorausgesetzt
natürlich, er nahm das vermehrte Programmangebot auch wahr, das
ihm seine geographische, ja »geopolitische« Lage ganz ohne Kabel-
anschluß und Satellitenempfang gleichsam natürlich offerierte.

Es geschah am 22. Februar 1988, ein Montag. Im Abendpro-
gramm des *Fernsehens der DDR* folgte auf den »alten deutschen
Spielfilm« dann immer der *Schwarze Kanal*, »von und mit Karl
Eduard von Schnitzler«. An diesem Abend nun sollte den Ereignissen
bei der Luxemburg/Liebknecht-Demonstration in Berlin (Ost) gedacht werden, bei der über fünfzig Teilnehmer festgenommen und
später in den Westen abgeschoben wurden. Sie hatten – wie das *Neue
Deutschland* meinte – eine Tat vom Kaliber der »Gotteslästerung«
begangen und Rosa Luxemburg auf einem Transparent mit dem Satz
zitiert: »Freiheit ist immer nur die Freiheit des Andersdenkenden«.
Wie Herr von Schnitzler dies kommentierte, muß hier nicht ausführlich beschrieben werden. Besonders registriert hatte ich nur den Satz,
mit dem er sich von seinen Zuschauern verabschiedete. Beruhigend
im Tonfall und in der Haltung leicht zurückgelehnt schloß er seine
semantische Mixtur aus Drohungen, Spott und Entlarvung mit der
alles zusammenfassenden Versicherung ab: »*Die Hunde bellen, die
Karawane zieht weiter.*«

Ich hatte diese merkwürdige Floskel in verschiedenen Kontexten
immer wieder einmal vernommen, ohne mir über ihre Herkunft recht

klar zu sein. Noch ganz diffus dem Sinn der orientalisch klingenden Spruchweise nachhängend, dirigierte ich den Fernseher inzwischen zum *Ersten* – da war sie schon wieder: »*Die Karawane zieht weiter*«, schallte es mir diesmal aus dem Mund des Kanzlers entgegen, und gerade rechtzeitig schien ich das Programm gewechselt zu haben, um wenigstens noch den letzten Teil der Sentenz zu erhaschen. Helmut Kohl hatte am Tage eine Pressekonferenz gegeben, auf der er den Angriffen der Opposition wie seiner Widersacher aus den eigenen Reihen Paroli bieten wollte. Den *Tagesthemen* war dies einen ausführlichen Bericht wert, hatte zuvor Franz Joseph Strauß doch Kohls Kabinettskollegen Stoltenberg »schlampige Arbeit« an der Steuerreform attestiert und bei dieser Gelegenheit auch für die Minister Blüm, Töpfer und Süssmuth ein paar abschätzige Bemerkungen parat gehabt. Nun galt es, Flagge zu zeigen, und kein anderer Schlußpunkt schien dem Kanzler besser geeignet als eben jener von der weiterziehenden Karawane, mit dem mich gerade noch der Scharfmacher aus Adlershof aus seinem Programm verabschiedet hatte. Damit verdichtete sich mir die anfängliche Irritation endgültig zur Frage: Warum sagen die das?

Nun könnte man meinen, hier handle es sich um ein Dichterzitat, das – wie viele andere auch – einfach der Demonstration von Bildung wegen gebraucht werde, oder um einen der Sprachgemeinschaft lang bekannten Topos, dessen Bedeutung traditionell verankert und daher für die Symbolisierung bestens geeignet sei. Beides ist falsch. Jedenfalls verzeichnen weder die einschlägigen »Zitatenschätze der Weltliteratur« noch die unzähligen Handbücher der Redewendungen und Sprichwörter diesen Ausdruck. Er scheint vielmehr tatsächlich ein »geflügeltes Wort« zu sein, dessen Herkunft schwer greifbar ist, dessen Verwendung aber so selten oder neu sein muß, daß selbst die bestinformierten Wegweiser durch den Sprachgebrauch ihn nicht kennen. Auffallend ist zunächst, daß sich in beiden Fällen die jeweilige politische Autorität ausgerechnet als »Karawane« kennzeichnete, wo doch jeder weiß, daß es sich dabei um eine Reisegesellschaft von Händlern und Kaufleuten handelt, die sich zusammenschließen, um nach der glücklichen Durchquerung feindlicher Gefilde an sicheren Marktplätzen ihren Geschäften nachzugehen. Weder Helmut Kohl noch Karl-Eduard von Schnitzler durften eine Metaphorik für sich in Dienst nehmen wollen, die nur allzu genau der Realität entsprach, der Inszenierung der Macht damit aber abträglich sein konnte. Genauer besehen schien jedoch kein anderer Begriff einer Bewegungsformation besser geeignet zu sein. Schnitzler hätte wohl kaum den unaufhaltsamen Fortgang des Sozialismus mit einem »Treck« vergleichen können, ohne dabei die gerade in diesem Zusammenhang reichlich unpassende Assoziation westwärts ziehender (Um-)Siedler zu erwecken. Helmut Kohl wiederum hätte etwa bei »Prozession« den ständig wachsenden Anteil seiner protestantischen Wähler zu berücksichtigen gehabt. Daß sich der »Marsch« bei den Repräsentanten zweier friedliebender Systeme von selbst verbat, braucht eigentlich kaum erwähnt zu werden. Blieb also fast nur noch die »Karawane«, dessen eigentliche Bedeutung für beide Seiten gut verfügbar war. Da mag bellen, wer will: Die Geschäfte gehen weiter.

Bellende Hunde sind als Metapher uns besser bekannt. Den Mond ankläffend, stellen sie ein Bild von Vergeblichkeit dar, zur Pose gebannte Hilflosigkeit, die von Natur aus dem Lauf der Dinge ohnmächtig und dumpf gegenübersteht und sich so zum zielstrebigen Zug der Karawane scharf kontrastiert. Bellende Hunde am Rande einer Karawane können jedoch, so vermute ich, durchaus Störungen des ruhigen Fortgangs der Tiere verursachen, wenn deren Führer die Zügel nicht straff genug in der Hand zu halten vermögen. Die Aussage stellt also in Wirklichkeit weniger eine Feststellung, als vielmehr ein Versprechen dar, das die Adressaten auch als Drohung verstehen dürfen. Sie unterstellt eine Sicherheit der Entwicklung, die mehr als magische Formel denn als fraglos gegebene Tatsache gelten sollte. Dafür spricht auch die Verwendung der Formel im Fluß der Rede insgesamt. Typischerweise steht sie ganz am Ende einer längeren, durch eine Kontroverse bewirkten Ausführung, wo sie alles, was vorher gesagt wurde, dadurch bekräftigen soll, daß sie auf die vermeintliche Faktizität dessen verweist, was sowieso geschieht – und zwar unabhängig davon, ob nun Hunde bellen oder nicht. Der Sprecher tut so, als wüßte er sich im Bündnis mit dem Weltlauf, vor dem sich jeder weitere Einspruch nur noch blamieren kann. Vom Zugwind der Geschichte sicher getragen, signalisiert er dem als Hund Angesprochenen die Lächerlichkeit bloßen Bellens angesichts der Übermacht des Wirklichen, als dessen Souverän der Sprecher sich versteht. Während er sich selbst glauben macht, für immer ungefährdet zu sein, und diese Beschwörung zum Indikativ objektiviert, bleibt der als Hund Gedemütigte allein zurück. Indem die Karawane unaufhaltsam vorangeht, zeigt sie dem Randständigen an, daß sie ihn nicht nötig hat.

Aus der soziologischen Machtforschung ist bekannt, daß diejenige Form der Autorität sich besonders erfolgreich darzustellen vermag, die ihrem Gefolge gegenüber Gleichgültigkeit demonstriert. Gleichgültigkeit signalisiert, daß man den anderen für entbehrlich hält und sich daher den Alltagsroutinen des Taktes und den konventionellen Verpflichtungen wechselseitiger Achtungserweise entbunden sieht. Ihr Ausdruck soll Bewunderung für die Stärke wecken, die die Autorität damit für sich reklamiert. Demonstrative Gleichgültigkeit ist eine kalkulierte Überlegenheitsgeste, die Unabhängigkeit, sichere Befehlsgewalt, Rücksichtslosigkeit suggerieren soll. Sie stellt eine subtile Form der Verachtung dar, will sie das Selbstbewußtsein der anderen doch ruinieren, indem sie das eigene schamlos zur Schau stellt. In unseren Zeiten der allseits bekundeten Anteilnahme am Schicksal der anderen kann sie sich nur derjenige leisten, der scheinbar wirklich fest im Sattel sitzt.

Glaubt man den Thesen Richard Sennetts, tritt der Typus der gleichgültigen Autorität heute immer häufiger auf, wenn er auch weniger in der politischen Sphäre als in der Geschäftswelt zu suchen sei.[1] Dort habe mittlerweile die paternalistische »Autorität der falschen Liebe« dem autonomen Fachmann Platz gemacht, der seine Überlegenheit durch Teilnahmslosigkeit gegenüber den Schwächeren demonstriere und es dabei auf die Scham derjenigen anlege, die das autonome Persönlichkeitsideal wohl gleichfalls anstrebten, es aber nicht erreichen könnten. Sennett nennt dies die »Autorität ohne Liebe«, deren Kennzeichen die affektive Neutralität sei.

Wenn diese Kennzeichnung für Karl-Eduard von Schnitzler noch zutreffend gewesen sein mag – Helmut Kohl jedenfalls gilt gerade als Personifikation eines menschelnden Politikstils, der sich anstrengt, wenigsten paternalistisch zu erscheinen, und sich damit im Einklang mit der allgemeinen Theatralisierung des Politischen befindet. Sollte das Ideal des *tough guy* auch in der Bonner Arena Einzug gehalten haben? Der überraschende, gleichwohl unter dem Druck von Anfeindungen vollzogene Rollenwechsel war es vielleicht, der die plötzliche

---

1 Richard Sennett: Autorität, Frankfurt/M. 1985.

Aufmerksamkeit des Fernsehzuschauers erweckte, weil er vom Kanzler sonst eher die »Autorität der falschen Liebe« gewohnt ist. Wie knapp Helmut Kohl das schnell gewechselte Kostüm allerdings saß, ermißt sich schon daran, daß er die Pose nicht vollständig durchhalten konnte und jenen ersten Teil der Floskel, der in besonders drastischer Form die Verachtung der Machtkonkurrenten dadurch unterstreichen soll, daß diese als »bellende Hunde« bezeichnet werden, in seiner Rede verschluckte und sogleich die Schlußsequenz brachte: »*Die Karawane zieht weiter.*«

Die Presse belehrte mich nämlich am nächsten Tag, daß ich am Abend zuvor den mutmaßlichen Anfang der Redewendung gar nicht verpaßt und Kohl den beleidigenden Vergleich des CSU-Vorsitzenden mit einem »bellenden Hund« gar nicht ausgesprochen hatte. Nur »mitdenken« durfte und sollte man sich das erste, ohne welches das folgende ja gar nicht verständlich war. Ausgerechnet jener, der einmal opponierende Schriftsteller dieses Landes »Ratten« genannt hatte, sah sich nun implizit zu den »bellenden Hunden« gezählt, von denen sich Kohls Karawane nicht aufhalten lassen werde. Besondere Raffinesse dürfte allerdings der bewußten Auslassung kaum zugrunde gelegen haben. Ich vermute eher, Helmut Kohl scheute jenes »Folgedilemma«, das mit dem Aussprechen einer Beleidigung, die nur als Drohung für die Zukunft verstanden werden kann, zwangsläufig verbunden ist.[2] Jede Drohung nämlich entwertet sich selbst, kann die in ihr angelegte Ankündigung einer Sanktion nicht auch glaubwürdig vollzogen werden – und Kohl verfügte augenscheinlich über den Realismus der oft leidvoll verifizierten Selbstsicht, daß er seine Strauß gegenüber notwendigen Ressourcen nicht überschätzen durfte.

Nun soll nicht gesagt werden, daß erst die vollständige Aussprache der Sätze wirklich Eindruck gemacht hätte. Der Vorgang wirft vielmehr ein Licht auf die politische Szenerie, in der die konkreten Personen agieren. Symbolisiert die Redewendung doch mehr die Haltung derjenigen, denen politische Autorität zu erlangen für gewöhnlich versagt bleibt, deren Machtphantasien daher ein Substitut zu gewähren haben. In der Position des Machthabers aber formuliert,

---

2 Vgl. Rainer Paris / Wolfgang Sofsky: Drohungen. Über eine Methode der Interaktionsmacht, in: Kölner Zeitschrift für Soziologie und Sozialpsychologie, 39. Jg. (1987), Nr. 1.

läßt der Spruch die mit ihm reklamierte Position selbst als eine imaginäre deutlich werden. Jean-Paul Sartre nannte die Haltung der Gleichgültigkeit »eine Art von faktischem Solipsismus«[3], dem das eigene Ich als einzig wirklich und das aller anderen nur als Medium der eigenen Vorstellung gilt. Der hieraus entstehende und von Sartre ausführlich beschriebene »Zustand der Blindheit« kann in dem verächtlichen Wort wohl aufgefunden werden. Wo lassen sich denn heute in der Politik noch Karawanen auf den Weg schicken, wo die Zugtiere lahm, die Fracht gefährlich und die Zielplätze unsicher geworden sind? Wer soll denn die auseinandertreibenden Kräfte des Sozialen noch in die Ordnung einer Karawane zwängen? Wer kann die unübersichtlich gewordene Gesellschaft so weit wieder disziplinieren, daß sich die treulosen Wechselwähler, die ungläubigen Christen, die narzißtische Jugend, die karrieregeilen Frauen, die untypischen Haushaltsformen, die ewigen Neinsager als bloß kläffende Außenseiter bezeichnen ließen? Gibt es nicht bald mehr Hunde als Kamele?

Die Metapher will in der sprachlichen Inszenierung eines zweifelsfreien Sicherheitsgefühls jedoch für die Konformität des Mitläufers werben und gewinnt ihre Ausdruckskraft dabei nur aus einer Geste, mit der die Angst vor dem Konkurrenten gebannt werden soll. Ihre Verwendung kommt einem Selbstdementi gleich. Das befragte Wortbild offenbart, wie weit ein Machthaber sich heute semantisch erst in jene Position hineinphantasieren muß, die seinem Status nach altem Glauben sowieso verbürgt sein sollte. Es symbolisiert die zur Sprache gewordene Hilflosigkeit eines politischen Machtstils, der um so unsicherer zwischen den rhetorischen Ausdrucksmitteln changiert, je brüchiger das soziale Fundament von Herrschaft geworden ist und Gehorsam »kraft eingeübter Einstellung« (Max Weber) seltener wird. Diese Erfahrung dürfte dann auch der Chefpropagandist des DDR-Fernsehens gemacht haben, seit in der Oligarchie die Furcht umging, daß die selbstsicheren Karawanenführer schnell zu einsamen Rufern in der Wüste werden könnten. Wo Folgebereitschaft sich überwiegend nur noch auf die Indifferenz der »Mindermächtigen« (Theodor Geiger) stützen kann, muß fraglos gegebene Loyalität um

---

3 Jean-Paul Sartre: Das Sein und das Nichts. Versuch einer phänomenologischen Ontologie, Reinbek bei Hamburg 1980, S. 487.

so heftiger beschworen werden. »*Die Hunde bellen, die Karawane zieht weiter*«: Diese Machtformel wird gewählt, wenn einem das Wasser eigentlich bis zum Hals steht, die Selbst- und Fremdtäuschung über den noch verbleibenden Rest an Führerschaft daher um so unerläßlicher erscheint.

Die Wirkungen politischer Skandale

Im Juli 1847 schrieb der junge Friedrich Engels in einem Artikel für die englische Chartistenzeitung »*The Northern Star*«, der er zu dieser Zeit regelmäßig über die französische Innenpolitik berichtete:

> »Die englische Bühne täte besser daran, ›The School for Scandal‹[1] vom Spielplan abzusetzen, denn die größte Schule dieser Art ist tatsächlich in Paris, in der Kammer der Deputierten errichtet worden. Die Menge an skandalösem Tatsachenmaterial, das dort während der letzten vier oder fünf Wochen gesammelt und vorgebracht wurde, ist wahrlich in den Annalen parlamentarischer Diskussion ohne Beispiel [...] Hier geschehen ›Dinge, deren sich sogar die britischen Gauner schämen würden.«[2]

Am Ende der französischen Julimonarchie saß Ministerpräsident François Guizot einer Regierung vor, die – nach einem Wort Tocquevilles – einer korrupten Aktiengesellschaft gleichkam, die ihre Gläubiger bestach. Das Finanzbürgertum hatte die wichtigsten Regierungsämter besetzt und sorgte nun nach der Parole »Enrichissez-vous« (Bereichert euch!) für die Wohlfahrt der eigenen Klientel. Zu dieser Klientel gehörte auch ein einflußreicher Zeitungsverleger, der – obwohl selbst jahrelang für seine Unterstützung der Regierungspolitik gut honoriert – eine Skandalgeschichte nach der anderen gegen die Regierung lancierte, um Guizot für weitergehende Forderungen gefügig zu machen. Auch wurde eine Veränderung der Regierungspolitik verlangt, und Guizot lehnte dies ab. Die Zeitung *La Presse* verbreitete daraufhin, am Ende einer langen Reihe von Bestechungen habe die Regierung die Würde eines Sitzes in der Kammer des Hochadels für 80000 Francs verkauft, ohne sich aber an ihr Versprechen auch gehalten zu haben! All dies beriet nun die Deputiertenkammer, die

1 Eine Komödie des Engländers Richard B. Sheridan
2 Friedrich Engels: Der Niedergang und der nahende Sturz von Guizot – Die Stellung der französischen Bourgeoisie (1847), in: Karl Marx / Friedrich Engels: Werke, Bd. 4, Berlin 1977, S. 183 ff.

sich in ihrer Mehrheit hinter Guizot stellte, ihn (und damit sich selbst) politisch amnestierte und »zur Tagesordnung überging«.

Für Engels stand außer Frage, daß Guizot die Skandale letztlich nicht überstehen könnte und er sehr bald, in ein paar Wochen schon, zurücktreten müßte. Dies tat er nicht – er wurde gestürzt, acht Monate später: durch die Revolution.

Skandal und Machtverfall

Die wenigsten Skandale, von denen wir wissen, endeten in einer Revolution, und auch dieser war einer, der – ähnlich der Halsbandaffäre der Königin Marie Antoinette 62 Jahre zuvor – den Sturz eines Regimes eher ankündigte, als ihn tatsächlich auszulösen. Die schlechten Ernten seit 1845 und die wirtschaftliche Depression, diverse Aufstände und der politische Ausschluß von Kleinbourgeoisie und Arbeiterklasse standen an der Wiege des 24. Februar 1848 in Paris und nicht die Tatsache, daß sich die Herren untereinander bestachen. Und doch steuerte der Skandal seinen Teil zum Niedergang bei. Das Großbürgertum, das seit 1830 die Politik bestimmte und anderen Klassen das Wahlrecht vorenthielt, war sichtbar dabei, sich als neue politische Klasse selbst zugrunde zu richten.

In der Affäre Guizot tauchen zwar Elemente auf, die auch den Ablauf heutiger Skandale bestimmen, doch eines vor allem scheint sich gründlich gewandelt zu haben: An den Skandal als den Vorboten einer Revolution glaubt heute keiner mehr. Eher sind wir durch Ereignisse wie den Untergang der Sowjetunion oder der DDR darüber belehrt worden, daß Skandale weniger als Ursachen denn als Wirkungen von Revolutionen auftreten, wenn aufgrund geänderter Machtverhältnisse gesellschaftliche Mißstände und Verhaltensweisen von Politikern als skandalös definiert und dann auch verfolgt werden können, die zuvor im Schattenreich der Machtausübung stillschweigend existierten.

Wer einen »Friedensstaat« begründet haben wollte und mit Hilfe verdeckter Staatsfirmen Waffen an überdies politisch verfemte Regime verschob, wer sich auf das sozialistische Ideal der Gleichheit berief und das Volkseigentum in seine privaten Taschen transferierte, der legte eine Inkonsistenz zwischen Anspruch und tatsächlichem

Verhalten an den Tag, wie sie für alle Skandale typisch ist. Die in der Endphase der Sowjetunion und der DDR verhandelten Skandalfälle waren Resultate nicht einer Veränderung der Moral, sondern veränderter Machtverhältnisse. Der Politik Gorbatschows dienten sie dazu, die Bevölkerung für seine Perestroika zu mobilisieren, die Gegner im eigenen Apparat auszuschalten, den Abfluß dringend benötigter ökonomischer Werte in die dunklen Kanäle der usbekischen Baumwollmafia und anderer illegaler Korporationen zu verhindern. Daß nach der Wende in der DDR zum Skandal erklärt wurde, was ganz so unbekannt schon vorher nicht war, hatte die Funktion, den Nachweis der moralischen Verkommenheit einem Regime gleichsam nachzuliefern, das sich ideologisch und historisch auf nichts so sehr stützte wie auf die Moral.

Über eine von drei Voraussetzungen von Skandalen verfügte man also schon: die Bindung staatlichen Handelns an allgemeine Normen, gegen die ein konkretes Verhalten dann skandalös abfallen kann. Wenn auch das Verfassungsprivileg der kommunistischen Parteien die Normbindung der Politik ideologisch begrenzte und das Fehlen einer Gewaltenteilung eine Normkontrolle kaum zuließ, so regierte die Bürokratie doch vor dem Hintergrund moralischer Werte, die man schließlich gegen sie selbst gewendet hat. Möglich wurden die Skandalkonjunkturen am Ende der Sowjetunion und der DDR aber nur, weil in diesen Ländern zwei weitere Bedingungen erstritten worden waren, ohne die es nirgendwo Skandale geben kann: Machtkonkurrenz und Öffentlichkeit.

Gesellschaftliche Voraussetzungen politischer Skandale

Der Rückfall einer politischen Elite hinter die selbstgesetzten programmatischen und moralischen Ansprüche – wie sie etwa durch die Werte der Demokratie, des Humanismus, des Gemeinwohls, der Wohlfahrt oder der Gleichheit repräsentiert werden – läßt sich erst dann zum Skandal machen, wenn konkurrierende politische Gruppen in einer Gesellschaft über genügend Machtchancen verfügen, aufgrund von Normverletzungen den Fortbestand einer legitimen Herrschaft erfolgreich bestreiten zu können. Diese Machtchancen ergeben sich erst dann, wenn sich die politischen Eliten dem Votum von Wahlbürgern zu stellen haben, die über die Rechtfertigung eines Machtanspruchs frei entscheiden. Machtkonkurrenten können dann dafür werben, den Herrschenden die Legitimation zu entziehen. Dafür bedarf es des freien Zugangs zu öffentlichen Medien, um skandalöse Vorfälle überhaupt bekanntzumachen. Was im Geheimen verborgen bleibt, wird kein Skandal. Dies wissen vor allem die Politiker genau, die daher keine Anstrengungen scheuen, Taten zu verbergen, von denen sie selbst annehmen, daß sie öffentlich nicht zu rechtfertigen wären. In Skandalen dokumentiert sich das Grundproblem der Rechtfertigung politischer Macht, das sich in ganz unterschiedlicher Ausprägung überall dort einstellt, wo Macht an Normen gebunden und zwischen Parteien umstritten ist.

Skandale sind damit so alt wie die Politik selbst, auch wenn sich ihre gesellschaftlichen Voraussetzungen vollständig erst in den modernen Demokratien herausgebildet haben. Schon immer waren die Herrscher an einen sittlichen Verhaltenskodex gebunden, wenn sie nicht gerade mit nackter Gewalt regierten, und Herrschaftsansprüche jedweder Art – der erste Diener Gottes, der zuverlässige Beschützer der Gefolgschaft, der gerechte Sachverwalter der Herrschaft des Volkes, der uneigennützige Diener des Gemeinwohls zu sein – laufen nicht erst seit heute Gefahr, durch die Realität dementiert zu werden.

Wo Machtkonkurrenz vorhanden ist, schleicht sich zumeist auch eine weitere strukturelle Bedingung von politischen Skandalen in das gesellschaftliche Leben ein. Soziale Gruppen oder politische Parteien, die um die Macht konkurrieren, tun dies entweder im Namen von Werten, die zwischen allen geteilt werden und um deren beste Verwirklichung ein Wettstreit entbrennt; oder aber sie repräsentieren unterschiedliche Wertorientierungen, die miteinander konfrontiert werden. Skandale entzünden sich dann nicht allein an einem Rückfall hinter allgemeine Normen, sondern vor allem auch im *Wertkonflikt* der verschiedenen politischen Kräfte. Für die einen ist skandalös, was andere schon immer für ganz normal gehalten haben. Was als Skandal zu betrachten ist, wird damit selbst Gegenstand des politischen Streits. Daß ein Politiker nicht versuchen darf, seinen Mitbewerber um ein Amt mit kriminellen Methoden zu ruinieren, daß der politischen Willensbildung der Parteien und der Gewissensprüfung der Abgeordneten nicht durch Schmiergelder nachgeholfen werden sollte – darüber besteht in der Gesellschaft normativer Konsens, jedenfalls darf niemand offen das Gegenteil behaupten, will er nicht selbst für einen Skandal kandidieren. Ob allerdings SS-Gräber den geeigneten Hintergrund eines Staatsaktes abgeben, der Terrorismus auch mit selbstgelegten Bomben bekämpft werden darf, es das Staatsinteresse gebietet, Waffenpläne an Südafrika zu verkaufen, ob staatliche Behörden nach Tschernobyl ihrer Informationspflicht nachgekommen sind, die Memminger Abtreibungsprozesse eine richterliche Anmaßung waren – all dies sind Fragen, deren Skandalfähigkeit in der öffentlichen Meinung nicht einfach schon feststeht, sondern errungen werden muß.

Was ist politisch skandalös?

Will man die gesellschaftliche Bedeutung von politischen Skandalen erfassen, muß man zuerst näher bestimmen, was unter einem Skandal zu verstehen ist. Fünf allgemeine Charakterisierungen aus soziologischer Sicht sollen hier genannt werden:[3]

1. Skandale sind öffentlich ausgetragene Konflikte um die Geltung sozialer Normen, verursacht durch die Enthüllung von Normverletzungen von allgemeinem Interesse. Skandale werden regelmäßig dann ausgelöst, wenn öffentlich bekannt wird, daß Politiker, staatliche Institutionen, Verbände, Organisationen oder Parteien Normen verletzen, für deren Gewährleistung sie selbst sich als prädestiniert bezeichnen. Hintergrund dieser Skandale sind immer normative Selbstbindungen allgemeiner oder spezifischer Natur, letztere vor allem bei gesellschaftlichen Organisationen, wenn deren besondere Wertideale, auf die sie sich berufen, durch das Handeln ihrer eigenen Funktionäre in das Gegenteil verkehrt werden. So erging es z.B. den Gewerkschaften mit den Fällen *Neue Heimat* und »co op«, die das Organisationsideal der Gemeinwirtschaft denunzierten und die Solidarnormen der Arbeiterbewegung verletzten; so erging es 1971 di-

---

3 Vgl. auch Sighard Neckel: Das Stellhölzchen der Macht. Zur Soziologie des politischen Skandals, in: Leviathan, 14. Jg. (1986), Nr. 4; ders.: Machen Skandale apathisch?, in: Rolf Ebbighausen / Sighard Neckel (Hrsg.): Anatomie des politischen Skandals, Frankfurt/M. 1989.

versen Bundesligaclubs, die ihre Spiele kaufen ließen und damit das Gebot der sportlichen Fairneß über Bord warfen; so ergeht es Pharmakonzernen, die Pillen verkaufen, von denen man krank wird, oder kirchlichen Würdenträgern, denen unsittliches Verhalten nachgesagt wird.

2. Im politischen Raum liegt den normativen Selbstbindungen die allgemeine Verpflichtung des politischen Personals auf demokratische Verfahrensnormen zugrunde. Dies betrifft im Kern die Trennung von privater und öffentlicher Sphäre. Das demokratische Gemeinwesen versteht sich als eines, das den privaten Interessen einzelner entzogen ist, weil dies dem Ziel des allgemeinen Wohls zuwiderliefe. Daher vergibt die Demokratie die Machtchancen politischer Ämter nur unter der Bedingung unpersönlicher Pflichterfüllung. Man mag dies für eine ganz unwahrscheinliche Konstellation halten, Tatsache ist jedoch, daß politische Amtsträger nie müde werden, sich selbst in dieser Weise darzustellen, im Notfall durch ein Ehrenwort[4]. Jede private Nutzung von Chancen, die der Souverän nur unter der Auflage privater Zurückhaltung erteilt, stellt damit einen potentiell skandalösen Mißbrauch politischer Macht dar. In diese Rubrik fällt die Korruption, der Amtsmißbrauch zum persönlichen Vorteil, die Umgehung oder Verletzung von Gesetzen, für deren Einhaltung man selbst zu sorgen hat. Wo immer die politische Macht auf Kosten der an sie gebundenen Verfahrensregeln regiert, die Machtinstrumente für illegitime Vorteile mißbraucht und öffentliche Ämter für private Zwecke in Dienst nimmt, offenbaren Skandale politisch nicht legitimierbare Vorgänge, die am Geltungsanspruch des demokratischen Gemeinwesens selbst kratzen.

3. Politische Skandale sind eine Sanktionsform ungerechtfertigter sozialer Ungleichheit. Alle Ungleichheit in unserer Gesellschaft versteht sich als solche, die – jedenfalls der Ideologie nach – auf Leistungsdifferenzen beruht. Dies betrifft die Verfügung über materielle

---

4 Zum »Ehrenwort« als persönliches Verpflichtungszeichen, das den Eindruck unpersönlicher Pflichterfüllung erwecken soll, vgl. Helmuth Berking: Das Ehrenwort, in: Ebbighausen / Neckel, a.a.O.; zu den Inszenierungsleistungen von Politikern vgl. Ronald Hitzler: Skandal ist Ansichtssache. Zur Inszenierungslogik ritueller Spektakel in der Politik, in: Ebbighausen / Neckel, a.a.O.

Ressourcen, Wissen und positionale Macht (Autorität), um nur die drei wichtigsten Quellen sozialer Ungleichheit zu nennen. Eine Ungleichheit, die sich aus den Vorteilen ergibt, die man anderen gegenüber aus der bloßen Zugehörigkeit zu einer Gruppe, aus »Beziehungen« erhält, vermag sich vor dem Hintergrund der offiziell geltenden Normen von Chancengleichheit und Leistungsgerechtigkeit jedoch nicht zu legitimieren. Privatleute können sich dies leisten, Politiker nicht, weil sie auch in ihrer privaten Lebensführung auf die Offizialnormen verpflichtet sind. Wo sich Politiker zusammen mit anderen Spitzen der Gesellschaft (oder der Unterwelt) zu solchen informellen Gruppen versammeln, die ihnen exklusive Chancen und Erwerbsmöglichkeiten eröffnen, wo sie über Geschenke und Protektion Netzwerke knüpfen, sich Vorteile verschaffen und Aufträge entgegennehmen, die durch das Wahlvolk nicht gedeckt sind, schrammen sie immer schon hart am Skandal entlang. Erfolgreiche Skandale holen Politiker auf den Status des Privatmanns zurück, sie stellen die politische Egalität wieder her.

4. In Skandalen testen politische Institutionen die Geltung ihrer eigenen Normen durch exemplarische Sanktion ihrer Verletzung, ohne jedoch über die Themen, Verlaufsformen und Resultate dieser Normkontrolle allein verfügen zu können. Politische Skandale stellen also Ereignisse dar, um deren Initiierung, Themen und Abläufe verschiedene Kräfte in der Gesellschaft konkurrieren. Sie müssen als Konflikte um die Einhaltung moralischer Handlungsnormen zwischen verschiedenen Machtgruppen einer Gesellschaft verstanden werden, die ihrer Beurteilung des politischen Handelns unterschiedliche Wertmaßstäbe zugrunde legen. Skandale sind Wertkonflikte, in deren Verlauf sich um die Beurteilung der inkriminierten Handlungen oder Zustände Wertgemeinschaften oder -koalitionen herausbilden können. Erfolg ist dabei einer Wertgemeinschaft zumeist nur dann beschieden, wenn die jeweils beanspruchten Wertmaßstäbe an moralische Normen anschließen, die von keiner Seite – jedenfalls öffentlich – bestritten werden können, die betreffenden Wertmaßstäbe also in der moralischen Ordnung einer Gesellschaft hinreichend verankert sind. Moralische Ordnungen aber sind nichts anderes als die Bestimmung von Verpflichtungen und die Verwirklichung von Rechten. Beides steckt den Rahmen ab, in dem politische Herrschaft

ausgeübt werden kann, sie legitimerweise noch mit Zustimmung rechnen darf.

Der Skandal ist eine Form des Konflikts, in dem zwischen verschiedenen Machtgruppen einer Gesellschaft der aktuell geltende Rahmen moralisch verpflichtender Handlungsnormen praktisch ausgehandelt wird. Nach welchen moralischen Normen die Politik zu gestalten sei und wieviel Abweichung von ihnen im praktischen Geschäft der Politik noch geduldet werden kann, sind typische Themen eines jeden Skandals. Konkurrierenden Machtgruppen geben sie die Chance, jene demokratische Regel aufzukündigen, nach der die politische Autorität, wenn sie durch Wahlen dazu bestimmt wurde, jedenfalls so lange als legitim anzusehen ist, bis sie wiederum durch Wahlen abgelöst wurde. Wer einen Skandal ausruft, gibt damit das Zeichen der *intermittierenden Legitimitätsbestreitung* der politischen Autorität aus.

5. Das Auftreten politischer Skandale wird um so wahrscheinlicher, je stärker zumindest latente politische Spannungen in einer Gesellschaft schon vorhanden und Wertkonflikte subkutan angewachsen sind. Dann nämlich haben konkurrierende Machtgruppen sehr viel größere Chancen, den Definitionskampf, ob ein Skandal überhaupt vorliegt und worin er besteht, auch gewinnen zu können. Skandalös sind ja bestimmte Vorgänge nicht schon aus sich selbst heraus. Sie müssen als solche erst typisiert werden. Dies gelingt um so eher, je stärker das skandalierte Geschehen plötzlich und sinnfällig verdichten kann, was bis dahin als Unbehagen und Kritik an Mißständen in der Gesellschaft zwar schon vorhanden, aber durch *ein* Ereignis noch nicht konzentriert und gebündelt war.

Gesellschaften, in denen ein nationaler Konsens fraglos gegeben ist, kennen ebensowenig eine Häufung politischer Skandale wie jene Gesellschaften, in denen konkurrierende Parteien kaum reelle Machtchancen haben. Wo – um nur ein Beispiel zu nennen – eine politische Opposition den Wert nationaler Verteidigung fraglos mit der Regierung teilt, wird sie Schwierigkeiten haben, Taten skandalieren zu können, die im Namen der nationalen Verteidigung verübt worden sind. Dies erklärt z. B., warum das Versenken des Greenpeace-Schiffes »Rainbow Warrior«, bei dem ein Besatzungsmitglied getötet wurde, in Frankreich nicht zu einem wirklich großen Skandal werden konnte, warum Rüstungsskandale in der Bundesrepublik erst dann nicht mehr im Sande verliefen, nachdem man am Wert der Abschreckung zu zweifeln begann.

Die Skandaldichte der Politik

In der Bundesrepublik herrscht an den Voraussetzungen politischer Skandale (Normbindung, Machtkonkurrenz, Öffentlichkeit) kein Mangel, aber auch nicht an den Interessen, um des eigenen Vorteils willen Normen und Öffentlichkeit zu unterlaufen. Folglich sind wir mit Skandalen nicht gerade unterversorgt. Die achtziger Jahre haben eine wahre Skandalkonjunktur hervorgetrieben, der gegenüber in der öffentlichen Meinung eine mittlerweile eher lakonische Stimmung herrscht. Die Häufung von Skandalen scheint stichhaltiger Beweis für deren Wirkungslosigkeit zu sein, denn warum sonst wiederholten sie sich so oft, wenn sie an den zugrundeliegenden Mißständen tatsächlich etwas änderten?

Demgegenüber will ich die These vertreten, daß die Zeiten, in denen Skandale nichts geändert haben, vorbei sind, weil die Zeiten, in denen sich nichts änderte, selbst vorüber sind. In den 50er und 60er Jahren hätte es nicht weniger Anlässe für Skandale gegeben – im Gegenteil. Einige fanden auch statt, doch mit Ausnahme der Spiegel-Affäre kaum je mit wirklichen Konsequenzen. Vom Eifer des Wiederaufbaus und dem Antikommunismus als Staatsdoktrin bedeckt, konnten ehemalige Mitglieder der NSDAP ihre politischen Karrieren starten, Politiker sich von der Wirtschaft bestechen lassen, wie einige Skandale vor allem aus der Rüstungsbranche (HS-30, Starfighter, Fibag) belegten – immer mit dem Namen eines Politikers verbunden, der immerhin bis 1988 aktiv war. Öffentliches Aufsehen erregten in dieser auch sexuell verklemmten Zeit vor allem die Sittenskandale, in die politische Saubermänner verwickelt waren: der Montesi-Skandal 1953 in Italien, 1961 der Profumo-Skandal in England, hierzulande die Affäre um die Bekannten von Rosemarie Nitribitt im Jahre 1957.

Mit Sex ist heute kaum noch einer skandalierbar, wie etwa Manfred Wörner oder Uwe Barschel erfahren mußten. Dafür sind in den 8oer Jahren Vorgänge in die Skandalarenen zurückgeholt worden, die lange mehrheitlich toleriert wurden. Beginnend 1978 mit dem erzwungenen Rücktritt des damaligen Ministerpräsidenten Filbinger bis hin zur Demission von Werner Höfer ist das Verhalten in der NS-Zeit wieder skandalfähig geworden. Auch die Anlässe jüngerer Korruptions- und Personalskandale (z. B. Flick, Spielbankenaffäre in Niedersachsen, Lummers Rücktritt in Berlin) gehen in die siebziger Jahre zurück, bis sie in den achtzigern von der politischen Öffentlichkeit aufgegriffen worden sind. Vier Gründe lassen sich für das Anwachsen der öffentlichen Skandalbereitschaft nennen:

1. Der Wirkungsbereich staatlichen Handelns hat sich zunehmend ausgeweitet. Der Staat organisiert die öffentliche Wohlfahrt, die Rahmenbedingungen der Ökonomie und die technische, soziale und ökologische Risikoverwaltung. Regelverstöße in all diesen Gebieten erreichen damit schnell die Sphäre der skandalfähigen politischen Verantwortung. Im Resultat ist die Politik in höherem Maße als früher an gesellschaftlichen Skandalen mitbeteiligt. Verstrahlte Molke, versiegte Subventionen, vernachlässigte Aufsichtspflichten werden zu typischen Anlässen, gesteigert noch durch unübersichtlich gewordene Instanzenzüge, zwischen denen die politische Verantwortung hin und her geschoben wird. Im kleinen Grenzverkehr zwischen Politik und Wirtschaft stellt sich ein *strukturelles* Problem, ist in der einen Sphäre doch verboten, was in der anderen prämiert wird: Eigennutz. Wo immer aber sich im politischen Handeln Wertsphären überlagern, ist der Skandal nicht weit. Der Druck gut organisierter Interessen auf die Politik und deren Verfilzung vor allem mit der ökonomischen Macht hat dabei nicht gerade abgenommen. Die Verschränkung politischer und ökonomischer Interessen hat die Skandalträchtigkeit staatlichen Handelns auch deshalb gesteigert, weil gleichzeitig die öffentliche Wohlfahrt reduziert worden ist. Dies weckt das Sensorium des Ungerechtigkeitsempfindens, begrenzt den Duldungsbereich der alltäglichen Korruption und läßt den Ruf nach »bürokratischer Moralität« im allgemeinen Interesse immer lauter werden.

2. Politisches Handeln hat heute einen höheren Legitimationsbedarf, weil die öffentliche Sensibilität für die Inhalte und Formen politischer Machtausübung zugenommen hat. Soziale Bewegungen

und ein verbreiteter »Wertewandel«, der besser als zunehmender Wertedissens zu beschreiben ist, haben vorher selbstverständlichen Annahmen staatlicher Politik ihre Grundlage entzogen. Private Themen wurden in öffentliche transformiert (Frauenbewegung), öffentliche Themen zum persönlichen Anliegen gemacht (Ökologie, Frieden). Politische Teilöffentlichkeiten haben durch Aufklärungsarbeit die soziale Bereitschaft für Skandale erheblich gesteigert. Indem sie gesellschaftliche Themen kontrovers machen, präparieren sie fortwährend die potentiellen Anlässe von Skandalen.

Unterstützt und angetrieben werden sie dabei von den Medien. Der investigative Journalismus befindet sich selten im Lager des Konformismus. Seine Arbeit wird auch in der Bundesrepublik von Bewegungsmilieus, kritischen Fachleuten und machtskeptischen Bürgern unterstützt und von einem entsprechenden Publikum getragen. Auch dies hat die Kontexte vermehrt, in denen das Handeln oder Unterlassen von Politikern skandalfähig geworden ist. Das allgemein wachsende Interesse an gesellschaftlicher Beteiligung läßt jede Form politischer Exklusivität als illegitim erscheinen, der Wert der Gleichheit gleicher Rechte hat sich mittlerweile zum Mentalitätsbestand der Gesellschaft verfestigt – das bekommen die Politiker zu spüren. Wo die Ergebnisse der Politik viele nicht mehr befriedigen können, wächst auch die Kritik an den Verfahren und Methoden, durch die sie zustande gekommen sind. Rechtsstaatlichkeit, Verhältnismäßigkeit, »Basisnähe«, Selbstbeschränkung werden als Forderungen erhoben, jede staatliche »Sondermoral« einer beißenden Kritik unterzogen.

3. Mit der Vervielfältigung politisch kontroverser Machtlager in der Gesellschaft ist auch die Teilnehmerzahl am Definitionskampf, was ein Skandal genannt werden soll, gestiegen. Neue politische Akteure wie die »Grünen« sind in den Institutionen präsent, verursachen dort Störungen und sind im Krisen- und Konfliktfall auf Staatsräson schwerer zu verpflichten. Der politische Skandal stellt ihnen Techniken bereit, eine bisher nur minoritär formulierte Kritik an politischen Ereignissen oder Zuständen durch exemplarische Verdeutlichung zu popularisieren. Daher sind sie an der Technik des Skandals interessiert und verwenden sie für ihre Themen: Ökologie, Abrüstung, »Basisdemokratie«. Darin werden sie von relevanten Teilen der Be-

völkerung normativ getragen, die nicht zuletzt vor dem Hintergrund der Skandale um vergiftete Lebensmittel oder die »politische Landschaftspflege« des Flick-Konzerns für grüne Themen und die eigene Funktionszuschreibung des »Aufpassers« gewonnen werden konnten. Die Bereitschaft zum politischen Skandal wird dabei von einer gesellschaftlichen Entwicklung getragen, die Enthüllungen auch in »sensiblen Bereichen« wahrscheinlicher macht. In allen gesellschaftlichen Organisationen, in Firmen, Verbänden, Behörden, gehen intern die fraglosen Loyalitätsbindungen des Personals eher zurück.[5] Regelverstöße im Binnenraum von Organisationen dringen dadurch häufiger nach »außen« durch, wo sie dem politischen Zugriff offenstehen.

4. In Zeiten einer schwieriger gewordenen Legitimationsbeschaffung setzen Politiker immer häufiger auf die Karte einer symbolischen Politik, die mit um so größerem moralischen Aufwand (»Glaubwürdigkeit«) auftritt, je tiefer man den Stachel des Zweifels im Fleisch der Bevölkerung wähnt. Sie eröffnen damit zwangsläufig selbst ein Feld, in dem über die Kluft zwischen Anspruch und Wirklichkeit aufmerksam gewacht wird. Auch ist der hierzulande vorherrschende Typus des juristisch bewanderten Laufbahnpolitikers[6] nicht immer dazu befähigt, mit großen Gesten und dem Stil politischer Führerschaft entsprechend umzugehen. Die Peinlichkeit in der Politik konnte so zu einem großen Thema der Zeitkritik werden. Die offizielle Rhetorik hat die moralische Meßlatte selbst nach oben gelegt, an der die politischen Machtträger jetzt bewertet werden. Eine Atmosphäre gespannter Erwartung und ehrlicher Freude breitet sich dadurch im Publikum aus, wenn wieder einmal die Inszenierung moralischer Vorbildlichkeit mißlingt.

5 Vgl. Wolfgang Streeck: Vielfalt und Interdependenz. Überlegungen zur Rolle von intermediären Organisationen in sich ändernden Umwelten, in: Kölner Zeitschrift für Soziologie und Sozialpsychologie, 39. Jg. (1987), S. 471 ff.
6 Vgl. Heinz Bude: Typen von Skandalpolitikern, in: Ebbighausen/Neckel, a. a. O.

Bleiben Skandale folgenlos?

Skandale sind zwar schon fast zu einer Institution des politischen Lebens geworden; die Leistungen, die sie erbringen, können aber nicht nach der Art eines feststehenden Rechtsinstitutes beurteilt werden. Skandale sind ein *informelles* Instrument der Normkontrolle. Ihre Wirksamkeit hängt von den gesellschaftlichen Gruppen selbst ab, die sie betreiben und beurteilen. Politische Skandale erbringen drei gesellschaftliche Leistungen: Sie erweitern und differenzieren das Wissen der Gesellschaft von sich selbst auch hinsichtlich der »abgedunkelten« Bereiche, sie mobilisieren Werte und Normen in die Politik hinein, und sie emotionalisieren politische Konflikte; sie sorgen so dafür, daß die mobilisierten Werte auch die Tiefenschicht der Gefühle erreichen.

Die Häufung und die Themen der Skandale im letzten Jahrzehnt sind Indizien eines veränderten Wertbewußtseins. Zwischen den normativen Ansprüchen an die Politik von seiten der Öffentlichkeit und den internen Maßstäben in den politischen Institutionen selbst ist eine Lücke entstanden, die durch Skandale zwar nicht geschlossen, doch sichtbar gemacht wird. Da Skandale meist nur dort entstehen, wo schon etwas in Veränderung ist, sind auch deren Wirkungen dadurch bestimmt, ein Katalysator eines schon stattfindenden Wandels zu sein. Um so mehr sie im Publikum nicht einfach nur als Enthüllung anstößiger Verfehlungen einzelner gelten, sondern als symptomatischer Ausdruck sozialer Mißstände verstanden werden, lassen sie – jedenfalls heute – die Machtverteilung nicht unberührt.

Während etwa auf dem Höhepunkt der *Spiegel*-Affäre die CSU bei den bayerischen Landtagswahlen im November 1962 noch 1,9 Prozent zulegen konnte und die Parlamentsmehrheit erreichte, haben die Skandale der achtziger Jahre ihren Anteil zur Ablösung der jeweils regierenden Parteien beigetragen. In Berlin kippte 1981 der SPD-Senat unter dem Eindruck der Garski-Affäre, um dann 1989 im Windschatten eines neuen Bauskandals wieder an die Macht zu gelangen. In Schleswig-Holstein wurde nach dem Barschel-Skandal die CDU vom Wähler in die Opposition geschickt. Skandale bleiben beim Souverän zumal dann nicht folgenlos, wenn durch die aufgedeckten Mißstände materielle Interessen der Bevölkerung selbst berührt werden, was vor allem die lokale Politik in den Städten betrifft.

Es kann jedoch nicht übersehen werden, daß die Auswirkungen von Skandalen auf das politische Bewußtsein der Bevölkerung wenig erforscht sind. Wo man hierzu Umfragen machte, sind die Ergebnisse von fragwürdiger Natur, weil das Mißtrauen gegen die Politik immer schon als vorurteilsbeladenes Einstellungssyndrom konstruiert wurde, das nicht reale Erfahrungen, sondern verzerrte Wahrnehmungen reflektieren soll. Und doch läßt sich aus den Erhebungen etwa zum Watergate- oder zum Waldheim-Skandal[7] der Schluß ziehen, daß Skandale als Verstärker vorher schon bestehender Tendenzen wirken. Die Gegner einer skandalierten Partei werden in ihrer Ablehnung dieser gegenüber bestärkt und für die eigenen Ziele mobilisiert, die Anhänger der Skandalpartei dagegen verunsichert, die innere Kohärenz des eigenen Lagers zersetzt sich: Auch viele der Parteigänger Waldheims wollten, trotz prinzipieller Zustimmung zu seinem Verhalten, ihn nicht noch einmal wählen, weil man den ganzen Rummel satt hatte.

Die Reaktionen von Unentschiedenen oder »Neutralen« spalten sich auf. Teils geben Skandale den letzten Anstoß, den Bürger brauchen, um in Wahlen die Partei zu wechseln, teils wächst ein genereller Zynismus gegenüber dem Politischen heran. Welche Reaktionsweisen sich ausbreiten, ist weniger von den Skandalen selbst als vielmehr von den institutionellen Konsequenzen abhängig, die aus ihnen gezogen werden. Ob sich durch einen bloßen Wechsel von Personen nur eine »Katharsis zum faulen Frieden« vollzieht oder man einem »institutionellen Rigorismus«[8] zum Durchbruch verhilft, entscheidet darüber, ob Argwohn, Zynismus und ein moralischer Partikularismus anwächst, der sich – weil sowieso alles und jeder käuflich sei – an die normativen Maßstäbe demokratischer Gemeinwesen nicht mehr gebunden fühlt.

Die Bilanz der institutionellen Skandalverarbeitung kann hier kaum überzeugen. Sicher gelingt es der Technik des Skandals biswei-

7 Zu Watergate vgl. Siegfried Preiser: Ganz normale menschliche Reaktionen, in: Helmut Moser (Hrsg.): L'Eclat c'est moi. Zur Faszination unserer Skandale, Weinheim 1989; zur Waldheim-Affäre vgl. SWS-Meinungsprofile: Österreichs Skandale im Spiegel der Meinungsforschung, in: Journal für Sozialforschung, 26. Jg. (1986), S. 342 ff.
8 Vgl. Claus Offe: Von der Suchtbildung der Parteien. Vermutungen, wie sich die Flick-Affäre auf Staat und Politik auswirkt, in: Die Zeit, 7. Dezember 1984, S. 4.

len, gesellschaftlich noch Ungeregeltes in die Sphäre der Norm zu überführen: Die Gesetzgebung zur Parteienfinanzierung nach den Wogen des Flick-Skandals ist dafür ein Beispiel. Auch können aufgedeckte Skandale eine abschreckende Wirkung entfalten und eine »Korruptionsbremse« sein, wie der amerikanische Soziologe Lawrence Sherman am Beispiel der Bestechlichkeit in amerikanischen Polizeiabteilungen zeigte.[9] Skandalangst wirkt als eine soziale Selbstkontrolle. Sie hat nach der Parteispenden-Affäre im Bundestag die Selbstamnestierung der Parteien und in manchem Landtag überaus großzügige Diätenregelungen verhindert. Die höchstrichterlichen Urteile zur Parteienfinanzierung bezeugen jedoch auch eine andere, nicht untypische Strategie der Skandalbewältigung – erweckt die nunmehr ganz legale steuerliche Begünstigung von Großspenden doch den Eindruck, daß hier alte Praktiken nicht verhindert, sondern nur vor einer weiteren Skandalierung beschützt werden sollen.

Das typische Instrument der Skandalbewältigung – der Untersuchungsausschuß – hat bisher nur dort zu einer vollständigen Aufklärung beigetragen, wo es sich um ausschließlich persönliche Verfehlungen handelte und die Verantwortung eindeutig auf eine Person übertragen werden konnte. Wurden aber Praktiken verhandelt, die mehrere Parteien, »sensible Sicherheitsbereiche« oder die Verfilzung von Geld und Politik betrafen, obstruierte man – wie etwa während der Ermittlungen in der Flick-Affäre – Erkenntnisse oder die Ausschüsse dümpelten – wie im U-Boot-Skandal – träge vor sich hin. Die Instanzen der politischen Reform nach einem Skandal sind zumeist dieselben, die vorher auch an den skandalösen Vorfällen beteiligt waren. Wenn aber Politiker sich selbst kontrollieren, sind die Maßnahmen immer auch von Eigeninteressen und den Gesetzen der Parteienkonkurrenz bestimmt, die nicht unbedingt mit den Maximen eines demokratischen Gemeinwesens übereinstimmen müssen.

Auch personelle Konsequenzen lassen regelmäßig zu wünschen übrig, obwohl die Rücktrittsquote seit den 8oer Jahren eher angestiegen ist. Daß ein wegen Steuerhinterziehung rechtskräftig verurteilter Politiker nach seinem Sturz als Minister wieder Vorsitzender einer liberalen Partei werden konnte, während der Finanzbeamte, der

9 Lawrence W. Sherman: Scandal and Reform. Controlling Police Corruption, Berkeley 1978.

den Parteispendenskandal ins Rollen brachte, nach einigen Versetzungen den Dienst quittierte – darin kann man nicht ohne Grund selbst wiederum einen Skandal sehen. Ohne das Drohpotential jedoch, das von Skandalen ausgeht, würde auch die personelle Bequemlichkeit kaum aufgescheucht werden. Skandale führen Konkurrenz in das Geschäft der Politik ein, was bekanntlich die Qualität verbessern soll.

Skandale lösen keine Revolutionen aus und bereiten heute wahrscheinlich auch keine mehr vor. Dort aber, wo politische Institutionen daran interessiert sind, den Raum gesellschaftlicher Konflikte zu verengen, sie in die inneren Instanzen zu verlagern, erweitern sie die Sphäre der Politik thematisch und sozial. In ihrer Häufung und in ihren Themen einem untergründigen gesellschaftlichen Wandel geschuldet, dokumentieren sich in ihnen die Veränderungen der moralischen Erwartungen, die von der Gesellschaft an die Politik gerichtet werden. Ein politisches Institutionensystem, das in sich selbst diesen Wandel nicht mitvollzieht, läßt eine Lücke klaffen zwischen den normativen Ansprüchen und der politischen Realität. Ob sich – wie dies in jeder Sonntagsrede vor allem potentiell Betroffener behauptet wird – in Skandalen einfach nur die Funktionstüchtigkeit der politischen Ordnung erweist, kann daher mit Recht bezweifelt werden. Insofern Skandale normativ vorgreifen oder die Politik auf die Normen zurückholen, sind sie immer auch Krisenphänomene einer politischen Ordnung, grelle Ereignisse im schleichenden Erosionsprozeß sicher geglaubter Legitimationen.

In Zeiten fragloser Massenloyalität, politischer Apathie oder moralischer Indifferenz entstehen Skandale seltener oder zielen sie zumeist auf Themen, die kaum über den immer fehlbaren Bereich persönlicher Leidenschaften hinausgreifen. Wo sie jedoch politische Routinen kritisieren, gesellschaftliche Mißstände über die Schwelle sozialer Gleichgültigkeit heben, die Geltung selbstgesetzter Ziele und Verfahrensnormen anmahnen und politische Arkanbereiche in die öffentliche Diskussion ziehen, kündigen sie den Verfall alter Legitimationsmuster und das Heraufziehen neuer politischer Kräfteverhältnisse an. Skandale zeigen, daß über die Rechtfertigungsgründe politischer Macht die jeweils Regierenden nicht allein verfügen. Dies muß nicht unbedingt den Regierenden, kann aber der Gesellschaft nur förderlich sein.

Das politische Problem der Generationen

Das politische Problem der Generationen beginnt dort, wo eine Generation aufhört. Die Mehrzahl des heutigen akademischen Personals zum Beispiel gehört den Jahrgängen an, die sich auch die Sozialforscher angewöhnt haben, »Protestgeneration« zu nennen, während die Nachrückenden zu jener unglücklichen Kohorte zählen, die schlicht nur als »verloren« gilt. Die »lost generation« kommt alle Jahre mal vor und hat im 20. Jahrhundert eine reiche Tradition. Nicht nur die, die klagen, für '68 zu jung und für den Punk zu alt gewesen zu sein, suhlen sich gerne in der Melancholie, das Wesentliche verpaßt zu haben. So sangen schon die Alten, als sie noch kurze Hosen trugen; später dann haben sich junge Männer dieses Gefühl beim Rock'n Roll aus dem Körper getanzt. Verloren waren diese Generationen durch den Krieg, die späteren durch das Empfinden, nicht überall dabeigewesen zu sein.

Im Unterschied zu den »verlorenen« haben die »politischen« Generationen immer schon einen Fixpunkt außer sich selbst gehabt. Träger einer Idee und einer Bewegung zu sein, erweitert das kollektive Selbst um politische und soziale Dimensionen, die durch keine Jahrgangsgrenzen mehr beschränkt scheinen. Die politischen Brüche in der deutschen Geschichte, die Verbrechen, Katastrophen und Errungenschaften, die sie hervorgebracht hat, lassen darauf ein anderes Licht fallen. Die politische Geschichte Deutschlands ist eine Geschichte der Brüche zwischen den Generationen. Vom »jungen Deutschland« bis zur »deutschen Jugend«, von der »Frontkämpfergeneration« bis zur Hitlerjugend, von der skeptischen »Ohne-mich-Generation« bis zu den »68ern«, von den »alten Genossen« der Komintern-Zeit bis zur FDJ-Generation der DDR-Aufbaujahre haben sich Jahrgangsgruppen als Widerpart zu anderen im Auftrag höherer Ziele verstanden.

Nach 1968 sind die Wellen, nach denen Generationen bezeichnet wurden, immer spärlicher an das Ufer des öffentlichen Bewußtseins geschlagen – vielleicht weil es sie so seither nicht mehr gab. Ein Label ist schnell kreiert und muß bei weitem nicht zutreffend sein – auch Schelskys »Skeptische Generation« der 50er Jahre stammt nicht von ihm, sondern von seinem Verleger. Von denen, die zwischen 1940 und 1950 geboren sind, waren nur wenige 1968 wirklich dabei. Doch hat sich der Zeitgeist dieser Epoche in welchen Färbungen auch immer im Bewußtsein dieser Bevölkerungsgruppe abgelagert, hat sich ein »Generationsstil« (Karl Mannheim) entwickelt, der untereinander ebensosehr Erkennbarkeit stiftet wie er zwischen den Generationen für den Anlaß von Absetzbewegungen sorgt. Mag sein, daß es *die* politischen Generationen gar nicht (mehr) gibt, mag auch sein, daß das Gerede von den Verwerfungen der eigenen Generationszugehörigkeit ein typisches Syndrom der Mentalität der Mittelklassen ist. Und doch ist die Frage, in welchen Altersgruppen die Problematik einer Zeit am heftigsten empfunden wird, nicht nur ein Thema für verregnete Nachmittage. Wahrnehmung und Bewußtsein steuern sich nicht jenseits des eigenen Alters aus, und kollektives politisches Handeln begründet sich am ehesten in Lebenswelten, wie sie nicht nur von einem sozialen Milieu, sondern auch in einer Generationenlage gemeinsam erlebt werden.

Als Karl Mannheim 1928 das »Problem der Generationen« beschrieb, wird er die »alten Kämpfer«, die »neue Frau« und die »deutsche Jugend« vor Augen gehabt haben – soziale Typen generativer Einheiten, zwischen denen die kulturellen und politischen Konflikte der Zeit ausgetragen wurden. Dabei fällt auf, daß politische Generationen eigentlich immer jung waren, jedenfalls sind es immer nur die Jüngeren gewesen, die so bezeichnet wurden. Die formative Phase des politischen Bewußtseins pflegt einzusetzen, wenn die Gesellschaft zum ersten Mal bewußt und praktisch angeeignet wird und dabei die Ordnung der Welt noch bar jeder Normalität ist. Das wußte schon der Hegelsche Jüngling, so wie ihn Manfred Riedel beschreibt:

»Der Jüngling [...] löst die in der Welt und ihren ethisch-politischen Dauerordnungen von Familie, bürgerlicher Gesellschaft und Staat verwirklichte sittliche Idee auf die Weise auf, daß er sich selber die zur Natur der Idee gehörende Bestimmung des Substantiellen – das Wahre und Gute –, der Welt dagegen die Bestimmung des Zufälligen, Akzidentiellen zuschreibt.«[1]

1 Manfred Riedel: Wandel des Generationsproblems in der modernen Gesellschaft, Düsseldorf/Köln 1969, S. 27.

Generationen erleben eine historische Aktualität, die für andere Vergangenheit ist. Gleichzeitiges erleben sie ungleichzeitig, als primäre Erfahrung, als Kontinuitätsbruch, Enttäuschung oder Bekräftigung. Generationen durchlaufen eine altersbedingte Prägephase ihres politischen Bewußtseins, die »Jahre der Empfänglichkeit«, wie Wilhelm Dilthey das genannt hat. Ihre Weltbilder und Mentalitäten formen sich in der Ersterfahrung der je historischen Ereignisse einer bestimmten Zeit, was die gemeinsame Jugend für das eigene Generationsgefühl besonders prädestiniert. Politisch werden Generationen immer dann, wenn diejenigen, die verwandten Geburtsjahrgängen zugehören, die typischen Ereignisse ihrer Zeit in gleicher Weise verarbeiten und ihr politisches Handeln mit gemeinsamen Grundintentionen und Zielen ausstatten. Das heißt nicht, daß Generationen handelnde Gruppen sind, wohl aber, daß handelnde Gruppen durch das Merkmal der Generationszugehörigkeit geprägt sind. Weil Alte weniger aktiv sind und Vierzigjährige zu tun haben, sieht es so aus, als ob dies nur die Jüngeren betrifft. Das auch politische Pathos der Jugend verstellt den Blick darauf, daß es vor allem die mittlere Generation ist, die eine Gesellschaft trägt, die Generation der Kader und Familienväter, der Stammbelegschaften, der Bürokratie und der Führungskräfte. Politisch ist diese Generation immer schon durch die Funktion, die ihr im sozialen Gefüge zukommt, und politisch ist sie auch dadurch, daß sie die Themen, Leitbilder und gesellschaftlichen Regeln, die Auf- und Abstiegsbedingungen vorgibt, die die Spannung zu den nachwachsenden Altersgruppen erzeugen.

Wie der sozialstaatlich gebändigte Kapitalismus durch Arbeitsmarkt, Ausbildung und Verrentung den Altersaufbau einer Gesellschaft erst zu einer sozialen Struktur verfestigte, so ist auch die »Generation« ein Begriff, der höchstens zweihundert Jahre hinter sich hat. Auf diesem Weg ist er von den literarischen Salons, wo er zur Selbstbeschreibung einer ästhetischen Elite diente, in die Arenen der Politik gewandert, um schließlich von der Reklame entdeckt zu werden – was für seine Realitätstüchtigkeit spricht: Kein Unternehmer gibt sein Geld für unnützes Zeug aus. Gleichwohl schwebt regelmäßig ideologischer Nebel durch den Raum, wenn von Generationen die Rede ist – harmlos, sentimental, harmonisierend.

Generationen sind keine homogenen sozialen Einheiten. Mannheim meinte, den Generationenbegriff nur deshalb zum Klassenbegriff analog setzen zu können, weil ähnlich der »Klasse an sich« die Generationslagerung die strukturell-historischen Bedingungen vorgibt, unter denen Praxis möglich ist, Welt und Gesellschaft erfahren und verändert werden kann. Die Generationszugehörigkeit lagert sich Mannheim zufolge in die jeweilige Klassenlage ein, modifiziert das Erleben und die Handlungsbereitschaft. Die wirklichen Träger sozialer Bewegungen sind nicht nur sozial, sondern oft auch generativ miteinander verbunden gewesen. Darin liegt die Stärke der inneren Kohärenz einer Bewegung begründet, aber auch die Schwäche der Schließung zu anderen Altersgruppen. Das politische Problem der Generation beginnt hier, in der Vermittlung in Form einer gemeinsamen Sprache, in der Schwierigkeit, die Kultur eines Protestes und seiner Ziele in andere Altersgruppen transformieren zu können.

Mannheim sah die praktische Bedeutung des Generationenproblems darin, in Zeiten »beschleunigter Umwälzungen ein genaueres Verständnis der unmittelbaren Gegenwart« zu erlangen. Wenn Krieg oder Klassenkampf, Depression oder Revolution die historische Kontinuität durchbrechen, setzt der geschichtliche Wandel vor allem die Kräfte, das Engagement und die Ambitionen der nachrückenden Generationen frei, die den politischen Prozeß mit einer besonderen Intensität erleben. Im historischen Augenblick der Veränderung sind durch die Klassen hindurch Generationsgruppen die Träger einer politischen Bewegung, sind politische Mentalitäten und auch materielle Interessen nach Altersgruppen differenziert. Wer deren Motive und Erfahrungen kennt, wird Ursachen und Chancen politischer Umwälzungen besser einschätzen können.

Wenn einer bald sein ganzes Leben damit verbracht hat, sich anpassungsbereit zu zeigen, wird er in die Zukunft kein politisches Risiko mehr investieren wollen. Nichts zu verlieren haben nur die, die sich in der Herrschaft noch nicht einrichten konnten. Die, die sich arrangiert hatten, bemühen sich nach einer Umwälzung meist, ihre vormalige Konformität als lebenslangen inneren Widerstand auszugeben. Wir kennen das aus der Geschichte, zuletzt aus der untergegangenen DDR. Die »Hoch«-Rufe vor den Tribünen des Politbüros mögen in manchem noch nachgehallt haben, der nach dem Sturz der Nomenklatura seine Abscheu darüber bekundete, die ganze Zeit über betrogen worden zu sein. Die Kinder wußten das besser und zogen ihre Schlüsse daraus: Sie votierten für »exit« oder »voice« (Albert O.

Hirschman), während etabliertere Jahrgänge bis zum 9. November 1989 erst einmal abwarteten, wer am Ende die besseren Karten hat.

Das politische Problem der Generationen liegt daher auch im materiellen und moralischen Erbe begründet, das eine den anderen überläßt. Die Protestgeneration der 60er und 70er Jahre hat versucht, die satte Zufriedenheit des Postfaschismus mit sich selbst aufzuscheuchen. In der DDR mußte das herrschende Bündnis aus alten kommunistischen Kadern und den willigen Technokraten der mittleren Generation erfahren, daß nach dem letzten Tauwetter zu Beginn der siebziger Jahre der Faden zu den nachwachsenden Altersgruppen langsam, aber sicher gerissen war. Auf der Baustelle des Sozialismus setzte seither eine innere Kündigung ein, die nur auf die Gelegenheit wartete, dem ungeliebten Regime Hammer, Zirkel und Ährenkranz endlich hinschmeißen zu können. Nicht nur für die Veteranen der Arbeiterbewegung ist dies eine schmerzhafte Erfahrung gewesen, in die sich jedenfalls bei denen auch Scham mischte, die dem Zynismus der Macht nicht vollends erlegen waren. Oftmals waren es gerade die Dissidenten des Sozialismus, die in eine tiefe Depression gefallen sind, als es nach dem November in den Bildern des Fernsehprogramms nur noch Deutschland total gab. Der Ideale beraubt und für all die Konflikte, die man ihnen zuliebe auf sich nahm, nicht im geringsten entschädigt: tabula rasa des eigenen Selbst – so jedenfalls wollte die Geschichte es anscheinend lehren, die mit ihrer ganzen Gewalt über die eigenen Normen hinweggerollt war und der eigenen Biographie den Stempel der Vergeblichkeit aufgedrückt hatte.

Zum Generationenthema hat die westdeutsche Linke seit '68 ein gestörtes Verhältnis gehabt, nicht ohne Grund, aber auch nicht ohne Verkennung. Zu den begründeten Aversionen gehört, daß es sich noch jeder politische Aufbruch gefallen lassen mußte, als »Generationenkonflikt« verniedlicht zu werden: »Alles schon 'mal dagewesen.« Der Verkennung muß zugerechnet werden, daß der Generationenkonflikt von denen, die ihn betrieben haben, selbst immer nur psychologisch verstanden wurde. Daß sich politische Mentalitäten um Generationsgruppen bündeln und mit dem Alter verbunden sind, sollte nicht eingestanden werden, um die Universalität der Idee nicht zu blamieren. Die Fakten dagegen sind kalt und nüchtern. Die Wahlforschung etwa hat die »Grünen« schon längst als Kohortenpartei der 30- bis 45jährigen ausgemacht, weshalb mit ihrem politischen

Fortbestand zu rechnen sei, auch wenn der Anteil der Jungwähler weiterhin sinkt. Weil mit zunehmendem Alter die politische Wahlpräferenz immer weniger noch verändert wird, die politische Grundposition sich also biographisch verfestigt, wandert die Wählerschaft mit den Jahrgangsklassen in die oberen demographischen Abteilungen ab, was bei der derzeit durchschnittlichen Lebenserwartung den »Grünen« noch auf 30 bis 40 Jahre eine Stammwählerschaft bescheren könnte, die das Erreichen der Fünf-Prozent-Klausel nicht unwahrscheinlich macht.

Heute befindet sich die Linke in einer Generationenspannung, aus der sie selbst einmal hervorgegangen ist, nur daß sich mittlerweile die Rollen vertauscht haben. Die Töchter der Emanzen und die Söhne der 68iger treten zum Bedauern ihrer Eltern nicht in die linke Geschichte ein, sondern – so lautet die Klage – profitieren nur kaltschnäuzig von jenen materiellen Vorteilen und kulturellen Freiheiten, die andere für sie einmal erkämpft haben. Die Hymne einer Generation schien gewechselt zu haben: von »Keine Macht für niemand« zu »Flieger, grüß mir die Sonne« – der linke Lehrer schier verzweifelt, was für eine spießige Brut er da herangezüchtet hat. Die Selbstgerechtigkeit der alternden Rebellen ist mindestens so ätzend wie die Bereitschaft, nun unbedingt alles toll finden zu müssen, was der junge Mensch so treibt. Dazwischen liegt der wirkliche Prozeß, sich zwischen Überheblichkeit und fürsorglicher Belagerung sowohl absetzen als auch verstehen zu können.

Im westlichen Deutschland liegen heute die Erfahrungsbestände zwischen der mittleren und der jungen Generation vielleicht dichter zusammen, als dies je zuvor der Fall gewesen ist. Man kann miteinander reden, und daß eine 40jährige Mutter mit ihrem vierzehnjährigen Sohn gemeinsam ein Konzert von *Genesis* besucht, dürfte vor 20 Jahren bei vergleichbaren Anlässen keineswegs gewöhnlich, sondern eher eigenartig gewesen sein. Die mittlere Generation der alten Bundesrepublik ist eine, die selbst schon eine verlängerte Jugend gehabt hat und die das Erwachsensein nicht bruchlos erfuhr, nicht kulturell, aber auch nicht ökonomisch. Dafür hat der Arbeitsmarkt gesorgt, der die Statuspassagen unsicherer machte. Mancher kam dadurch auf den blöden Gedanken, daß es »sinnlos sei, erwachsen zu werden«. Vergleichbares war aus der DDR 40 Jahre lang nicht zu berichten, wo der »vormundschaftliche Staat« (Rolf Henrich) den Bürger als Mündel hielt und ihm bei Gehorsam die realsozialistische Variante der staatlichen Vollversorgung bot. Der Umgang mit Unsicherheit ist dadurch auch für die verschiedenen Generationen in Ostdeutschland zu einem Thema geworden, und wohl und wehe denen, die sich an ihre Erwartungen noch nicht allzu oder schon zu sehr gewöhnt haben.

In der DDR hat es ein »1968« nicht gegeben, die Widerstände gegen die alte Ordnung haben sich andere Daten und Themen gesucht. Die Jugend der 80er Jahre hat den anpassungsbereiten Gründergenerationen des realen Sozialismus politisch Beine gemacht, um schließlich auch in der eigenen Altersgruppe mit einem Thema konfrontiert zu werden, das scheinbar einer anderen Generationenlage zugehört: die Nation. Generationen haben ihre politischen Themen, um die herum sich das politische Bewußtsein zentriert. Faschismus und Technik sind hier Stichworte gewesen, gegenwärtig ist »Deutschland« wieder dabei, eines zu werden. Merkwürdig verzerrt erscheinen politische Themen immer dann, wenn sie nicht zum Alter passen wollen. Daß jene, die in einem Deutschland aufgewachsen sind, hieran besonders hängen, mag noch verständlich sein. Daß aber auch Menschen für Schwarz-Rot-Gold zu begeistern sind, die allein von ihrem Alter her damit doch keine konkrete Vorstellung verbinden können, hat nicht mit der Erfahrung, sondern mit einer Projektion zu tun – und derlei ist politisch viel gefährlicher, als Erfahrungen dies je sein können.

Der Untergang der DDR kann aber auch zu anderen beunruhigenden Wahrnehmungen veranlassen, die mit den politischen Haltungen verschiedener Generationen zu tun haben. Während die »verdorbenen Greise« (Wolf Biermann) der stalinistischen Gerontokratie den Sozialismus auf eine billige Legitimationsideologie herunterbrachten, hat sich eben dadurch die Idee des Sozialismus für andere Generationen restlos verbraucht. In ihren geschichtlichen Erfahrungsbeständen, die hier vom Faschismus, dort von der Schurigelei, der Langeweile und der Bevormundung geprägt waren, vollständig getrennt, herrscht Verachtung zwischen den Generationen und Sprachlosigkeit. Wenn die Idee des Sozialismus selbst nicht zu einer historischen Reminiszenz einiger Generationen werden will, wird sie eine neue politische Generation für sich erobern müssen.

Neues Deutschland

Schiene und Strecke, Zimmer und Raum
Zur Lebensphilosophie zweier Gesellschaften

Wer die Art der Sinngebung einer Gesellschaft verstehen will, kann sich zum Beispiel danach erkundigen, wie die Menschen ihren Lebensprozeß im Fortgang der Zeit interpretieren oder sich inmitten der Welt selber verorten. Raum und Zeit sind die grundlegenden Kategorien der Wahrnehmung und der menschlichen Orientierung. In sie gehen die Erfahrungen ein, die die Menschen mit ihrem Leben gemacht haben.

Zeugnis darüber legt die gewöhnliche Sprache ab. Ihre Muster sind das Lackmuspapier der Weltdeutungen, durch die Worte hindurch spricht sich die alltägliche Philosophie der persönlichen Existenz aus. Der deutsche Sprachraum ist für semantische Neugier gegenwärtig besonders geeignet. Nach der Vereinigung zweier Staaten, von denen Erich Honecker 1987 bei seinem Besuch in Bonn sagte, ihre Ordnungen schlössen sich aus wie Feuer und Wasser, stoßen nun neben anderem auch die Worte aufeinander, mit denen die Erfahrungen der Menschen in ganz unterschiedlicher Weise belegt werden. Wer will und seine Ohren nicht künstlich verschlossen hält, kann ein ganzes Wörterbuch der Bezeichnungen aufstellen, in denen sich die Idiosynkrasie der jeweiligen Gesellschaftsform zum Ausdruck bringt. Dabei ist es nicht so, daß nacktes Unverständnis das Verstehen der beteiligten Seiten unmöglich machte. Es gibt einen Bedeutungsvorrat der gemeinsamen Sprache, der auf einer geteilten Geschichte und den Ähnlichkeiten in den kulturellen Praktiken beruht. Dieser Vorrat erlaubt es zum Beispiel, die sprachlichen Monumente einer künstlichen Politisierung des Lebens als sinnfremd eindeutig zu identifizieren. Auch ein Ostdeutscher wird heute nur noch im Scherz vom Weihnachtsengel als einer »Jahresendfigur« sprechen, und auch das »Winkelement« als Bezeichnung für ein Fähnchen dürfte bald dem Vergessen anheimfallen. Die kleinen Verschiebungen in der Sinngebung sind es, die hüben wie drüben die kurzen Momente der Irritation stiften, durch die der Fluß der gesamtdeutschen Rede mitunter gestaut wird.

Wenn etwa im deutschen Osten von der »Zwei-Raum-Wohnung« gesprochen und dabei das »Zimmer«, das im Westen gebräuchlich ist, in der Sprachverwendung vermieden wird, so legt diese Gewohnheit mehr frei als eine nur zufällige Konvention. In ihr äußert sich der Geist einer Lebensform, der den Menschen nicht unbedingt präsent sein muß, um wirksam zu sein. Was »Raum« und »Zimmer« betrifft, so spricht sich hier die zur normalen Sprache gewordene Differenz zwischen dem physikalischen Materialismus und dem bürgerlichen Ideal des Wohnens aus – zwei Interpretationen aus einem Ausschnitt des gewöhnlichen Lebens, die die unterschiedlichen Welten in Deutschland regieren. Im »Raum« scheint das Primat der materiellen Existenz auf, die illusionslose Aussprache der Tatsachen des wirklichen Lebens, das bestimmter notwendiger Voraussetzungen bedarf. »Zimmer« nimmt sich dagegen wie die Verklärung eines Zustandes aus, der im pragmatischen Materialismus der DDR zunächst einmal als eine physikalische Gegebenheit betrachtet wurde.

Raum ist natürliche Ressource, Zimmer eine subjektive Konstruktion, die dreidimensionale Erweiterung des Selbst. Daher kann mit Zimmern auch niemand versorgt werden, wohl aber mit Raum, den wir allerdings brauchen, wenn wir ein Zimmer herstellen wollen. Die Subjektivität des Zimmers ist nicht voraussetzungslos seinem Bewohner selbst entwachsen. Als Originalität ist sie zudem Illusion. Ihr hängt der westliche Zimmerbewohner mit um so größerer Anstrengung nach, je stärker der Zwang zur individuellen Besonderheit auf ihm lastet. In der DDR ist der Wohnraum Produkt einer staatlich organisierten Versorgung der Menschen mit den elementaren Lebensbedingungen gewesen, die für alle gleich sind: schlafen, essen, zeugen zu können. Praktisch gewann dies Gestalt in den Plattenbauten der sozialistischen Wohnkomplexe, von den Einheimischen auch »Arbeiterschließfächer« genannt. In ihnen sind nicht nur monströse Denkmäler des Kollektivismus zu sehen, sondern auch eine aggressiv anmutende Demonstration des Staates, die Bedürfnisse des Volkes erfolgreich befriedigen zu können. Wie im westlichen Zimmer die heimliche Aufforderung anwesend ist, seine persönliche Individualität zu erweisen, so war in der Wohnraumversorgung der DDR die Anmaßung eines diktatorischen Staates verborgen, die allgemeine Lebensform zu standardisieren. Dabei stand Pate nicht allein der Mangel, sondern das tiefsitzende Mißtrauen, der jedwedem »Individualismus« entgegengebracht wurde. Er wurde hier nicht als Leistung belohnt, sondern als Gefahr betrachtet, der man auch räumlich beizukommen gedachte.

Ein Zimmer hat Raum, ist er aber nicht selbst, sondern das, was man daraus gemacht hat. So weist das Zimmer immer auf die Subjektivität desjenigen zurück, der es bewohnt, während der Raum gleichsam unbelebt ist. Ihn gibt es auch, wo der Mensch fehlt, einer wissenschaftlichen Weltanschauung verwandt, die den Subjektivismus der Erklärung des Seins als idealistische Illusion bezeichnet hat. Unabhängig vom Willen des einzelnen gelten im Raum die Gesetze der Naturwissenschaft. Vielleicht vermag diese wissenschaftliche Weltanschauung auch zu erklären, warum es in der DDR die Gewohnheit gab, das eigene Land als »Territorium« zu bezeichnen: als staatliches Hoheitsgebiet, in dem sich unter der Aufsicht der Partei die Gesetzmäßigkeiten der Geschichte an denjenigen vollziehen, die ihr unterworfen sind. Im »Territorium« gehen der Anspruch auf staatliche Oberherrschaft und die unpersönliche Wahrnehmung der Welt ein sprachliches Bündnis ein. Insofern ist die Zwei-Raum-Wohnung die kleinste Einheit des staatlichen Territoriums gewesen.

In der zeitlichen Dimension fällt dem Zuhörer immer wieder die Verwendung einer Formel auf, durch die eine besondere Bewegung im Lebensverlauf bezeichnet wird. Nach der Wende erklärte mir etwa ein ostdeutscher Kollege, der einen künftigen Berufswechsel andeuten wollte, er habe sich über Informatik erkundigt und wolle es jetzt auf dieser »Strecke« probieren. Die »Strecke« wird auch verwandt, wenn einer sein Sozialkapital aktiviert. Ich habe es auf dieser »Strecke« versucht, heißt es, wenn jemand den Kontakt ihm wichtiger Personen oder Instanzen sucht. Heute mag damit in Ostdeutschland ein informeller Arbeitsmarkt gemeint sein, früher vielleicht die Parteileitung einer Stadt.

Im Westen sind derartige Strategien nicht unbekannt, nur finden sie hier ein anderes Wort. Typischerweise werden sie in das Symbol der »Schiene« verpackt, auf der man »fährt«, um irgend etwas zu erreichen. Schiene und Strecke sind Bewegungsbegriffe, mit denen vor allem Richtungsänderungen der subjektiven Orientierung angesprochen werden. Sie weisen in eine Zukunft hinein, die über den Weg von »Schiene« oder »Strecke« handelnd erreicht werden soll. So gleichartig die Pragmatik des sprachlichen Zeichens auf den ersten

Blick ist, so weit treten die Bedeutungen auseinander, vergegenwärtigt man sich, was Schiene und Strecke in diesem Zusammenhang eigentlich sind. Unter der Schiene wird landläufig ein Hilfsmittel der Fortbewegung verstanden, das es etwa der Eisenbahn erlaubt, von hier nach dort zu gelangen. Die Strecke, die sie dabei zurücklegen mag, ist ein Weg bestimmter Länge, der einen Anfang und ein Ende hat. Strecke ist also Ergebnis dessen, was das Fahren auf der Schiene erreicht – jedenfalls dann, wenn die subjektive Bewertung der Bewegung in der Zeit das Durchmessen bestimmter Räume zum Inhalt hat. Spricht nun jemand davon, er wolle in Zukunft persönlich auf dieser Schiene fahren, so meint er eigentlich nur, eine Bewegung anzustreben, die ihn in jene Richtung führen soll, in die die Gleise eben gelegt sind. Ein Anfang ist gemacht, ein Ende noch nicht abzusehen, wer weiß schon, wohin die Fahrt ihn noch führen wird. Jener Passagier des eigenen Lebens dagegen, der eine Strecke zu absolvieren gedenkt, kennt nicht nur den Anfang der Fahrt, sondern auch deren Ende. Gerade das feststehende Ziel ist es ja, was ihn dazu motiviert, diese und keine andere Strecke zu nehmen. Demgegenüber ist unser Schienenläufer jemand, der sich überhaupt nur in Bewegung setzen will. Ihm liegt gleichsam daran, den Fahrtwind des eigenen Selbst zu spüren.

Schiene und Strecke als alltägliche Symbole des subjektiven Lebensprozesses geben die unterschiedlichen Bedeutungen preis, die den Wandlungen in der Biographie sozial zugeschrieben werden. Die westliche Schiene repräsentiert die Bewegung an sich, die aus der Perspektive des Streckenbenutzers eigentlich sinnlos ist. Nicht auf den Zweck kommt es an, sondern aufs Mittel, eben die Schiene, die einen irgendwo hintragen wird: eine endlos prozessierende Selbstbewegung als Prinzip, von der der Streckenbenutzer nicht ganz zu Unrecht sagen wird, daß sie sich täuscht, wenn sie sich immer weiter in die Zukunft verlängert. Die Strecke dagegen ist durch das Ziel definiert. Dem Zweck ist das Mittel untergeordnet, das Erleben der Bewegung ist wichtig nur insoweit, als sie ihren Sinn in der Annäherung an das endliche Ziel findet. Daher darf das Ziel am Ende der Strecke niemals bezweifelt oder geändert werden, mag der Weg auch mühsam sein. Selbstgewißheit ist gerade dann geboten, wenn die Strecke unübersichtlich wird. Daraus folgt eine Strategie der Autosuggestion, immer noch auf der richtigen Strecke zu sein, deren komödiantische Variante einmal Erich Honecker formulierte: Den Sozialismus in seinem Lauf hält weder Ochs noch Esel auf.

Wo der westliche Schienenläufer im Prozeß des Fortkommens an sich Befriedigung sucht, nimmt der östliche Reisende in Kauf, daß auf der Strecke Opfer erbracht werden müssen. »Strecke« ist auch ein weidmännischer Begriff, die Gesamtheit des erlegten Wildes, das nach einer Jagd in einer Reihe »hingestreckt« wird. Der Weg zum Ziel kann blutig sein, eigene und fremde Opfer kosten. Am Ende der Strecke jedoch ist alles vergessen, und wenn schließlich das Horn geblasen wird, gedenkt man noch einmal der Natur, die niedergestreckt werden mußte. Wer sich und sein Leben selbst in eine Strecke stellt, der spricht von der Gewalt, die er sich und den anderen angetan hat. Da er vom Ziel aus seinen Weg bestimmt, läuft er Gefahr, dem Fortkommen gnadenlos alles zu opfern: Er »geht über Leichen«. Die obszöne Befriedigung ausgenommen, die eine gelungene Gewalttat hinterläßt, nimmt er sich alles, was die Erfahrung des Weges selbst zu einem Erlebnis werden läßt.

Dem westlichen Schienenbenutzer dagegen ist das ewige Fahren möglicherweise längst schon über geworden, manchmal hätte er gern eine Strecke, wenn er nur wüßte, welches Ziel er ansteuern soll. Dem Leben als geschichtlicher Teleologie, die auf dem Weg ihren guten Zweck verliert, steht gegenüber: die Reise ohne anzukommen. So spannt sich zwischen dem Sinnverlust der Bewegung und der Sinnlosigkeit des Ziels die deutsche Erfahrung auf. Schiene und Strecke sind davon die semantischen Spuren, die der Unsinn der Geschichte im Alltag hinterlassen hat.

Deutsche Abgrenzungskämpfe
Ein Bericht aus der brandenburgischen Industrieprovinz

Ich hatte Kathrin erst kennengelernt, nachdem ich schon einige Zeit in Waldleben war. Dorthin führte mich in den ersten aufregenden Monaten des Jahres 1990 der Plan, den Wandel der ostdeutschen Gesellschaft nach dem Ende des Sozialismus zu erforschen. Waldleben bot sich für ein Studium *im Feld* geradezu an. Eine Stunde Autofahrt vom heimischen Berlin gelegen, war es weit genug entfernt, um nicht in den Sog hauptstädtischer Sensationen hineingezogen zu werden. Alles verlief etwas langsamer, stiller, das persönliche Gespräch lebte noch vom Erstaunen, daß jemand sich ausgerechnet für Waldleben interessierte. Später lernte ich andere Vorteile der geographischen Lage schätzen: Wenn die Depression des Ortes auf mich überzugreifen drohte, konnte dem durch eine schnelle Flucht in die große Stadt begegnet werden.

Kathrin ist in Waldleben aufgewachsen, ihr Vater leitet die Materialwirtschaft im städtischen »Kranbau« und ist Vorstand beim Sportclub »Motor«, wo sie selbst Leichtathletik betreibt. Als Lothar de Maizière Ministerpräsident wurde, machte sie Abitur an der EOS, jetzt ist sie in Greifswald und studiert Rechtswissenschaft. »Als ich im Radio hörte, daß die Mauer auf ist, hab' ich spontan gedacht: Ach du Scheiße. Man war doch gewöhnt, daß das Land hier zu Ende war, das hab' ich gar nicht anders kennengelernt.« Das Beste an der Wende war Kathrin zufolge die Schule in dieser Zeit. Die Lehrer eierten herum, nichts lief mehr, in Staatsbürgerkunde nahmen sie plötzlich die »Glückslehren der Weltreligionen« durch. Und was habt ihr früher gemacht? Andere Glückslehren.

Waldleben hat sieben Fabriken, eine Industriestadt mit 50000 Einwohnern. Hier wurde Metall verarbeitet und eine Wurst gemacht, die die ganze Republik kannte. Mittlerweile ist der produktive Sektor der Stadt eingebrochen. Den bisher 149 Anträgen auf Genehmigung großflächiger Verbrauchermärkte stehen die Übernahme eines einzigen Industriebetriebes und zwei kleinere Neugründungen gegenüber.

Unter den grauen Städten der DDR ist es Waldleben gelungen, besonders unauffällig zu sein. Nur die städtische Topologie ist einzigartig. Neun Kilometer schleppt sich die Stadt an einer Straße entlang, bis sie sich endlich im märkischen Sand verliert. Besucher streifen Waldleben zumeist nur am Rande, wenn sie in die Schorfheide wollen oder zum Kloster Chorin. So hat es schon Theodor Fontane gehalten, der von Waldleben allein den Bahnhof erwähnt, den Reisende passieren müssen, um lohnende Ziele zu erreichen. Waldleben ist häßlich. In den letzten Kriegstagen nahmen Bomber der Stadt ihre Mitte. Vierzig Jahre lang sollen dies deutsche Bomber im Rückflug von der Ostfront gewesen sein, verbrannte Erde für die Rote Armee. Seit dem November sind es nun die Russen gewesen, die das Zentrum am Markt in Schutt und Asche legten. Vom Leiter des Heimatmuseums wird erzählt, er habe schon damals Reste sowjetischer Granaten gefunden. Das durfte er zwar nicht sagen, gewußt jedoch will es jeder haben. Die Splitter und Zünder zeigen, wie es wirklich war, daran herrscht kein Zweifel im Ort. Es waren die Russen. Die Befreier von einst bleiben noch bis 1994 in der Stadt, dann müssen sie ihre Kasernen am waldreichen Rand der Stadt räumen und auch den Flugplatz, den sie betreiben. Wie überall in der DDR waren sie auch in Waldleben nicht beliebt, nicht die Mannschaften und schon gar nicht die Offiziere, von deren Ehefrauen zu schweigen. Weil sie nicht arbeiten mußten, saßen sie ewig beim Friseur herum, will das Volk beobachtet haben. Schon am Vormittag kauften sie Konsum und das Haus der Mode leer, zu dem unsere Frauen zwischen Schicht und Kinderhort hetzten, um dann sehen zu müssen, was sie noch kriegten.

Gegen den sowjetischen Militärflughafen ist in Waldleben demonstriert worden. Die Organisatoren gaben sich alle Mühe, keine antirussischen Parolen aufkommen zu lassen, weil es doch um den Fluglärm gehen sollte: »Ländliches Idyll statt Fliegergebrüll« stand auf einem Transparent. »Wie lange sollen wir noch für die Sünden unserer Urgroßväter büßen?« war auf einem anderen zu lesen, das eine ungefähr fünfunddreißigjährige Frau trug. Eine Vergangenheit, die nie begonnen hat. Später haben die Russen Flughafen und Kasernen für einen Tag geöffnet, um der Bevölkerung Einblick in ein Gelände zu gewähren, um das sich schon viele Gerüchte rankten. Tausende strömten hinein, an Wachposten vorbei, die jede Kontrolle aufgaben und wehrlos noch eine Gruppe von jungen Rechten einziehen ließen, die dann eine Schlägerei begannen. Die Russen haben es nicht gut in Waldleben. Sofern sie mit ihren Familien nicht auf eigenem Terrain leben, sondern im größten Wohnkomplex der Stadt, wird ihnen von den deutschen Nachbarn bis in die eigenen vier Wände nachgestellt. Zersplitterte Türen, Spanplatten vor den eingeworfenen Fenstern, Pöbeleien, Anrempeln in der Kaufhalle, die jetzt »Netto« heißt.

Im Wohnkomplex »Max Reimann«, heute »Brandenburgisches Viertel« benannt, leben 18 000 Menschen in 6200 »Einheiten«. Heimisch geworden sind sie hier nie. Im Kommunalwahlkampf vom Mai 1990 verteilte die SPD einen fotokopierten Straßenplan des Viertels an die Bewohner, weil kaum jemand eine sichere Orientierung zwischen den Plattenbauten besaß. Wer nach dem Weg fragte, bekam selten eine richtige Antwort. Im allgemeinen Gedächtnis fehlten dem Komplex identifizierbare Straßen. Mir scheint das Unwissen immer auch eine Weigerung zu sein, die Namen der Straßen aussprechen zu müssen. Sie sind in diesem Komplex nach deutschen Kommunisten benannt. Die meisten von ihnen haben die Ödnis des Ortes leidlich verdient, bei einigen darf man traurig sein. Die Fluchtwelle im Sommer 1989 nahm in Waldleben von diesem Viertel ihren Ausgang. Seit Anfang der siebziger Jahre zogen viele Alleinstehende in die Stadt, die aus dem ganzen Land für das »Kombinat Industrielle Mast« rekrutiert wurden. »Da lacht einem das Herz – das ist die neue Zeit«, soll Erich Honecker bei der Eröffnung des Betriebes ausgerufen haben. Damals wurden Schweine in Flugzeugen aus Jugoslawien geholt, 120 kamen pro Stunde und vermehrten sich fortan in Waldleben, um Rohstoff für die gut gewürzte »Delikat«-Wurst zu werden. Viele der jungen Werktätigen dürften im Kulturhaus »Rotes Odertal« Paare geworden sein, wo einmal in der Woche »Herzklopfen kostenlos«, ein »Tanzabend für Alleinstehende« veranstaltet wurde. Als junge Eheleute sind sie dann in die Reimann-Siedlung gezogen und haben bei erster Gelegenheit den Sozialismus und Waldleben verlassen. 41 von hundert geschlossenen Ehen sind im drittletzten Jahr der DDR in Waldleben geschieden worden, mehr sogar als in Ost-Berlin. Die Fertilität, wie Demographen so unschön sagen, lag weit unter eins, weshalb nicht einmal die obligate Ein-Kind-Familie ortsüblich wurde. Von ihr wird erzählt, sie verdanke sich vor allem dem Bestreben der Männer, einmal ihre Potenz nachzuweisen, um sich dann in Ruhe hängenzulassen. In Waldleben haben viele selbst diese eine

Anstrengung gescheut. Im Haus der Kultur, das einst die allseits gebildete sozialistische Persönlichkeit hervorbringen sollte, finden jetzt Erotik-Shows statt und regelmäßig die von Marlboro gesponserte Wahl der Disco-Queen, »eine für unser Land noch neue Veranstaltungsreihe«, wie der Direktor des Hauses zur Premiere in der Lokalpresse schrieb.

Seit der Wende ist das Reimann-Viertel ein beliebter Einsatzort der lokalen Parteien, die hier ihre Bürgernähe zeigen und die Mitbürger für Aufräumarbeiten und die Reparatur von Kinderspielplätzen gewinnen wollen. Doch seit es nicht mehr befohlen ist – so klagen die Aktiven –, lassen die Leute jedes Engagement für die Allgemeinheit vermissen. Verwahrlosung herrscht zwischen den Plattenbauten, im Brachland zwischen den Blöcken sind jetzt riesige Verkaufsbaracken entstanden, in denen billige Discounter Textilramsch und Lebensmittel, Heimwerkerbedarf und Elektronik an den Mann bringen. Bei gutem Wetter sind die sandigen Plätze von Menschen auf ihren Balkons gesäumt, die von oben auf das stumme Geschehen gucken. Nur manchmal, wenn die Drehtüren sich öffnen, dringt aus dem Innern einer Baracke der Musikteppich nach außen, der zur akustischen Verkaufsförderung eingesetzt wird. Dann wieder Stille, ein Auto wird angelassen, ein Kofferraum zugeschlagen, vielleicht die scharfe Ansprache eines Kindes. In der Tristesse zwischen Würstchenbude und Schnäppchen-Jagd dehnt sich die Zeit. Kathrin erzählt, woran man die sozialen Veränderungen erkennen kann: Früher stand man ab fünf Uhr früh im Reimann-Viertel auf, fast alle Fenster waren erleuchtet. Heute brennen am frühen Morgen nur noch vereinzelt Lichter. Dafür hört es am Abend kaum auf, die Nächte sind immer lauter geworden, das Reimann-Viertel ein Zentrum der örtlichen Gewalt. Kinderbanden machen sich über jede Sitzbank her, Vierzehnjährige mischen Betrunkene auf, um an deren restliches Geld zu kommen.

Die Erwachsenen haben eine merkwürdige Furcht vor dem Nachwuchs, fast so, als ob sie im stillen genau wüßten, wozu er fähig ist, weil sie sich selbst kennen. Die Zügellosigkeit ist ihnen vertraut, obwohl sie sie nie gelebt haben, der Haß und die brutale Geste auch. Daß die Neger und Fidschis das abbekommen, versteht sich hier mittlerweile beinahe von selbst. Die Neger sind zwar kaum noch da: Als das Fleischkombinat aufgelöst wurde, hat man sie als erste gefeuert. Aber ihre Huren leben noch hier, und auch die sind selbst in der eigenen Wohnung nicht sicher. Vera S. zum Beispiel, Mutter eines farbigen Kindes und die Frau des Angolaners Antonio Amadeu, der in Waldleben nachts auf offener Straße erschlagen wurde. Junge deutsche Männer stürmten den Hausflur in der Fritz-Weineck-Straße 13 empor, um sie dann in der Zwei-Raum-Wohnung fertigzumachen. Im gleichen Haus lebte außerdem Jorge Silva, auch farbig, von ihm wird später wie zur Erklärung der weiteren Vorgänge gesagt, er »hauste unordentlich in Kommune«. Auch seine Wohnung wurde verwüstet, er selbst geschlagen. Der ganze Vorfall wurde nur durch Zufall entdeckt. Keiner der Betroffenen war zur Anzeige bereit, und nicht ein einziger Zeuge meldete sich. Anwohner fanden in den nächsten Tagen Zettel mit Hakenkreuzen an ihre Haustüren geklebt. Darauf stand: Du bist der nächste.

Das Bedrohliche der Situation von Vera S. in Waldleben ist, daß sie hier nirgendwo sicher ist, in keinem Geschäft oder Lokal, nicht im Bus und schon gar nicht auf der Straße. Die Wohnungstür springt schon vom Angucken auf, und eine Hemmung, über die Schwelle zu treten, ist allgemein nicht vorhanden. Die Nachbarn schauen in den Spion und schweigen. Drinnen ist draußen, der Körper hat die soziale Haut, ein Mensch seine Behausung verloren. Bloß steht er dem Angriff offen, einer schäbigen, feigen Gewalt, die sich schadlos hält, wenn sie es sich leisten kann. Daß die jungen deutschen Männer, die nach dem Mord an dem Angolaner der Stadt für einige Wochen schon zu einer traurigen Berühmtheit verhalfen, doch eigentlich ganz anständige Kerle seien, wie viele in Waldleben meinen, darf getrost bezweifelt werden. Die lokalen Experten schildern die Rechtsradikalen als verwahrloste jugendliche Desperados, denen ein verquastes Deutschtum nur dazu dient, die kriminelle Energie ihrer städtischen Beutezüge zu kuvrieren. Oft aus Jugendwerkhöfen kommend, in denen sie vor der Wende untergebracht waren, und nicht selten aus der Staatsbürgerschaft der DDR entlassen oder republikflüchtig gewesen und nun wieder nach Waldleben zurückgekehrt, scheint ihnen die rechtsradikale Symbolik eine sozial erkennbare Identität zu verschaffen: als zwar gefährliche, aber (deshalb?) doch eigentlich gute deutsche Jungens, die davon träumen, die Straßen der Stadt kontrollieren zu dürfen. Viele Gestrauchelte sind darunter, ohne Arbeit, Ausbildung und mit nur wenig Geld, aber nicht ohne Gespür, welche

Form der Selbstdarstellung ihnen Mitleid oder heimliche Anerkennung, mildernde Umstände oder Handlungsspielräume verschaffen kann. Diese Jugendlichen sind nicht naiv, das haben sie sich in ihrem bisherigen Leben nicht leisten können. Sie wittern die moralischen Schwachstellen der Erwachsenen genauso wie ihre körperlichen Ängste und wissen gezielt mal das eine, dann das andere für sich nutzbar zu machen. Wann immer sie es sich erlauben können, schlagen sie brutal zu und prahlen mit ihren Taten, die in ihrer Bestialität immer wieder akribisch erzählt werden, wie der Kopf von Amadeu sieben, acht Mal gegen die Kante des Bordsteins klatschte. Dann wieder weich, sie können auch weinen, Eltern geschieden, der Alte ewig besoffen, in Waldleben nichts los, ins Heim von den Kommunisten geschickt und jetzt wieder die roten Socken, heimtückisch wie die Juden. Ach, hör mir doch uff mit Buchenwald, das mußten wa sehn, na und?

Immer spielt dabei auch das Kalkül mit, auf heimliches Einverständnis rechnen zu dürfen, zumindest mit Indifferenz, wer wirft sich nach all den Jahren hier noch in eine moralische Pose? Ältere können so unter Druck gesetzt werden, die eigene Brut entweder gewähren zu lassen oder aber verlogen zu sein. Im Zentrum des ganzen Debakels steht die beschämende Schwäche, die die jungen Deutschen in den Jahrgängen ihrer Eltern erkennen. Wer sich die Roten gefallen ließ, wem heute jeder Westdeutsche den Schneid abkaufen kann, dem bleibt doch nichts übrig, als auf innere Werte zu setzen. Der Schwache, das spüren sie, braucht die Moral, weil allein sie ihn vor der Gewalt des Stärkeren schützt, dem der Schwache sonst nichts entgegenzusetzen hat. Das schwächt die Moral und macht die Schwachen verächtlich. Die Grenzen zwischen den Körpern, im Kontakt zwischen Menschen unterschiedlicher Generationen normalerweise einigermaßen sicher, werden von den Jugendlichen ohne Scheu durchstoßen. Sie wissen, daß hier das Zentrum der Angst sitzt, genau das wollen sie treffen. Passanten werden auf der Hauptstraße zusammengetreten, normale Bürger überfallen, die davon nichts nach außen dringen lassen. Das trifft auch jene, die ihnen mal geholfen haben, vielleicht gerade sie. Auch Mädchen werden nicht geschont, Kathrin jedoch ist bisher noch ganz gut davongekommen. Nur einmal haben zwei Nazis, wie die Kurzformel mittlerweile lautet, einer Freundin und ihr die Arabertücher von den Schultern gerissen und an

Ort und Stelle verbrannt. Zwei »Nazi-Tussis« standen dabei und feuerten ihre Freunde an, es den Weibern richtig zu zeigen. Altbekannte Sozialfiguren erscheinen plötzlich wieder auf den Besetzungslisten der Gruppenkämpfe: harte Männer, deren gespielte Brutalität zickige Frauen geil finden, vor allem, wenn es die Schlampe von nebenan trifft.

Die Waldlebener Öffentlichkeit arbeitet mit Mühe an der gemeinsam bestärkten Sicht, dies alles sei nicht eigentlich rechtsradikal, sondern schlicht kriminell, womit sie nicht minder falsch liegt. Auch neigt sie dazu, überall Sündenböcke von auswärts zu wittern, die ihr das Problem mit dem Nachwuchs erst eingebrockt haben. Penibel wird nachgerechnet, wann Journalisten im Ort auftauchten, um dann einen ursächlichen Zusammenhang zwischen den Recherchen einer sensationsgeilen Westpresse und rechtsradikalen Ausschreitungen zu konstruieren. Aus dem Schoß der Waldlebener Gemeinde allein kann das Unheil nicht kommen. Manchmal erfaßt mich eine eisige Kälte, wenn die Offiziellen der Stadt öffentlich Stellung nehmen. Schließlich könne man in der neuen Zeit doch nicht die Gesinnung verfolgen, läßt der zuständige Staatsanwalt wissen, der diese Position seit vierzehn Jahren innehat. Der Kripo-Chef verteidigt die Versammlungsfreiheit; er hatte im September 1989 einen Anführer der Bürgerbewegung noch höchstpersönlich am Arbeitsplatz verhaftet und der Staatssicherheit übergeben. Andere wissen, daß die Bewaffnung der Rechten – sie sollen auch eine Kalaschnikow gebunkert haben – aus den Lagern der Russen stammt, dabei prangt jedem Besucher der Stadt gut sichtbar das Schild eines Military-Shops entgegen, der von einem Mann betrieben wird, der früher bei der Abteilung Inneres im Rat des Kreises beschäftigt war. Auf Bestellung kann man hier nicht nur Devotionalien des Führers erhalten.

Nun ist Waldleben kein Vorhof der Hölle, eigentlich ist alles ganz einfach normal. Angesichts der verschwindend kleinen Zahl von »Ausländern« jedoch verwundert es schon, nicht nur in den einschlägigen Kneipen auf eine übersteigerte Feindschaft gegen Fremde zu stoßen. Knapp 500 sind heute noch in der Stadt, früher sind es nie mehr als 2000 gewesen, die im Walzwerk geschuftet haben oder im Fleischkombinat die Schweinehälften zerlegten. Schön separiert in Wohnheimen mit Zugangskontrollen untergebracht, waren sie schon immer Objekt einer Disziplinierung, an der sich auch der einfache

Bürger beteiligen durfte. Nur prahlen darüber war nicht erlaubt. Manchmal kann man sich des Eindrucks nicht erwehren, im heutigen Haß erfüllt sich ein überlegenes Kollektiv das Bedürfnis, relativ folgenlos diffuse Spannungen an Leuten zu entladen, von denen man vorher schon weiß, daß sie dagegen machtlos sind. Das Hochgefühl der kleinen Schikane, billig zu haben für jedermann, der Schlag ins Gesicht nebenbei, um mal kurz die eigene Stärke aufflackern zu lassen. Hört man sich die Begründungen an, die in Waldleben für die Xenophobie der Einheimischen gegeben werden, laufen sie meist auf die Formel hinaus, über Jahrzehnte Fremdes eben nicht gewohnt zu sein, weshalb man Verständnis aufbringen müsse. Damit geht die Tendenz einher, sich selbst zu infantilisieren, es wird gleichsam ein politisches Kindchen-Schema bemüht, das Motiv zählt, nicht die Handlung. Die Unmündigkeit, in der man erzogen wurde, wird reklamiert, um Schuldfähigkeit zu bestreiten – und mitunter redet man in diesem Zusammenhang so, als wollte man sich bei anderen vorher das Einverständnis holen, nachher richtig rassistisch sein zu dürfen. Dabei spielt immer eine gewichtige Rolle, der eigenen Wahrnehmung nach ständig zurückgesetzt worden zu sein. So haben im Urteil der Bürger auch früher die Ausländer nur Privilegien gehabt. Nur weil sich die alte Regierung irgendwelchen Buschrepubliken vertraglich verpflichtet hatte, bekamen sie danach die besseren Arbeitsplätze, auch krankschreiben war kein Problem. Geld hatten sie und Pässe zum Reisen, was zwar nur für einige Ausländergruppen zutreffend war, im Rückblick aber alle betraf. Frau Seemann vom Jugendamt weiß, daß die Ausländer schon vor der Wende besser als unsere Jugend gekleidet waren, »so bunter, mehr Marke, will ich mal sagen«.

In Waldleben hatte man wie auch sonst in der DDR über Jahre trainiert, geringe Differenzierungen fein zu beachten. Bei dem staatlich verordneten Einheitskonsum mußte man sich schon etwas einfallen lassen, um Aufmerksamkeit zu erlangen. Das schaffte zwar keine distinkten Lebensstilgruppen, sieht man von altersspezifischen Geschmacksrichtungen ab, aber eine Bastlermentalität, die von Improvisation und dem Sozialkapital guter Beziehungen lebte. Begrenzt wurde die Praxis des Unterscheidens durch die geringe Variation in der Art der verfügbaren Warenmenge und durch den Geist der Respektabilität, der sich als allgemeine Norm über die Präferenzbildung legte. Er war der Atmosphäre einer Betriebsgemeinschaft gleich, wo man zwar erkennbar sein, aber nicht auffallen wollte. Wenn es stimmt, daß die Kultur der alten Bundesrepublik einem historisch einmaligen Prozeß der Wohlstandssteigerung und Individualisierung geschuldet ist, dann zeichnete es die DDR aus, diese Entwicklung nicht vollzogen zu haben. Nicht nur bei Regenwetter sieht Waldleben noch heute wie aus dem proletarischen Bilderbuch aus, wenn auf dem Marktplatz die Stände mit all dem billigen Plunder und Kitsch und inmitten von Pfützen belagert werden, von Frauen mittleren Alters in ihren ewig halblangen schwarzen Kunstlederjacken. Mit den Männern traf man sich dann in der »HO Gockelbar« schräg gegenüber, eine Stätte authentischer Volkskultur, die leider geschlossen wurde. Als nach der Währungsunion alles teurer war, hat man hier nicht die Preise erhöht, sondern den Broiler auf eine Viertel Portion zurechtgestutzt. Man muß sich nach der Decke strecken, allerdings stellte dieser Akt auch eine Demonstration der alten Betriebsleitung dar, schließlich war es der Bauch, der sich im Sozialismus ungehindert ausweiten konnte.

In ihrem Kulturmodell war die DDR tatsächlich ein Arbeiterstaat, von Leitbildern durchdrungen, die zu den traditionellen Bestandteilen im Alltag der real existierenden deutschen Arbeiterschaft gehörten. Dies betrifft die Art der Geselligkeit in ihrer Mischung aus Formalität und Vitalität, die ebenso schnell in peinliches Schweigen wie in plumpe Vertraulichkeit umkippen kann; aber auch die anderen Bilder von Körperlichkeit, die sich hier erhalten haben. Mehr als im Westen sind sie vom Ideal der Kraft bestimmt. Schließlich fällt in dieses Kulturmodell auch die überaus große Wertschätzung lebensgeschichtlicher Sicherheit. Damit reagieren die Menschen noch heute auf jene »Unsicherheit im proletarischen Lebensschicksal«, von der die Untersuchungen zur sozialen Frage einmal gesprochen haben. Allenthalben sitzen die Leute in ihren Betrieben herum und warten, daß sie entlassen werden, lautet die Klage der Geschäftsführung und der westlichen Qualifizierer. Sie fordern Eigeninitiative und Flexibilität ein und damit eine unbequeme Lebensführung, von der im Sozialismus die meisten zumindest keine Vorteile gehabt hätten. Das stationäre Muster des eigenen Lebens, an das man sich gewöhnen mußte, barg für den Werktätigen auf Dauer die größte Rationalität des Verhaltens. In der Planwirtschaft war die Arbeitskraft ein fixes und kein variables Kapital. Nun plötzlich alles anders machen zu sollen, erscheint plausibel nur dann, wenn man bereits vorher weiß, daß der Streß sich auch lohnen wird. Da hierfür aber niemand Garantie übernimmt und sich schon im mittleren Lebensalter die Zeit der Marktchancen verknappt, wäre es unvernünftig, statt auf Versorgung über Verhandlungen nun plötzlich auf die eigene Kraft zu vertrauen.

In der DDR hatten wir eine Arbeiterschaft ohne Individualisierung, allerdings nicht ohne Selbstwertgefühl. Herr im Hause des Staates DDR zu sein, war zum Leidwesen von Reformern und Intelligenz im Gefühlshaushalt der Arbeiterschaft weit verbreitet, die daher mit Spinnern, Schnickschnack und linkischen Typen nicht viel anfangen konnte. Nach der Währungsunion und der staatlichen Einheit durchziehen nun auch in Waldleben einige neue, kräftige Unterscheidungslinien die Stadt. Langsam zerlegt sich die ehemalige Masse der Werktätigen in eine Anzahl verschiedener Sozialgruppen, die in sich die Stratifizierung nach Markt- und Versorgungsklassen wiederholt. Die Gewohnheiten der Leute sind unter Druck geraten, nachdem der Westen nicht allein mehr über den Fernsehschirm Einzug in die Gemeinde hält, sondern als Billigboutique und Reisebüro, als Überziehungskredit und Fitneßstudio, als Arbeitsamt und Mittelstand fest im Alltagsleben angedockt wurde. Eine Reaktionsbildung darauf ist ein Verhalten, das man als kulturellen Selbstbehauptungskampf bezeichnen kann, eine Selbststabilisierung der eigenen gewohnten Lebenszusammenhänge und der darin gestützten Identitäten.

Das geht vor allem bei jüngeren Arbeitern mit einer lebenspraktischen Affirmation ans Grobe und Vitale einher, wodurch man sich von allem absetzen will, was der Westen bei sich als subtil und verfeinert darzustellen versucht. Im Augenblick leben davon die alten Konsummarken des Ostens, die Zigarette »F6«, »Berliner Pilsner«, sogar »Club Cola« ist wieder zu kaufen. Der West-Joghurt, nach der Wende förmlich in rauhen Mengen verschlungen, wird mittlerweile als irgendwie künstlich verschmäht, und daß es unser »Spee« wieder gibt, wird allgemein als Sieg des Volkswillens auf dem Waschmittelmarkt empfunden. Das Verschwinden von »Spee« in den Regalen der Kaufhallen hatte schon im Frühjahr 1990 Anlaß zu erregten Debatten gegeben, ob in der DDR denn alles schlecht gewesen sei. Nur mißmutig griff die Kundschaft zu den Produkten von Henkel, das übliche Waschmittel ist ein eigen Ding, dem das Volk auch nach Revolutionen nicht gerne entsagt. Ebenso verhält es sich mit der Jugendweihe. Wer an einem April-Wochenende in Waldleben ein Lokal betritt, wird auf festlich gekleidete Menschen stoßen, die sich zum Rehrücken versammelt haben. Zwar nehmen auch Konfirmationen zu, der pragmatische Atheismus stellt jedoch nach wie vor die gewöhnliche Sinngebung dar. Die Kirchen der Stadt besuchen längst wieder nur die, die an Gott schon glaubten, bevor die Gemeinden zeitweilig zum Ort der Insurrektion wurden. Im Fürbittgebet, das sich seit den Tagen des Herbstes als liturgische Einrichtung erhalten hat, wird nun die Kälte der Marktwirtschaft beklagt.

Auch in Waldleben drängt sich die Einführung des Kapitalismus zunächst als Mangel von Arbeitsplätzen ins Bewußtsein der Menschen, im März '92 siebzehn Prozent ohne Erwerb, Tendenz immer noch steigend. Kaum einer vermißt den östlichen Schlendrian in den Betrieben, aber die Brigadefeiern. Es wurde ganz einfach mehr gefeiert damals mit den Kollegen, wird rückblickend immer wieder erzählt. In den Betrieben war man gemeinsam älter geworden, das verbindet. Die Jüngeren ausgenommen, stellt sich für viele der Einheitsprozeß als ein Kontinuum organisierter Defizite dar, die zwar nicht mehr den Konsum, aber das Menschliche betreffen. Daß man mit dem Sturz des alten Regimes auch den »Ordnungswert der Ordnung« (Heinrich Popitz) verlor, damit hatte kaum einer gerechnet. Zurück bleibt ein depressiver Zwangsindividualismus, der auch durch Konsumchancen nicht dauerhaft aufzuhellen ist. Unsere Politiker täuschen sich, wenn sie meinen, die Steigerung von Wohlstand sei selbst für Arbeitslose nicht von der Hand zu weisen. Dies mag stimmen, wenn man den Warenkorb einfach als solchen betrachtet, nur hat dabei keiner je darauf verzichtet, auch einen Blick in die Kiepe des Nachbarn zu werfen. Schon seit einer Weile vergleichen die Menschen im Osten nicht mehr im Längs-, sondern im Querschnitt. Ihre gegenwärtigen Lebensumstände werden von ihnen nicht an der eigenen Vergangenheit, sondern daran bemessen, was zeitgleich in den anderen Teilen des Landes an Komfort vorhanden ist. Man kann das für ganz überzogen halten, Tatsache ist, daß in Ostdeutschland die Arbeit von vierzig Jahren auf das Ergebnis der Gegenwart gerechnet wird. Die Wende war keine Stunde Null, nach der erstmal Verzicht und ansonsten viel Arbeit verlangt werden kann. Dies ist der fundamentale Unterschied zur deutschen Nachkriegssituation, weshalb der Analogieschluß fragwürdig ist, man könne nun eigentlich den Geist einer Aufbauzeit erwarten. Die hat die DDR selber gehabt, jetzt will gelebt werden, die Ärmel aufkrempeln, das hatten wir schon. Schlechte Aussichten für das »deferred gratification pattern«, nach dem der Soziologie zufolge die Früchte eigener Anstrengung erst dann gepflückt werden sollten, wenn insgesamt der Garten bestellt ist. Für den Unwillen, die längst fällige Befriedigung seiner Bedürfnisse noch länger hinauszuschieben, hat auch die Überschätzung des westlichen Kapitalismus im allgemeinen Bewußtsein gesorgt, die Kehrseite seiner Dämonisierung, daß ihm ausnahmslos alles zuzutrauen ist.

In der ostdeutschen Wahrnehmung stellt sich das wirtschaftliche Engagement aus dem Westen gleichsam in einem Vierphasen-Modell dar, das eines gewissen Realitätsgehalts nicht entbehrt: Zuerst kamen die Discounter, die schnelles Geld machen wollen, dann die Makler und Juristen, die altes Eigentum requirieren; schließlich die Consulter, die alles versprechen, aber selber nichts können und last not least die Qualifizierer, die dem Ostdeutschen klarmachen, was er noch alles lernen muß. Soweit der Kapitalismus in Waldleben durch Personen vertreten ist, geben die sich alle Mühe, dem Ruf, der ihm vorauseilt, in Auftreten und Erscheinung auch gerecht zu werden. Herr Nachmeier zum Beispiel, der Projektant, wie ihn die offizielle Sprache benennt, weil er zwar nicht über eigenes Kapital, aber über jede Menge Pläne, Verbindungen und eben »Projekte« verfügt, wie Geld nach Waldleben herangeschafft werden kann. Nachmeier, ein vorderhand smarter, leicht burschikoser Typ und 35 Jahre, kommt aus Lünen in Westfalen. Dort mag er manches sein eigen nennen, eines jedoch vermutlich nicht: sozialen Status. Dazu dürfte er in der Geschäftswelt einer westdeutschen Mittelstadt als zu halbseiden erscheinen, und so sind denn auch die Investoren, für die er bisher in Waldleben als Schlepper fungierte, nicht gerade seriös zu nennen. Nachmeier ist in den Osten gegangen, um hier die Chance seiner Generation zu nutzen, einmal das große Geld zu machen. Ebenso wichtig ist aber, endlich in die besseren Kreise zu kommen. In Waldleben kann er sich mit den Spitzen der lokalen Gesellschaft umgeben, die eine gewisse Zeit brauchen, bis bei ihnen die Ehrfurcht sinkt. Zwischendurch kann er kommunales Establishment spielen. Seine

Viertelstunde, in der jeder einmal berühmt ist, findet in Waldleben statt.

Andere haben langfristiger geplant, die jungen Beamten etwa, die über die Stellenbörse nach Waldleben gekommen sind. Gewiß sind viele darunter, die ihren *Leitfaden für Berater* sorgfältig lasen und sich jetzt fortwährend anstrengen, vor den Augen der Einheimischen bloß nicht als Besserwessi zu erscheinen. Albert Konietzka nicht, der erzählt dem westdeutschen Landsmann schon vor dem ersten Bier, daß er die Ostler im allgemeinen für faul und im übrigen für Arschlöcher halte. Auch Konietzka gehört dieser merkwürdigen Generation der Bundesrepublik an, die von sich selbst immer die traurige Geschichte erzählt, für die Studentenbewegung zu jung, für den Punk zu alt gewesen zu sein. In Waldleben jedoch liegt man mit Jahrgang 1956 gerade richtig, auch im Tiefbauamt, wo Konietzka beschäftigt ist. Dorthin ist er gegangen, nachdem er in Herford nicht vorankam, weil in der Behörde Intrigen gegen ihn liefen. Hier nun ist er wieder von Mißgunst umstellt, die roten Socken nicht zu vergessen: Sagen Sie mal, unser Amtsleiter ist doch aus Neuruppin, der müßte doch eigentlich auch in der SED gewesen sein? Jürgen Steinfelder schließlich gehört einem anderen Typus an. Er kann es im Grunde bis heute nicht recht begreifen, mit ebenfalls Anfang Dreißig plötzlich Amtsleiter geworden zu sein. Steinfelder ist ein Junge, der Chef spielt. Vor den älteren Sekretärinnen ist ihm das manchmal echt peinlich. Wenn er am Morgen in seinem Büro Anweisungen gibt, telefoniert und Vorgänge unterschreibt und dann mit mir gemeinsam zu einer Sitzung eilt, sagt er: »Das macht schon Spaß hier, ehrlich.«

Kathrin ist langsam von den Wessis genervt. Sie scheint sich vor allem an jenem habituellen Selbstverständnis zu stoßen, das man als generalisiertes Ich-Bewußtsein bezeichnen kann. Die Westdeutschen, sagt Kathrin, haben ein »Image«, die Ostdeutschen nicht. Im Westen ist man zur Selbstdarstellung gezwungen, um anerkannt zu werden, was Kathrin als »menschenunwürdig« empfindet. Früher, zu Zeiten der DDR, da mußte man seine innere Einstellung kontrollieren, heute sein Aussehen, in Kathrins Augen eigentlich nur die andere Seite der Medaille. Sie spricht damit eine Erfahrung kultureller Fremdheit an, die sich in Waldleben einstellte, nachdem man im direkten Kontakt jenen Stil kennengelernt hat, den der gewöhnliche Westdeutsche scheinbar extra für seine östlichen Auftritte präpariert. Das eigene

Ich wird von ihm um so stärker herausgestellt, je mehr er damit eine Unterscheidung treffen kann, die ihn selber erhöht. Wo etwa der Ost-Mann gedrückt, zögernd und unsicher ist, will sein westliches Pendant durch die Demonstration glänzen, unbefangen, guter Laune und stets ein bißchen frech zu sein. Indem man das eigene Selbstbewußtsein zur Schau stellt, soll das Ego der anderen ruiniert werden, obwohl man doch anscheinend ganz selbstvergessen handelt. Die subtile Form der Herablassung, die in solche Verhaltensstile eingelassen ist, wird auf der östlichen Seite durchaus wahrgenommen, die darauf mit einer Idealisierung des eigenen Habitus reagiert.

Das ist manchmal auch den Einheimischen unangenehm, zumal wenn sie jünger sind. Kathrin z. B. sagt, die DDR-Frau sei ein »Arbeitstier«. Morgens legt sie dem Vati die Sachen zum Anziehen heraus, der sich beschwert, daß schon wieder das hellblaue Hemd für ihn vorgesehen war. Noch heute kaufe sich der ostdeutsche Mann nie seine Kleidung allein, auch die Jungen machten das nicht. Die Männer waren doch träge und bequem, sagt Kathrin, immer im gleichen Trott. Ohne daß die Frauen sie angetrieben hätten, wäre alles vergammelt, »du könntest mal wieder renovieren«. Kathrin sagt übrigens wirklich »Vati« und »Mutti«, auch wenn sie Dritten gegenüber ihre Eltern erwähnt. Sie folgt damit einem Muster der Sprache, das im ganzen deutschen Osten verbreitet ist. Mir ist das ein bißchen peinlich zu hören, wenn sie in meiner Gegenwart im Gestus des vollständig Normalen die familiären Koseworte gebraucht. Dann steigen Erinnerungen auf, wie ich als Kind am Telefon gefragt wurde, »ob denn meine Mutti zu sprechen sei«. Falls mir ihre Abwesenheit dazu die Chance gab, war ich froh, »meine Mutter ist nicht da« antworten zu können, und hatte damit die eigene Selbstachtung notdürftig repariert. Im Osten scheint man dieses Gefühl nicht zu kennen, die Grenzen zwischen öffentlich und privat müssen irgendwie anders gezogen sein. Dazu paßt die Spur von Schamlosigkeit, die im Verhältnis zum eigenen Körper zu beobachten ist, schließlich die bisweilen überraschende Freizügigkeit, mit der Ostdeutsche Einblicke in das eigene Privat- und Gefühlsleben gewähren. Der Ostberliner Kulturwissenschaftler Wolfgang Engler hat in diesem Zusammenhang von der Vorherrschaft des staatlichen Fremdzwangs gesprochen, der zu Zeiten der DDR das Verhalten der Menschen nur hinsichtlich der sichtbaren Oberfläche zivilisierte. Innen blieben ältere Muster erhalten, die die Beziehung zum eigenen Selbst bestimmten. Nach dem Wegfall des Herrschaftskorsetts können sie sich nun zwanglos nach außen kehren. Aber auch eine gewisse Verkitschung, die das Privatleben als Gegenwelt *und* Hort der sozialistischen Menschengemeinschaft durchlief, muß in den anständigen Familien der DDR stattgefunden haben. Anders jedenfalls kann ich mir die »Mutti« nicht erklären.

Entsprechend erscheinen Kathrin die Frauen aus dem Westen ein bißchen überspannt. Ihrer Anschauung nach unterscheiden sie sich von ihren östlichen Schwestern dadurch, daß sie sich viel mehr um sich selbst kümmern: »Kosmetik, Sonnenbank, Frauenbewegung«. Die Aufzählung, die sie gebraucht, um ihren Eindruck wiederzugeben, ist aus ihrer Perspektive völlig konsistent. Sie enthält eine Mischung aus Bewunderung und Verachtung, wie sie schon immer typisch für die Wahrnehmung des Lebensstils höherer Kreise aus dem Blickwinkel der unteren Klassen war. Im Zuge der deutschen Einheit wird diese Wahrnehmung jetzt auf eine ganze Bevölkerung gleichsam als eigene Klasse übertragen.

In Waldleben ist nach dem *sweet surrender* der Vereinigung Ernüchterung eingetreten. Zwar sind, wo früher gespenstische Leere herrschte, heute Straßen und Plätze belebt. Es ist aber selten Glück in den Gesichtern der Menschen, ihr Gang häufig schleppend und ohne sicheres Ziel. Ich setze mich gern auf die Bank vor der Magdalenen-Kirche, die leicht erhöht hinter dem Marktplatz liegt. Dann sehe ich über die Dächer der Stadt und glaube, ihr Bild vor Augen zu haben. Kathrin habe ich gefragt, was sie später machen will. In den Norden gehen, sagt sie, nach Norwegen, wegen der Landschaft.

Ostdeutscher Populismus
Analyse eines Kommunalpolitikers

Ostdeutsche Politiker haben in der Form ihrer Darstellung das strukturelle Problem, nicht verwechselt zu werden. Um erfolgreich zu sein, dürfen sie in ihrem politischen Stil weder an die Kader der Vergangenheit erinnern noch einfach als Dublette westdeutscher Vorbilder erscheinen. Aus der ganzen Breite der entsprechenden Versuche, politisch Profil zu gewinnen, ragt eine Variante erkennbar heraus, die im Gebiet der ehemaligen DDR auch eine besondere soziokulturelle Bodenhaftung hat: der ostdeutsche Populist. Vom Populisten wird gesagt, daß er besondere Nähe zur Mentalität der Bevölkerung sucht. Durch Amt oder Mandat hindurch will er als Person die Normen der »Mehrheit« repräsentieren. Wer den Populisten studiert, lernt daher auch kennen, von welchen Einstellungen und Gefühlen zumindest angenommen wird, daß sie der Allgemeinheit offen oder latent zustimmungsfähig erscheinen. Das Studium des Populismus ist eine indirekte Sozialpsychologie. Sie kann um so genauer verfahren, je fester umrissen die Grenzen der Allgemeinheit sind, die der Populist zu vertreten versucht. Damit bietet sich ein lokaler Bezug für eine entsprechende Untersuchung an. Am Beispiel eines Kommunalpolitikers aus der brandenburgischen Stadt Waldleben soll der ostdeutsche Populismus analysiert werden.

I.

Wolfgang Kasunke ist 49 Jahre alt, Mitglied der SPD und Stadtverordneter in Waldleben, wo er einige einflußreiche politische Funktionen ausübt. Über sich selbst hebt er hervor, daß er ein »*einfacher Mensch*« sei, was zwar nicht ganz seiner Herkunft entspricht, aber das Naturell bezeichnet, das er anderen gern von sich zeigt. Er kommt aus einer Arztfamilie, ist aber in seinem ersten Beruf nur Krankenpfleger geworden, auch seine zwei Brüder haben den alten Status nicht wieder erreicht. Daraus folgt die persönliche Selbstverortung, eigentlich Arbeiter zu sein, zumal er eine höhere Bildung nicht erlangt hat. In Waldleben ist er als ehrgeiziger Politiker und »Mann des Volkes« bekannt, von dem seine politischen Gegner allerdings sagen, daß er sich gelegentlich überschätzt. Kasunke weiß, daß er ankommt, aufgrund seiner herzlichen Art und »*weil ich diese einfache Sprache spreche*«, bei ihm weniger Taktik als vielmehr habituell, da es ihm auch die größte Sicherheit gewährt. Wo immer ein Kinderfest zu organisieren ist oder Unterschriften für eine Verkehrsampel gesammelt werden müssen, ist Kasunke dabei. Politik betreibt er – wie er selbst sagt – »*mit Leidenschaft*« und »*mit Ehrlichkeit*« und am liebsten unter den Leuten. Dabei geht er, ein Mann von gemütlichem Übergewicht, bisweilen über seine Belastbarkeit hinaus, aber: »*Ich kenne meine Grenze noch nicht...*«.

In der Kommunalpolitik steht er für schnelle Entscheidungen. Lange Planungen, endlose Debatten und umständliche Verfahren sind nicht seine Sache. Seine politische Maxime heißt, »*die Wünsche der Bevölkerung umzusetzen*«, weshalb er – bei aller Hochachtung vor der fachlichen Qualifikation – dem westdeutschen Verwaltungspersonal gegenüber mißtrauisch ist. Die zerreden nur alles und wollen sich mit ihren ewigen Planungen selbst ein Denkmal setzen. Für Kasunke dagegen ist die Sache klar. Über den westdeutschen Baudezernenten, der nach Waldleben kam, sagt er zum Beispiel:

> »Ich kann mir doch keinen Wessi herholen und dann sagen, die gleichen Fehler, die wir in Westdeutschland gemacht haben, dürfen wir in der neuen Bundesrepublik nicht machen, und deswegen tun wir erst mal gar nischt, und planen, planen, planen. Unsere Bevölkerung hat vierzig Jahre lang gelitten und auf vieles verzichten müssen. Und da muß ich sagen: Was will die Bevölkerung? Aha, die wollen das Kaufhaus an dieser Stelle, also ist das mein politischer Auftrag, und jetzt muß ich powern, daß ich das durchkrieg'.«

Die »neue Zeit« und die Demokratie werden von ihm daran gemessen, ob sie dem Versprechen folgen, dem Volkswillen Geltung zu verschaffen. Formelle Verfahren und überlokale Instanzen stellen eine latente Gefahr dar. Hier bilden sich Sonderinteressen, die die wirklichen Wünsche schon wieder verfälschen. Demokratie ist Politik im Interesse des Volkes, die endliche Realisierung dessen, was die SED versprach, aber nie eingelöst hat, nicht im geschichtsphilosophischen Sinn, sondern praktisch-empirisch. Dabei wird dem Volkswillen eine Einheitlichkeit unterlegt, die im Sozialismus ständig beschworen wurde, sich aber erst in seiner Auflösung handgreiflich eingestellt hat. Erst die Praxis der deutschen Vereinigung – der Beitritt zu einem anderen Staat – scheint im Paradox die ideale Selbstdefinition der DDR nachträglich zu verifizieren, demzufolge die Interessen der Klassen und Schichten immer einheitlicher werden. Das Volk der ehemaligen DDR erfährt sich jetzt zunehmend selbst als Einheit, nicht nur mehr als ideologische Fiktion, sondern in seinem Verhältnis zur westdeutschen Bevölkerung gleichsam als eine einheitlich andere Klasse. In der Beziehung zu ihr treten die eigene Mentalität und die gemeinsamen Interessen deutlich hervor. Heute ist daraus die Ethnie der »Ossis« geworden, die in der Politik einer allgemeinen Vertretung bedarf.

In Waldleben wird diese Rolle von Wolfgang Kasunke eingenommen, gestützt durch die vielfach artikulierte Erfahrung, plötzlich eine nicht eben perfekt verwaltete Kolonie geworden zu sein. Nach einer kurzen Phase gesamtdeutscher Freude und vielen menschlichen Enttäuschungen danach, neigt er dazu, den bisherigen Prozeß der Vereinigung als Fortsetzungsgeschichte politischer Verschwörungen gegen die Interessen der ehrlichen Bürger zu interpretieren. Oft verwendet er Metaphern aus dem Bereich des Theaters, um seinen Eindruck wiederzugeben, daß hinter der politischen Bühne, auf der ein verwirrendes Stück gespielt wird, geheime Pläne verabredet wurden, über deren Inhalt er aber nur mutmaßen kann. Seine abschließende Formel lautet dann immer: »*Anders ist das alles nicht zu erklären*«, womit wahlweise das Gebaren der Treuhand, Ranküne der alten Kader, die Praktiken westlicher Investoren oder das undurchsichtige Verhalten einzelner Politiker gemeint sein kann.

Tief sitzt das Mißtrauen, daß die selbstempfundene Naivität des ganz gewöhnlichen Ostdeutschen von skrupellosen Geschäftemachern, heimtückischen Altkommunisten und westdeutschen Postenjägern schamlos ausgenutzt wird. Daher ringt sein Bedürfnis, im persönlichen Umgang offen und herzlich zu sein, mit der stetigen Sorge, dabei übervorteilt zu werden. Besonders skeptisch ist er gegenüber den Aufsteigern aus den eigenen ostdeutschen Reihen. Da diese doch eigentlich ähnlich empfinden müßten, kann als Erklärung für ihre Anpassungsbereitschaft nur schlechter Charakter oder Vorteilsnahme vermutet werden.

Seine eigene politische Aktivität ist dem praktisch-moralischen Engagement zugunsten der einen Aufgabe gewidmet, daß die Ostdeutschen nicht länger zurückgesetzt werden dürfen. Dazu bedarf es persönlicher Empathie für das Schicksal der Leute. Kasunke, der von sich selbst sagt, »*innerlich immer weich*« gewesen zu sein, zeigt Leidensfähigkeit, die oft ins Sentimentale verrutscht. Manchmal hat man den Eindruck, er ist von seiner eigenen Gefühlsseligkeit gerührt. Neben der »*Ehrlichkeit*«, die er allgemein fordert, benutzt er keine Wendung so oft wie die, daß ihm etwas »*weh getan*« hätte. Von außen betrachtet, wirkt er wie die volkstümliche Ikone des Gefühls von Ungerechtigkeit, das sich wie Mehltau über die ostdeutsche Stimmung legt.

Wolfgang Kasunke ist die Symbolfigur und die Hoffnung der vielen im Ort, die irgendwie immer nicht richtig zum Zuge kommen und jetzt schon wieder von alten Kadern und neuen Eliten auf die Plätze verwiesen werden. Er verkörpert jene klassische Variante des populistischen Politikers, den man mit Hans-Georg Soeffner als »simple folk« bezeichnen kann, der einfache, aufrechte Mensch, die bodenständige Lokalgröße einer Stadt.[1] Die historische Zeit des Populisten sind Phasen abrupter Modernisierung, die der überkommenen sozialen Ordnung schlagartig den Boden entziehen. An den Populisten binden sich dann die Reaktionen jener, die in der Furcht leben, durch den plötzlichen Wandel benachteiligt zu werden.[2] Die anti-elitäre Rhetorik soll den anonymen Triebkräften des Wandels anklagbare Adressen verschaffen, der Appell an die Stimmungen des gewöhnlichen Bürgers eine unterschlagene Wirklichkeit wiedergeben, durch deren Kundgabe man sich endlich repräsentiert fühlt. In Person und Rolle muß der Populist eine »individuelle Allgemeinheit« (Hegel) verkörpern, allgemein genug zur Identifizierung, aber auch hinreichend individuell, um als der eine unter den vielen erkennbar zu sein. Der Populist ist der Mensch gewordene Idealtypus seines Publikums. Er gewinnt Kontur – wie der Webersche Idealtypus auch – durch »einseitige Steigerung« charakteristischer Eigenschaften.

Kasunke hat diese gesteigerten Eigenschaften, zunächst als Person und habituell: Wo sein Publikum noch scheu ist, weiß er sich schon

1 Vgl. Hans-Georg Soeffner: Geborgtes Charisma – Populistische Inszenierungen, in: ders.: Die Ordnung der Rituale, Frankfurt/M. 1992, S. 194.
2 Zur Gesellschaftstheorie des Populismus vgl. die Beiträge von Hans-Jürgen Puhle und Helmut Dubiel in: Helmut Dubiel (Hrsg.): Populismus und Aufklärung, Frankfurt/M. 1986.

ins rechte Licht zu setzen und nimmt die Chancen der Profilierung wahr. Wo dem Ostdeutschen das eigene Leben ziemlich gewöhnlich erscheint, besticht er bei aller Korrespondenz durch persönliche Originalität, z. B. seine Hobbys, die er in den privaten Refugien der DDR-Gesellschaft zur Perfektion gebracht hat: Orchideenzucht und Chihuahuas, jene mexikanischen Kleinsthunde, denen man in der Züchtung Hormone zur Wachstumshemmung verabreicht, damit das Kindchenschema dieser Rasse möglichst gelungen zur Geltung kommt. Beide Hobbys hatten ihn im Sozialismus zu einem beliebten Tauschpartner für Sachwerte aller Art werden lassen. Heute hat er wegen der billigen Konkurrenz aus Holland die Orchideenzucht aufgegeben und sich statt der Pinscher im Handtaschenformat einen Kampfhund besorgt – vielleicht der Hinweis auf einen Gemütswandel, der sich in ihm vollzieht.

In politischer Hinsicht weiß er die lokale Allgemeinheit gerade deswegen gut zu repräsentieren, weil er gleichzeitig ein biographisches Merkmal aufweist, das ihn von den meisten der lokalen Politiker unterscheidet, dem Publikum aber nicht unbekannt ist: Er ist – wie er jedem sogleich freimütig gesteht – einmal Mitglied der SED gewesen, aus der er aber ausgeschlossen wurde. Dieser Umstand hat Kasunke nie Nachteile gebracht, vielmehr profitiert er davon, gerade deswegen als »einer von uns« wahrgenommen zu werden – selbst noch von denen, die aus ihrer Feindschaft zur SED keinen Hehl gemacht haben. Der Grund hierfür liegt nicht nur in der Tatsache begründet, daß er aus der Partei hinausgeworfen wurde. Seine einstmalige Zugehörigkeit macht ihn vielmehr vertraut, besser noch das, was er selbst mit dieser Zugehörigkeit verband. Einen Hinweis darauf gibt die Form der Kritik, die er hatte: Die Inkonsistenzen zwischen den großen Versprechungen der Partei und der schäbigen Realität im sozialistischen Alltag sind Ausfluß mangelnder Ehrlichkeit, die Privilegierung der Funktionäre holt das Gleichheitsversprechen nicht ein, schließlich hält er das praktische Dementi der offiziell vertretenen Werte nicht aus. Sein Verhältnis zur SED war eine »enttäuschte Liebe« zum Ideal der Gemeinschaft, die die Partei zu gestalten versprach. Dies wird deutlich, geht man in seine Biographie zurück.

Kasunke ist Jahrgang 1943. Er wuchs damit in einer Zeit auf, in der sich die DDR nach dem 17. Juni und dem Mauerbau durch

politische Reformen, Technikbegeisterung und das Ideal der sozialistischen Menschengemeinschaft im Innern zu konsolidieren gedachte. Der ideologische Appell an die Einheit des Volkes ersetzte
mehr und mehr die antifaschistische Erziehungsdiktatur, der »Schritt
vom Ich zum Wir« – wie es parteioffiziell hieß – sollte im Bündnis mit
der wissenschaftlich-technischen Revolution den Weg in eine kom-
munistische Utopie eröffnen, die deutliche Züge deutschen Harmo-
niestrebens trug.[3] Das Versprechen auf eine lichte Zukunft mit Mas-
senwohlstand und Gemeinschaftlichkeit, das auch bei Kasunke nicht
seine Wirkung verfehlte, brach nach der Niederschlagung des Prager
Frühling, den polnischen Arbeiterunruhen und der Versorgungskrise
der DDR um 1970 in sich zusammen – jene Ereignisse, die den
pragmatischen Kurs der Ära Honecker einleiteten.

In diese Zeit fällt auch der lebensgeschichtliche Bruch, von dem
Kasunke berichtet. In den 60er Jahren ist er voller Begeisterung von
den Politoffizieren der Volksarmee, wo er es bis zum Feldwebel
brachte, für den Sozialismus und seine Partei gewonnen worden. Aus
dem soldatischen Kontext heraus verband sich der Sozialismus für
ihn mit der Idee einer fehlerfrei funktionierenden Kooperation, die
sich durch Konsistenz der verbindlichen Orientierung, durch Disziplin und Kameradschaft auszeichnete. Den Realitätsschock erlebt er,
als er sich nach der Armeezeit in der Industrie zum Dreher umschulen
läßt. Mittlerweile Familienvater geworden, verdichten sich am Ende
der 60er Jahre die vielen praktischen Widrigkeiten und alltäglichen
Nöte zu einer einzigen Enttäuschung.

»Das war ja alles bei der Armee ganz anders, ja, das lief ab wie ein Uhrwerk, da hat
man keine Fehler oder Kapriolen oder Dinge gesehen, die man anfassen sollte.
Aber in der Wirtschaft war's anders. Da fehlte – damals schon – das Material,
morgen dieses; hier wurde so gesagt, das wurde so versprochen und nicht gehalten...«

Nunmehr beginnen seine Konflikte mit der SED, die 1974 zu seinem
Ausschluß wegen ideologischer Unzuverlässigkeit führen. Er hatte es
auch nach mehrmaligen Abmahnungen nicht unterlassen, am Arbeitsplatz politische Sendungen des Westfernsehens zu diskutieren,

3 Vgl. Sigrid Meuschel: Wandel durch Auflehnung. Thesen zum Verfall bürokratischer
   Herrschaft in der DDR, in: Berliner Journal für Soziologie, 1. Jg. (1991), Sonderheft,
   S. 15–27.

weshalb ihm bis zur Wende im November '89 das Fernsehgucken eine vielgeübte Praxis inneren Widerstands ist.

Traurig darüber, aufgrund seiner ihm eigenen Art innerhalb der Partei immer nur »*Querulant*« sein zu können, empfindet er den Ausschluß als eine ungerechtfertigte Grobheit, die er persönlich nicht verdient hatte. Wie sehr er dabei die Autorität der Partei auch in seiner Kritik an ihr anerkannte, wie stark er bereit war, noch im Akt seines Ausschlusses die Partei als Erziehungsinstanz des eigenen Selbst zu akzeptieren, davon legt die Geschichte Zeugnis ab, die er über jenen Tag erzählt, an dem er nach langer Weigerung schließlich im Büro der SED-Kreisleitung erschien, um den Parteiausweis abzugeben. Der Genosse, der in einem fast kultischen Akt seinen Ausweis ungültig machte, sagte zu Kasunke, daß er sein Bild eigentlich zerreißen müsse. Doch da beide allein waren, wurde zu Kasunkes Erleichterung das Bild »*vorsichtig entfernt*« und »*vernünftig herausgetrennt*«, so daß jenseits des Ausschlusses aus der Partei das Antlitz seiner Person gleichsam unbeschädigt blieb. Die Trauer darüber, als Störer einer Gemeinschaft betrachtet zu werden, die er doch selbst ehrlich wollte, paart sich danach mit der Empfindung, dem Kollektiv etwas schuldig zu sein. »*Ich habe mich dann in den nächsten Jahren wirklich ein bißchen am Riemen gerissen*«, lautet seine Beschreibung der folgenden Zeit, »*und meine Arbeit gemacht*«, ohne jedoch – wie er ergänzt – darauf zu verzichten, »*mein Fernsehen weiterzugucken*«.

II.

Heute ist Wolfgang Kasunke endlich wieder in die Gemeinschaft integriert. In der Sozialdemokratie, die nach seinem Gefühl mit der SED durch die Ideen verbunden ist, fühlt er sich nach eigenen Aussagen »*sauwohl*«, als Stadtverordneter mit den zweitmeisten Stimmen kann er sich zu Recht als allgemein beliebt betrachten. Er ist volkstümlich und populär, und der Grund hierfür dürfte darin liegen, daß er eine Traditionalität der Gemeinschaftsorientierung repräsentiert, die durch den Sozialismus nicht aufgelöst, sondern vielmehr erhalten wurde. Erkennbar wird das u. a. an seinem Verhältnis zu jenen Problemen, die das Gemeinschaftsgefühl in Ostdeutschland gegenwärtig am meisten belasten: Fremdenhaß und Rechtsradikalismus.

Gegen Wolfgang Kasunke wird immer öfter der Vorwurf erhoben, er mache sich auch mit denen gemein, die für die neue Demokratie die größte Gefahr darstellen. Waldleben wird als ein Brennpunkt des ostdeutschen Rechtsradikalismus bezeichnet. Sieben Wochen nach der Vereinigung wurde hier der erste Ausländer im neuen Deutschland erschlagen, von einer Menge marodierender Jugendlicher, die durch die Stadt zogen, »um Neger aufzuklatschen«. Seither kümmert sich Kasunke um die Skinheads und »Nazis«, darunter auch solche, die mehrfach wegen Straftaten angeklagt wurden. Aufgrund seiner persönlichen Zugänglichkeit und da er tatsächlich eine elementare Vertrautheit zu ihnen empfindet, wird er in der Wahrnehmung der Rechten als einer betrachtet, der »im Prinzip auf unserer Seite steht«. Kasunke teilt nicht deren politische Meinung und verurteilt auch die Gewalt. Aber er sucht den Kontakt zu den jungen Männern, die ihm als Opfer der Wende und als verwahrlost erscheinen. Bei ihm können sie Hilfe bei Wohnungsproblemen erhalten, manchmal gibt er auch Geld oder legt sein gutes Wort für sie ein.

In der Darstellung vor allem der westdeutschen Presse gilt er als Beispiel für jene Politiker aus den neuen Ländern, die das gewalttätige Treiben jugendlicher Rechtsradikaler stillschweigend dulden und heimlich gerechtfertigt finden. Verstärkt wird dieses Bild noch dadurch, daß seine Vertrautheit mit dem rechten Milieu keine Entsprechung bei den jungen Leuten findet, die sich im Ort der Linken zurechnen und hier den Lebensstil der Autonomen in Berlin imitieren. Bei den Linken »komme ich nicht so an«, wie Kasunke selber weiß. Das hat er z. B. erfahren müssen, als ihn eine entsprechende Wohngemeinschaft einfach der Tür verwies, nachdem er dort Beschwerden der Anwohner nachgehen wollte. Auch Diskussionen fruchteten nichts, da er sich der linken Jugend nicht verständlich machen kann. In einem einschlägigen Jugendklub etwa hat er erfolglos die Ursachen der dort herrschenden Unordnung zu debattieren versucht und ist dabei vom Unrat und den vielen kaputten Gläsern auch noch auf andere verwerfliche Handlungen zu sprechen gekommen:

»Und ich geh' noch einen Schritt weiter: ›Was haben die Bürgerinnen und Bürger getan, die auf der Autobahn fahren, nach Hause wollen, zum Fest wollen, und dann gibt es solche Chaoten, die schmeißen einen Betondeckel 'runter, und die Frau und ihre Kinder sind gestorben, verletzt, tödlich verletzt. Sollte man diese Leute nicht sofort an die Wand stellen, und dann ist Ruhe. Obwohl ich nicht für Gewalt bin. Oder wie seht Ihr das?‹ Das *seh'n* die nicht so.«

Weniger enttäuschend gehen seine Gespräche mit den Skins und Nazis aus. Nachdem sie sich erst einmal »*abreagiert*« haben, findet sich schließlich doch eine gemeinsame Basis: »*Wir geben uns die Hand und wollen es mal versuchen.*« Seine bestimmende Dichotomie in der Wahrnehmung von links und rechts bündelt sich in zwei Wortbilder, die er in diesem Zusammenhang verwendet. Immer, wenn er auf »links« zu sprechen kommt, folgt irgendwann »*Sau und Dreck*«, worin die Linken gewöhnlich leben. Rechts dagegen ist »*Kraft und Frust*«, weshalb sie eben der Hilfe bedürfen. Links ist exzentrische Grenzenlosigkeit; rechts ist fehlgeleitete Ordnung, die sich selber im Wege steht.

Daß eine politische Einstellung mit der latenten Charakterstruktur, der »seelischen Haltung«, nicht übereinstimmen muß, hat in seiner Untersuchung der deutschen Arbeiterschaft Erich Fromm schon 1930 belegt.[4] Wolfgang Kasunke ist hierfür ein Beispiel. Seine emotionale Beziehung zu den jungen Männern der Rechten ist unterhalb der verschiedenen Meinungen durch eine Reihe ähnlicher Prinzipien in der Definition von Lebensproblemen, durch einen vergleichbaren Vorrat von Wissen und Zeichen, durch Homologien der Wahrnehmungsarten und menschlichen Orientierung begründet. Zunächst ist hier der Vitalismus zu nennen, der Kasunke eigen ist und den er in einer gestauten Form auch bei den jungen Rechten erkennt: »*Die strotzen vor Kraft und können die Kraft nicht 'rauslassen und kommen dann halt durch ihre Langeweile auf ganz blöde Ideen.*« Daß die eigene Kraft ein Objekt finden muß, ist ein Problem, das Kasunke in sozialverträglicher Weise gelöst hat, weshalb er der rechten Jugend helfen möchte, auch ihre Kraft in sinnvolle Bahnen fließen zu lassen. Auch bewundert der Ältere die Spannung, die die Jugend umtreibt. Die Nazis und Skins sind ihm habituell das leerlaufende Prinzip seiner selbst. An einer gemeinschaftlichen Orientierung werden sie durch den Umstand gehindert, durch den Zerfall der DDR Opfer falscher Versprechungen geworden zu sein. Ein Problem, das er kennt und das er verstehen kann.

Einfühlung ist für ihn die wichtigste Kompetenz im Umgang mit dem Rechtsradikalismus. Seine Wahrnehmung von gut und böse

---

4 Erich Fromm: Arbeiter und Angestellte am Vorabend des Dritten Reiches. Eine sozialpsychologische Untersuchung, hrsg. von Wolfgang Bonß, München 1983.

wird dabei von einer persönlichen Werthierarchie bestimmt, die man als personenbezogene Nahmoral bezeichnen kann:

»Wenn man mit jedem einzelnen spricht, dann kann man verstehen, und sie verstehen mich auch ... Also, wenn der sagt: ›Das ist alles Scheiße‹, dann sage ich auch: ›Jawoll, du hast Recht, das ist Scheiße, das müssen wir ändern‹. Ja, und so bin ich in Kontakt.«

Außerhalb der Maßstäbe persönlicher Authentizität ist diese Moral fast prinzipienlos. Wenn es ein Zentrum der moralischen Maßstäbe gibt, so ist es um die Konventionalität des Verhaltens als eigenem Wert organisiert, weshalb er auf die rechten Jugendlichen einwirkt, *»daß diese Gewalt doch unterdrückt werden müßte, daß man sie nicht so 'rauslassen darf«.*

Die personenbezogene Nahmoral basiert auf dem Gefühl einer natürlichen Zugehörigkeit untereinander im Ort. Mißtrauen herrscht gegen das Überlokale, und immer wieder wird der Verdacht geäußert, die rechte Szene der Stadt verdanke sich einer Verführung von außen. Der Grad der Verpflichtung, der in diesem moralischen Schema empfunden wird, ist in sich begrenzt und staffelt sich gleichsam von selbst nach dem Ausmaß lokaler Bekanntschaft. Fremde sind davon aber nicht a priori ausgeschlossen. Kasunke ist nicht »ausländerfeindlich«. In seiner Gefühligkeit kommt es bei ihm darauf an, auch im Fremden etwas zu entdecken, das noch in seiner Andersartigkeit sympathetische Zeichen enthält, die Vertrautheit signalisieren und zugleich Neugierde wecken. So paart sich die lokale Staffelung von Relevanzen mit einer unbestimmten Faszination für das Fremde, sofern es für eigene Projektionen geeignet ist. Auf die Frage, ob er sich auch für Schwarze so einsetzen würde wie für die jungen Rechtsradikalen, äußert er:

»Es ist sehr schön, daß Sie das ansprechen. Ich wäre gar nicht darauf gekommen, aber warum nicht 'drauf gekommen, weil genau meine Meinung ganz genau die gleiche ist. Ich kann ihnen Leute nennen, *schwarze* Leute ... *Erstmal* möcht' ich dazu sagen, daß ich die Schwarzen mag. Also, ich weiß nicht warum, aber ich finde die, ich find' die sehr hübsch, mit den ... Also ... ich ... ich muß mal das 'rauslassen: mit den kurzen Haaren, dieses Gelockte undsoweiter. Ich find' die sehr interessant, und ich könnte mir ein Freund, könnt' ich mir vorstellen. Ich hab' überhaupt nichts gegen Ausländer, überhaupt nichts ...«

Wo auch der Fremde als Fremder noch zum lokalen Gefüge gehört, wächst bei Kasunke das Gefühl politischer Zuständigkeit. So hindert ihn seine Abneigung, daß *»Hunz und Kunz hier 'reinkommen«,* nicht daran, einen türkischen Gemüsehändler gegen die Anfeindungen ostdeutscher Konkurrenten zu verteidigen. Die entscheidende Variable seines Verhaltens ist, miteinander bekannt zu sein, weshalb (Ost-) Deutsche und darunter die Waldlebener Bürger in der Regel die größten Chancen besitzen, in sein Relevanzschema aufgenommen zu werden. Subjektiv fühlt er sich darin als moralisch handelnder Mann, der gar nicht verstehen kann, daß seine »natürlichen« Präferenzen anderen auch Probleme bereiten.

Vier Prinzipien der Klassifikation sind es, die eine Nähe zwischen dem ostdeutschen Populismus und der rechtsradikalen Aktion stiften können – Prinzipien der Realitätsauffassung wohlgemerkt, nicht unbedingt gleiche Inhalte derselben. Wolfgang Kasunke kann uns hierfür als Beispiel dienen. Die personenbezogene Nahmoral (»Ehrlichkeit«/»weh tun«) schwächt das Verantwortungsgefühl für »Fernwirkungen« ab und relativiert die Verbindlichkeit moralischer Handlungsmaximen; Lokalismus (»alles Schlechte kommt von außen«) begünstigt in diesem Zusammenhang die Fremdattribution. Der Vitalismus (»Kraft«) stiftet eine Ähnlichkeit von Handlungsmotiven, die im Prinzip der Konventionalität (gegen »Sau und Dreck«) Inhalt und Abgrenzung finden.

Die angesprochenen Homologien weisen allerdings auch innere Schranken auf, die die Akzeptanz rechtsradikaler Aktionen eindämmen. Konventionalität sperrt sich gegen die Ordnungsgefährdung der Gewalt und ihre normenauflösende Potenz; Lokalismus weckt Mißtrauen gegen instrumentelle Strategien überlokaler Akteure. Nahmoral nimmt Opfer, die man kennt, in Schutz; Vitalismus verweigert sich der bloßen Destruktion. Die sozialistische Erziehung durch die Partei hat Wolfgang Kasunke nicht dagegen immun gemacht, einen Kult traditioneller Mannlichkeit faszinierend zu finden und dem Geist exkludierender Gemeinschaften verhaftet zu sein. Dies liegt im soldatischen Kontext begründet, mit dem er die Idee des Sozialismus verband, und in der Art und Weise, wie er praktisch gelebt worden ist: als Zwangsgemeinschaft im »vormundschaftlichen Staat« (Rolf Henrich). Die gleichen Kontexte geben ihm auch die Kriterien vor, nach denen die »einseitig gesteigerten« Elemente eigener Habitusformen als gemeinschaftsgefährdend erlebt werden. Die Kritik an den »Auswüchsen« befestigt so ungewollt die Grundlagen ihrer Entstehung.

III.

Wer jetzt einwendet, dies alles sei nicht nur in Ostdeutschland der Fall, weil es sich überall findet, wo ein lokaler Traditionalismus fortexistiert, dem ist nicht in jeder Hinsicht zu widersprechen. Auch können wir in Wolfgang Kasunke eine Charakterstruktur wiedererkennen, die schon in den Untersuchungen des Frankfurter Instituts für Sozialforschung als »konventioneller Typus« mit rebellisch-autoritären Zügen analysiert worden ist.[5] Der beschriebene Populismus ist »älter« als die Geschichte der DDR und genetisch nicht allein hieraus zu erklären. Er hat allerdings im deutschen Sozialismus auch eigene Ursachen gehabt. Sie haben die konkrete Gestalt des ostdeutschen Populismus geformt, der ihn von anderen auch unterscheidet.

Dieser Spezifik können wir uns nähern, wenn wir uns die drei Prinzipien vor Augen halten, von denen sich Kasunke habituell leiten läßt: einfach, ehrlich und gleich zu sein. Einfachheit, Ehrlichkeit, Gleichheit – diese Trias ist das allgemeine Skript seines Verhaltens, das ihm auch als Anleitung seiner politischen Darstellung dient. Formal zeichnet sich dieses Skript dadurch aus, daß es sich selbst immer gleich ist, es also – z. B. bei sozialen Kontextveränderungen – kaum variiert werden kann. Aus westlicher Sicht fehlt die Flexibilität im Verhalten. Der Mensch kann sich kaum von einer anderen Seite zeigen, manchmal wirkt er daher aufdringlich direkt. Ist die Erwartung auf Nähe gestört, wird eine Art demonstrativer Egalität beim Interaktionspartner eingeklagt. Ein Merkmal der kognitiven Struktur dieses Typus ist, daß er solange selbstsicher und persönlich umgänglich ist, wie er in dem ihm bekannten Skript des persönlichen Verhaltens verbleiben kann. Wird er jedoch durch das Verhalten anderer in seinen interaktiven Erwartungen unsicher gemacht, bietet also das verfügbare Skript nicht mehr die Gewähr anschlußfähiger Kommunikationen, reagiert er mit Irritation und »Hemmung«, die sich zur Aggression steigern kann.

---

5 Vgl. Theodor W. Adorno: Studien zum autoritären Charakter, Frankfurt/M. 1976, S. 319 ff.

Dies ist die habituelle Scheidelinie, die Wolfgang Kasunke etwa für linke und rechte Jugendliche unterschiedlich zugänglich macht. Distanz im persönlichen Verhalten, wie Kasunke es bei den linken Jugendlichen erfährt, verstellt ihm die praktische Anwendung zentraler Kategorien seines eigenen Selbst, wie etwa der »Ehrlichkeit«. – »Ehrlichkeit beglücket jeden« – so läßt sich seine interaktive Haltung charakterisieren, die er allgemein einnimmt. In ihr offenbart sich eine zunächst vorbehaltlose Orientierung auf den Interaktionspartner, von dem allerdings fraglos angenommen wird, daß er dem eigenen Ich entspricht. Die Reziprozität der Perspektiven, die unterstellt wird, bricht in sich zusammen, wenn der ehrliche Mensch irritiert feststellt, daß der andere anders ist – was er sich eigentlich gar nicht vorstellen kann, da er ihn als Entsprechung seiner selbst begreift.

Diese kognitive Struktur wird vor allem in jenen Gesellschaften systematisch erzeugt, in denen sich der soziale Verkehr immer wieder in den gleichen Bahnen vollzieht und deshalb das Ausmaß der alltäglichen Ritualisierung des Verhaltens außerordentlich groß ist. Der kulturelle Erfahrungswert des Alltagslebens besteht dann in der Wiederholung des Bekannten, das eindeutig identifizierbar und in sich begrenzt sein muß, um jederzeit wiedererkennbar zu sein. Der Staatssozialismus hat schon aufgrund seiner Schließung nach außen die traditionelle Ritualisierung des Alltags besonders stark fortwirken lassen. Im Verhaltensrepertoire, das dadurch begünstigt wurde, fehlen die »Zwischentöne« wie Andeutung oder Ironie, die in den allgemeinen Korpus der gesellschaftlichen Verkehrsformen besonders von den sozialen Zwischenschichten eingebracht werden.

Diese Zwischenschichten aber sind in der ostdeutschen Gesellschaft sozialstrukturell marginalisiert worden. Die Sozialgeschichte der DDR vor allem der 50er Jahre hinterließ als Folge von Abwanderung und politischer Deprivilegierung ein soziales Gefüge, das auf der »sozialen Einschichtigkeit«[6] einer eher gering qualifizierten Arbeiterschaft beruhte. In der Verteilung von Gütern egalitärer als jedes andere sozialistische Land im Osten Europas, wurde ein Lebensmodell gesellschaftlich dominant, in dem sich die Werte kleinbürgerlicher Respektabilität mit den Dispositionen des proletari-

---

6 Rudolf Woderich: Mentalitäten zwischen Anpassung und Eigensinn, in: Deutschland-Archiv, 25. Jg. (1992), Nr. 1, S. 24.

schen Hedonismus zur allgemeinen Mentalität amalgamierte. Ordnung, Sicherheit, Anpassung und »Normalität« war die Taxonomie der Lebensauffassung, die sich am meisten behaupten konnte, durchsetzt von jener Stimmung gemütlicher Nachlässigkeit, wie sie in der DDR häufig anzutreffen war. Das »kompromittierte Rest-Bürgertum« (Lutz Niethammer) hat dagegen kaum kulturelle Ausstrahlungskraft besessen, und auch die politische Führungsschicht war in ihrer ganzen Biederkeit als Aufsteigerschicht aus jenen einfachen Verhältnissen zu erkennen, die der Lebenswelt der DDR im ganzen zugrunde lagen.

Habitusformen, die sich genetisch kaum als spezifisch ostdeutsch bezeichnen lassen, erhielten dadurch eine längere historische Halbwertzeit als etwa in Westdeutschland, wo sie sich durch Individualisierung und die Auflösung traditionsfester Milieus eher verflüchtigt haben oder mit anderen Lebensstilen durchmischt worden sind. Der Veränderungsdruck, der auf den Gewohnheiten lag, war gering, so daß sie sich untereinander fortwährend bestätigen konnten. Der volkstümliche Habitus wurde auch deswegen konserviert, weil das typische Muster seiner Veränderung – sozialer Aufstieg – nach den Jahren des Aufbaus zunehmend in sich blockiert war. Die führende Schicht rekrutierte sich immer mehr aus sich selbst, so daß in den 8oer Jahren Arbeiterkinder der DDR in geringerer Zahl an den Hochschulen waren als in der westlichen BRD.[7] Schließlich konnten die tradierten Muster noch aus einem anderen Grund fortlaufend reproduziert werden. Deren pragmatische Bedeutung erhielt sich im informellen Bereich der staatssozialistischen »Aushandlungsgesellschaft« (Heinz Bude), wo nicht der formelle Kontrakt, die Beanspruchung von Institutionen, sondern Personalität und Binnenmoral für die Lebensbewältigung maßgeblich war.[8]

Diese allgemeine Struktur der Person im Staatssozialismus setzt sich in jenen Zeiten besonderen Belastungen aus, in denen die implizit

7 Zur sozialen Schließung der DDR-Führungsschichten vgl. Manfred Lötsch/Joachim Freitag: Sozialstruktur und soziale Mobilität, in: Jahrbuch für Soziologie und Sozialpolitik 1981, S. 84–101; sowie Katharina Belwe: Sozialstruktur und gesellschaftlicher Wandel in der DDR, in: W. Weidenfeld/H. Zimmermann (Hrsg.): Deutschland-Handbuch. Eine doppelte Bilanz 1949–1989, Bonn 1989, S. 258–273.
8 Zu einer strukturellen Erklärung der Relevanz dieser Muster vgl. Ilja Srubar: War der reale Sozialismus modern? Versuch einer strukturellen Bestimmung, in: Kölner Zeitschrift für Soziologie und Sozialpsychologie, 43. Jg. (1991), Nr. 3, S. 415–432.

erwartete Korrespondenz anderer Menschen unwahrscheinlicher wird, weil neue Habitusformen hinzukommen oder alte sich schneller als sonst verändern. Dies dürfte im Gebiet der ehemaligen DDR nunmehr der Fall sein. Eine Konsequenz davon ist, daß das eigene Skript des Verhaltens bisweilen peinlich bewußt wird – vor allem bei denen, die aufgrund ihres Lebensalters der persönlichen Prägung durch die nun vergangene Gesellschaft biographisch nicht entgehen konnten. Plötzlich realisiert man, daß sich die Art des eigenen Seins überlebt hat und wertlos geworden ist, weil die soziale Grundlage entfällt, der sie ihre Bedeutung verdankte. Daraus entsteht eine Art Scham, zu einer lächerlichen Figur geworden zu sein. Dieses Gefühl tendiert zur Gewalt, als Phantasie oder auch in der Praxis. Es verfestigt die Rigidität, mit der die Grenzen des eigenen Selbst verteidigt werden.

Der ostdeutsche Populismus zehrt vom traditionellen Habitus als einer kulturellen Ressource. Für die Entwicklung der deutschen Gesellschaft im ganzen ist dabei von besonderem Belang, wie weit dieser Habitus noch trägt, ob er austrocknet, sich regeneriert oder sich ausweiten kann, vor allem politisch. Hier nun ist zu beobachten, daß der ostdeutsche Populismus auch gegenwärtig gute Kontextbedingungen vorfindet, die ihm seinen politischen Erfolg sichern. Praktisch relevant erscheinen die alten Muster deshalb, weil sie durch die Art der sozialen Transformation selbst noch einmal lebendig gehalten werden. Nach der Einführung des Kapitalismus hat sich als vorherrschende Tendenz der Sozialstruktur nicht die Differenzierung verschiedener Marktklassen, sondern die Herausbildung einer staatlich alimentierten Versorgungsklasse ergeben. Dies ist der Hintergrund dafür, daß sich für die ostdeutsche Bevölkerung der Bezugsrahmen des fürsorglich-autoritären Staates erhält. Dieser Bezugsrahmen bietet sich erneut dafür an, mit dem gesellschaftlichen Ideal einer in sich geschlossenen Gemeinschaft normativ aufgefüllt zu werden, zumal dadurch auch die Durchsetzung eigener Interessen besser gewahrleistet ist: Geschlossenheit verringert die Anzahl der Konkurrenten um die staatliche Gunst.

In der allgemeinen Wahrnehmung bekommt der Staat eine Funktion zugeschrieben, in der »Aufschwung Ost« in ähnlicher Weise als paternalistisches Versprechen gedeutet wird wie früher die Aussicht auf die sozialistische Zukunft. Wie ehedem werden die sozialen Probleme ursächlich der politischen Spitze zugerechnet und die Undurchschaubarkeit komplexer Verhältnisse als Verschwörung interpretiert. In den Studien zum autoritären Charakter hat Adorno dies den »Usurpatorkomplex«[9] genannt – wobei der Gerechtigkeit halber hinzugefügt werden muß, daß die Wirklichkeit auch hinreichend Anlässe für derartige Projektionen bietet. Die Inkonsistenz zwischen Versprechen und Realität zu beklagen, bleibt das im Staatssozialismus erlernte typische Muster, in dem sich die Kritik an den sozialen Verhältnissen auch heute noch äußert. In dem sie sich ausspricht, dokumentiert sie zugleich die Persistenz der früher verordneten Unmündigkeit.

Nun ist der Soziologie der Vorgang bekannt, daß Akteure angesichts einer schnellen Veränderung ihrer Gegenwart zum Rückgriff auf die vertrauten Muster der Vergangenheit tendieren. Blickt man jedoch auf die ersten drei Jahre nach der »friedlichen Revolution« zurück, wird man um die Feststellung nicht umhin kommen, daß der Sinnhorizont der DDR-Gesellschaft seither auch künstlich verlängert wurde. Verantwortlich dafür ist nicht zuletzt, daß Demokratie und Marktwirtschaft als politische Projekte einer fremden Elite in Ostdeutschland angelegt worden sind. Dabei konnte sie sich auch deshalb auf eine allgemeine Zustimmung stützen, weil sie den Erwartungshorizont der Bevölkerung aus strategischen Gründen noch zusätzlich erweiterte. Die nun fällige Enttäuschung zu artikulieren, Schuldige und Sündenböcke zu benennen, das ist die Rolle des ostdeutschen Populisten.

---

9 Vgl. Adorno, a.a.O., S. 219 ff.

Nachweise

Vom Unterscheiden. Eine Einführung am deutschen Fall, Original-beitrag.

Die Politik der Lebensstile, in: Soziale Welt, Sonderband 7 »Lebens-lagen, Lebensläufe, Lebensstile«, hrsg. von Peter A. Berger und Stefan Hradil, Göttingen 1990.

Berliner Projektionen, in: die tageszeitung, 22. Juni 1987.

Marathon und Selbstverwirklichung, in: Klaus Scherpe (Hrsg.): Die Unwirklichkeit der Städte. Großstadtdarstellungen zwischen Mo-derne und Postmoderne, Reinbek bei Hamburg 1988 (Teilabdruck).

Individualisierung, in: Prokla, 19. Jg. (1989), Nr. 3, Heft 76.

Unterlegenheit, in: Berliner Journal für Soziologie, 1. Jg. (1991), Nr. 3.

Bluffen, Täuschen und Verstellen, in: Freibeuter, Nr. 32 (1987).

Neid – Ein Gefangenendilemma, in: Ästhetik und Kommunikation, 20. Jg. (1991), Heft 77.

Achtungsverlust und Scham, erscheint in: Hinrich Fink-Eitel/Georg Lohmann (Hrsg.): Zur Philosophie der Gefühle, Frankfurt/M. 1993.

»Die Hunde bellen, die Karawane zieht weiter«, in: Der Alltag, Nr. 2/1988.

Die Wirkungen politischer Skandale, in: Aus Politik und Zeitgeschichte. Beilage zur Wochenzeitung Das Parlament, B 7/90 (9. Februar 1990).

Das politische Problem der Generationen, in: Prokla, 20. Jg. (1990), Nr. 3, Heft 80.

Schiene und Strecke, Zimmer und Raum. Zur Lebensphilosophie zweier Gesellschaften. Originalbeitrag.

Deutsche Abgrenzungskämpfe. Ein Bericht aus der brandenburgischen Industrieprovinz, in: Merkur, 46. Jg. (1992), Heft 8, Nr. 521.

Ostdeutscher Populismus. Analyse eines Kommunalpolitikers. Originalbeitrag

Alle schon publizierten Beiträge wurden durchgesehen bzw. überarbeitet.

ZEITSCHRIFTEN
Die neue Taschenbuch-Reihe

Am Ende des 20. Jahrhunderts sehen wir uns Veränderungen gegenüber, die Jahre zuvor niemand abzusehen vermochte. Politische und ökonomische Umwälzungsprozesse zeigen Folgen, die weder für Ost noch für West Anlaß zu Optimismus geben. Noch vor den großen politischen Ereignissen Ende der achtziger Jahre deuteten sich auf kultureller und sozialer Ebene Prozesse an, die die Geschichte des 20. Jahrhunderts unter neue Perspektiven stellten: Postmodernismus, Postfeminismus waren in aller Munde. Gemeinsam ist all diesen neuen politischen und kulturellen Phänomenen, daß sie nicht mehr klar vorgegebenen Deutungsmustern zugeordnet werden können. Eine Orientierungslosigkeit macht sich breit, die jedoch nicht in Ratlosigkeit enden sollte, sondern als Chance genutzt werden kann. Die Taschenbuch-Reihe >ZEITSCHRIFTEN< fängt den Wandel der Perspektiven und Denkprozesse ein: in polemischen und provokativen Essays, in Sammelbänden, die verschiedene Positionen vereinen und diskutierbar machen, in Monographien, die neue Einsichten vermitteln. Die Bände der Reihe >ZEITSCHRIFTEN< greifen in laufende Diskussionen ein und setzen deutliche Akzente.

Fischer Taschenbuch Verlag

fi 1402 / 1

ZEITSCHRIFTEN

Farideh Akashe-Böhme
Frausein – Fremdsein
Originalausgabe
Band 11732

In diesem Band geht es nicht ausschließlich um »fremde Frauen«, die in Kulturen leben, die ihnen fremd sind. Es geht um die Fremdheit der Frauen gegenüber der ganzen überlieferten Kultur, um die fremden Erfahrungen des eigenen Spiegelbildes und um den unter dem Zugriff der Technologien fremd gewordenen eigenen Körper. Diese Fremdheit zu begreifen, kann generell dazu beitragen, die Schranken zwischen eigenen und fremden Kulturen zu überwinden. Orientierungslosigkeit macht sich breit, die jedoch nicht in Ratlosigkeit enden sollte, sondern als Chance genutzt werden kann.

Fischer Taschenbuch Verlag

ZEITSCHRIFTEN

Sadik J. Al-Azm
Unbehagen in der Moderne
Aufklärung im Islam

Aus dem Arabischen von Chérifa Magdi
Aus dem Amerikanischen von Stefanie Borst und
Kai-Henning Gerlach

Originalausgabe
Band 11578

Der Dauerbrenner >Fundamentalismus< und die aktuellen Beispiele der Rushdie-Affäre, des Golfkrieges und der Auseinandersetzungen in den islamischen Ländern zeigen, wie notwendig die Aufklärung über den Islam und die tatsächlichen politischen Zusammenhänge in den arabischen Ländern ist. Nicht nur für fundamentalistische Muslime spielt der Islam eine dominierende Rolle. Auch große Teile der westlichen Öffentlichkeit und mancher selbsternannte >Nahostexperte< erliegen dem Irrglauben, im Nahen Osten liege die Ursache aller Konflikte im >Islam<.

Fischer Taschenbuch Verlag

ZeitSchriften

Seyla Benhabib/Judith Butler
Drucilla Cornell/Nancy Fraser
Der Streit um Differenz
Feminismus und Postmoderne
in der Gegenwart

Originalausgabe
Band 11810

Der sogenannte Postfeminismus zeichnet sich in seinem Hauptanliegen dadurch aus, daß er die Differenz der Geschlechter zu überwinden sucht. Gefragt wird nicht mehr nach dem biologischen oder kulturell konstruierten Unterschied von Mann und Frau. Es wird nicht mehr von der »Gegebenheit« der Frau als Objekt oder Subjekt ausgegangen, sondern man will erläutern, wie der Prozeß der Herstellung von Weiblichkeit vonstatten geht.

Fischer Taschenbuch Verlag

ZeitSchriften

Micha Brumlik/
Hauke Brunkhorst (Hg.)
Gemeinschaft und Gerechtigkeit

Originalausgabe
Band 11724

Die Verdrossenheit an der Politik und die Vereinzelung des Menschen provozieren die Frage danach, was eine Gesellschaft überhaupt zusammenhält. In der unter dem Schlagwort des »Kommunitarismus« geführten Debatte geht es um nicht mehr und nicht weniger als um Ideen solidarischen Zusammenlebens der Menschen. In einer Situation, in der hierzulande sowohl rechts wie links, bei Progressiven und Konservativen die politische Phantasie erschöpft ist, vermag diese Diskussion – in diesem Band repräsentiert durch eine Reihe renommiertester Wissenschaftler – neue Impulse zu geben.

Fischer Taschenbuch Verlag

fi 1406 / 1

ZeitSchriften

Alexander Garcia Düttmann
Uneins mit Aids
Wie über einen Virus
nachgedacht und geredet wird

Originalausgabe
Band 11577

Ob es sich um den einzelnen Kranken oder Infizierten handelt, um einen Freund oder einen nahestehenden Dritten, um eine Gruppe, die sich zu Gesprächen trifft: Der Diskurs der Betroffenheit zeichnet häufig das Reden und Nachdenken über Aids aus. Die Forderung nach Herstellung einer – neuen – Identität, die den Folgen der epidemischen Ausbreitung des Virus Rechnung trägt, scheint davon unablöslich. Das Nachdenken über Aids bringt einerseits den geschichtlichen Bruch ans Tageslicht, andererseits jedoch auch das, was man sich schon immer gesagt hat, ohne es zu wissen.

Fischer Taschenbuch Verlag

fi 1407 / 1

ZEITSCHRIFTEN

Anthony Giddens
Wandel der Intimität
Sexualität, Liebe und Erotik in
modernen Gesellschaften

Aus dem Englischen von Hannah Pelzer
Deutsche Erstausgabe
Band 11833

Welche Auswirkungen die Veränderungen der letzten
zwei Jahrzehnte auf Sexualität, Liebe und Beziehungen
gehabt haben, ist das Thema des neuen Buches von Anthony Giddens. Der Anteil, der den Frauen an dem Wandel
der Intimität in den westlichen Gesellschaften zukommt,
ist immens. Entstanden ist jedoch nicht ausschließlich eine
offenere und im besten Fall gleichberechtigtere Privatsphäre, sondern darüber hinaus eine Möglichkeit zur radi-
kalen Demokratisierung unserer heutigen Lebenswelten.

Fischer Taschenbuch Verlag

ZEITSCHRIFTEN

Gesa Lindemann

Das paradoxe Geschlecht

Transsexualität im Spannungsfeld von Körper,
Leib und Gefühl

Originalausgabe
Band 11734

Transsexuelle machen im Laufe ihres Lebens eine Geschlechtsveränderung durch. Was meinen Transsexuelle,
wenn sie »ich« sagen? Für diejenigen, die den Körper nicht
umfassend dem Aussehen des neuen Geschlechts angleichen, bleibt lebenslang eine paradoxe Situation bestehen.
Aber auch für diejenigen, die den Körper optisch vollkommen dem neuen Geschlecht angleichen, bleibt der Bezug
auf die eigene Geschichte oftmals paradox.

Fischer Taschenbuch Verlag

fi 1409 / 1

ZEITSCHRIFTEN

Herta Nagl-Docekal
Herlinde Pauer-Studer (Hg.)
Jenseits der Geschlechtermoral
Beiträge zur Feministischen Ethik

Originalausgabe
Band 11630

Ob es stimmt, daß Frauen fürsorglich und Männer gerechtigkeitsorientiert sind, wie Carol Gilligan es vor Jahren formuliert hat, scheint mittlerweile nicht mehr so eindeutig. Vielleicht ist diese Diskussion aus einer männerorientierten Perspektive entstanden, die nunmehr revidiert gehört. So behaupten die Kritiker dieser Position. Dieser Band versammelt die wichtigsten Autorinnen der letzten Jahre.

Fischer Taschenbuch Verlag

fi 1410 / 1

ZEITSCHRIFTEN

Barbara Vinken
Mode nach der Mode
Kleid und Geist am Ende des 20. Jahrhunderts
Originalausgabe
Band 11596

Am Ende des 20. Jahrhunderts ist die Mode geworden, was
die Kunst hätte sein wollen: In ihr kommt der Zeitgeist zur
Darstellung. Die Szene, auf der sie auftritt, ist nicht mehr
der adlige Salon, die mondäne Gelegenheit, Oper, Theater
oder Rennbahn. Vorgeführt wird sie nicht mehr von der
Bourgoisie, sondern auf den Straßen der Großstädte. An
großen Designern unserer Zeit von Armani bis Yamamoto
und Gaultier untersucht Barbara Vinken die Struktur dieser Mode, die mit Schönheitsidealen und Geschlechterrollen ironisch spielt.

Fischer Taschenbuch Verlag